사회과학
혼합연구방법의
이론과 실제

MIXED METHODS IN SOCIAL INQUIRY

사회과학
혼합연구방법의
이론과 실제

Jennifer C. Greene 지음 | 이진희 · 이병호 · 윤은주 옮김

Σ 시그마프레스

사랑과 삶이라는 선물을 주신
어머니와 아버지께 깊이 감사드리며
이 책을 바칩니다.

사회과학 혼합연구방법의 이론과 실제

발행일 | 2011년 4월 11일 1쇄 발행

엮은이 | Jennifer C. Greene
옮긴이 | 이진희, 이병호, 윤은주
발행인 | 강학경
발행처 | (주)시그마프레스
편집 | 홍선희
교정·교열 | 장은정

등록번호 | 제10-2642호
주소 | 서울특별시 마포구 성산동 210-13 한성빌딩 5층
전자우편 | sigma@spress.co.kr
홈페이지 | http://www.sigmapress.co.kr
전화 | (02)323-4845~7(영업부), (02)323-0658~9(편집부)
팩스 | (02)323-4197

ISBN | 978-89-5832-964-0

Mixed Methods in Social Inquiry

*책값은 책 뒤표지에 있습니다.

역자 서문

사회과학 연구자로서 우리는 모두 연구방법에 대한 나름의 이론적 관점과 실천적 지향을 갖고 있다. 이 책에서의 표현처럼, 우리 모두는 연구방법에 대한 각자의 '이야기'를 갖고 있는 것이다. 대학원에서 연구방법 강좌들을 들으면서 알게 된 이론과 실제에서부터, 연구자로서 처음으로 실시했던 연구를 통해 얻은 방법론적 교훈, 존경하는 학문적 멘토로부터 얻는 영감, 최근 학술지에서 소개되고 있는 연구방법이 주는 지적 자극 등을 통해 그 이야기는 글감을 얻고 살이 붙어 나가며, 또한 이야기가 전개되면서 부분 혹은 전면적으로 수정되고 있을 것이다. 특히 '해석학적 전환'의 시기를 거치면서 양적 연구방법과 질적 연구방법 간의 '대전투'를 경험했던 이들은 참으로 긴장되고 역동적인 이야기를 갖고 있을 것이다.

이 책은 사회과학 연구자들에게 연구방법에 내재된 철학적 패러다임, 세계관 혹은 정신모형에 대해 진지하게 성찰해 보도록 한다. Greene 교수는 혼합연구방법이 단순히 연구방법의 혼합이 아님을 강조하며, 서로의 '다름'에 대해 반목하거나 영원한 평행선을 달리기보다는 다양한 패러다임과 신념을 서로 존중함으로써 사회현상에 대해 더 깊고 풍부한 이해를 할 수 있음을 설득력 있게 보여 준다. 복잡다단하고 역동적인 사회현상을 하나의 렌즈로 바라보고 그 좁은 틀에 맞추어 해석하는 오류를 범하지 않아야 한다는 것, 그리고 여러 렌즈를 통해 보이는 세상이 서로 다를 때 이를 더 깊이 있는 앎의 출발점으로 여길 줄 알아야 함을 호소하고 있다. Greene 교수는 기존 이론들과 자신의 이론을 체계적으로 제시해 줄 뿐만 아니라 구체적인 예시를 통해 혼합연구방법 이론이 실제에서 어떻게 구현되고 있는지를 생생하게 보여 준다.

역자들은 이 책을 번역하는 과정에서 각자 연구자로서 가졌던 경험을 되돌아보며 자신의 이야기를 구성해 볼 수 있는 소중한 기회를 가졌다. 독자 여러분도 이 책을 읽는 동안에 그러한 경험을 하리라 믿는다. 각자의 이야기를 함께 나누면서 변증론적으로 성장해 나가는 모습을 그려 본다. 혼합연구방법 분야는 앞으로도 많은 이의 경험과 아이디어가 기여할 수 있는 바가 크기에 이러한 소통과 공유에 더욱 큰 기대를 갖게 된다. 번역과정에서 우리 문화권에서 이해하기 힘든 개념이나 현상에 대해서는 역자 주석을 달아 이해를 돕고자 하였다. 이 책의 소개가 연구자들이 사회현상을 더 잘 이해하는 데 보탬이 되기를 소망한다. 마지막으로 이 책의 번역을 도와주신 여러분께 깊은 감사의 마음을 전하며 아울러 이 역서를 읽기 좋게 교정해 주고 출판을 허락해 준 (주)시그마프레스에 감사의 마음을 전한다.

2011년 3월
역자 일동

저자 서문

이 책은 사회과학 혼합연구방법이라는 역동적으로 발전하고 있는 분야를 다루며, 사회과학 연구와 프로그램 평가에서 여러 연구방법을 혼합하는 근거, 목적, 가능성을 강조한다. 복잡한 사회현상을 더 잘 이해하고 더 통찰력 있게 들여다보고자 하는 전반적 목적에 비추어 혼합연구방법이 가지는 생성적 가치에 중점을 둔다. 더 나아가 우리 사회에서 과학이 서로 간의 다름, 다양성에 대해 의미 있는 관여(engagement)를 할 수 있는 역할을 해야 한다는 입장을 취하고, 혼합연구방법이 이러한 관여에 어떻게 기여할 수 있는지를 강조한다.

비교적 최근에 발전된 혼합연구방법을 역사적 맥락, 특히 20세기 후반 질적 연구방법론의 지지자와 양적 연구방법론의 지지자들 간에 이루어진, 서로 한 치의 물러섬이 없었던 논쟁의 역사라는 맥락 속에서 이해하도록 함으로써 이 책이 혼합연구방법론의 이론화에 기여하기를 바란다. 따라서 그저 연구방법이나 자료유형을 혼합하는 것뿐만 아니라 보고 해석하고 아는 방식에서의 차이점을 사려 깊게 혼합하는 것에 대해서 적극 지지한다. '질적–양적 대전투'의 근본 원인은 앎의 방식이 서로 다른 데 있었다. 이 책에서는 연구방법과 자료유형을 혼합할 뿐 아니라 철학, 개념적 이론, 이데올로기 수준에서 혼합할 때 상당히 어렵게 꼬여 있는 쟁점들과 어려움에 대해서도 다룬다. 사회과학 연구에서 중요한 철학적·개념적 가정(assumptions)의 특징 그리고 그러한 가정과 연구 실제, 특히 방법론과 연구방법에 대한 실제적 결정 간 관계의 본질에 대해 전면적으로 논한다. 이 책은 사회과학 혼합연구의 실천에 관한 현재까지의 지혜를 한데 모은 것이다. 또한 이 책에서는 나 자신의 관점과 여러 이론가의 관점을 함께 제시하며, 내 생각과 비슷하든 반대되든 다양한 관점들을 환영한다.

이 책은 크게 두 부분으로 나뉜다. 제1부는 제1장에서 제5장까지로, 사회과학 혼합연구방법에 대한 나의 관점을 소개하면서 이러한 관점을 역사적 맥락(제3장) 그리고 현재 혼합연구방법 문헌에서 다루고 있는 더 넓은 이론적 맥락 속에서 다룬다. 제2부는 제6장에서 제10장으로, 나 자신과 다른 이들의 관점을 종합하여 혼합연구 실시를 위한 지침을 제공한다. 대부분의 장에 혼합연구의 실례가 포함되어 있다. 또한 더 상세한 사례 3개가 개념적 이론과 실천적 논의 사이에 '쉬어가기'로 소개된다. 마지막 제11장에서는 사회과학 연구에 대한 혼합연구 접근법의 중요성에 대한 나의 비전을 제시한다.

이 책의 제1장에서 제5장에서 제시되는 중요한 주제에는 다음이 포함된다.

■ 이 책은 혼합연구에서 '도대체 무엇이 혼합되는가'라는 질문을 중심으로 전개된다. 혼합에 어떤 선택이 가능한가? 나는 대체로 암묵적으로 이루어지지만 사회과학 연구자 자신의 렌즈, 즉 연구자가 세상을 보고 이해하는 특정한 방식이 사회과학 연구의 과정과 결과 모두에 필연적으로 담겨 있다고 생각한다. 이러한 렌즈에는 우리가 이해하고자 하는 사회적 세계의 성격이나 그러한 세계에 대해 구하고자 하는 지식의 본질에 대한 철학적 가정, 학문 분야나 과학이론에 따른 개념적 아이디어, 사회에서 사회과학자로서의 역할에 대한 자기 이해, 삶의 경험과 지혜, 가치관과 신념이 포함된다. Denis Phillips(1996)와 Mary Lee Smith(1997)는 이러한 렌즈를 '정신모형(mental model)'이라고 부르는데 이는 과학철학 패러다임의 관점과 학문영역별 이론, 인생경험, 방법론적 전통, 가치와 신념을 통합하는 개념이다(제1장). 이 책에서는 단지 연구방법이나 자료유형을 혼합하는 것뿐만 아니라 이러한 연구자 정신모형의 다양한 가닥들을 혼합하는 것과 관련된 곤혹스러운 문제들에 대해 적극적으로 논한다. 혼합연구가 이렇듯 다양한 차원에서 혼합될 때 새로운 통찰과 이해를 생성할 가능성이 가장 많다는 나의 관점을 제시한

다(제2장, 제4장, 제5장).

■ 사회과학 혼합연구방법의 핵심은 서로를 존중하는 대화와 토론, 서로로부터의 배움, 연구하는 현상에 대한 집합적인 공동이해를 통한 더 깊이 있는 이해라는 목적을 추구하며 동일한 연구 공간으로 다양한 정신모형을 초대하는 것이다. 따라서 그 정의상 사회과학에서의 혼합연구는 철학 패러다임, 이론적 가정, 방법론적 전통, 자료수집 및 분석기법, 개인적 이해 및 가치관에서의 다원성(plurality)을 내포한다고 할 수 있는데, 바로 이러한 것들이 정신모형을 구성하기 때문이다(제1장, 제2장).

■ 이 책에서는 '혼합연구방법의 사고양식(mixed methods way of thinking)'(제2장)을 다룬다. 혼합연구방법의 사고양식은 다양한 방식의 보기와 듣기, 사회적 세계에 대한 다양한 방식의 이해, 무엇이 중요하며 가치 있고 소중히 여길 것인가에 대한 다양한 관점 등에 열려 있다. 혼합연구방법의 사고양식에서는 사회현상을 연구하는 데는 다양한 방법이 있으며 이들이 모두 정당하다는 것, 동시에 그 어떤 접근방식도 부분적일 수밖에 없으며 따라서 다원적인 접근을 통해 복잡한 인간현상을 더 완전하고 의미 있게 이해할 수 있다고 가정한다. 혼합연구방법의 사고양식이란 자신과 다른 방식으로 현상을 보고, 아는 것의 정당성을 진정으로 인정하는 것을 의미한다. 혼합연구방법의 사고양식에는 다름과 차이에 대한 적극적인 관여가 포함된다.

■ 이 책에서 다루는 주요한 또 하나의 주제는 한 연구방법에서 나온 결과를 다른 연구방법으로부터의 결과를 통해 수렴, 확증, 확인한다는 개념이 과대평가되어 있다는 것이다. 그러한 수렴은 혼합연구방법의 목적에 있어서 오랫동안 중요시되어 온 삼각측정(triangualtion) 개념을 반영하는 것인데, 이는 물론 혼합연구방법에서 중요한 요소의 하나이다. 그러나 단지 하나의 요소일 뿐이다. 이와 동등하게 확산, 불일치, 다름, 즉 서로 다른 연구방법에서 나온 결과들이 일치하지 않을 때 이루어지는 '실증적 퍼즐(the empirical puzzles)'(Cook, 1985)이 가지고 있는 생성적 잠재력 역시 중요하다.

■ 이 책의 목적 중 하나가 사회과학 혼합연구방법에서 발전하고 있는 이론에 기여하는 것이다. 혼합연구방법을 이론화하는 것은 프로그램 평가나 교육연구 등의

응용사회과학을 비롯한 여러 분야에서 비교적 오랫동안 실천되어 온 혼합연구에 모양을 갖춰 주고 일관성과 가능성을 더해 준다는 측면에서 그 가치가 있으며 나름의 역할을 한다고 본다. 혼합연구방법의 이론화는 혼합연구방법을 실천하고 있는 이들에게 조직화되고 일관성 있는 지침을 제공함으로써 실제에 발맞춰 나갈 수 있게 하기 위함이며, 이에 따라 혼합연구방법의 실제도 다른 분야의 사회과학 연구처럼 철저하게 계획되고 실천될 수 있도록 하기 위함이다. 이 책에서는 이론과 실제가 서로에게 필요한 정보를 제공하고 호혜적이며, 이상적으로는 함께 대화하는 관계라고 보고 논의를 전개한다. 그렇지만 사회과학 연구의 실제는 그 어떤 방법론적 이론에서 생각하는 것보다 훨씬 더 복잡하고 서로 얽혀 있으며 유기적이라는 사실을 거듭 강조할 것이다.

혼합연구방법의 실제에 관한 제2부는 제6장에서 제10장까지로, 연구방법 혼합의 목적, 혼합연구의 설계, 혼합연구방법 자료분석, 혼합연구의 질 판단준거, 혼합연구 보고서 작성 및 보고의 순서로 제시한다. 각 장에서는 이러한 실제와 관련된 주제에 대해 여러 학자들의 주요 이론과 함께 이러한 실제적 주제에 대한 저자의 생각과 지침을 제시한다. 독자들도 주지하고 있는 바와 같이 혼합연구방법의 실제에 관한 지침은 아직 발달단계에 있으며 따라서 사려 깊고 창의적인 연구자들이 기여할 수 있는 여지가 상당히 많다. 제6장에서 제10장까지는 더 발전되어야 할 실제 측면에서의 주요 쟁점을 지적한다. 여기에는 다음이 포함되는데, 이 책을 계속 읽어 나가고자 하는 마음이 생겼으면 하는 소망에서 간략하게 제시한다.

- 예전이나(Cook, 1985; Mark and Shotland, 1987b), 오늘날이나(Onwuegbuzie and Johnson, 2006), 사회과학 연구에서 연구방법을 혼합하고자 하는 이유 중 가장 강력한 것은 각 연구방법에 고유한 단점을 보완하고 다른 연구방법에 고유한 장점을 활용하여 연구방법으로 인해 불가피하게 발생하는 편향을 상쇄하고자 하는 것이다. 그러나 문제는 방법론적 장·단점, 경향이나 편향에 대해 알려져 있는 바가 거의 없다는 것이다. 이는 설문조사에 반응할 때 사회적 바람직성에 따라 응답하는 오류라든가 평균으로의 회귀에 의한 사전-사후검사 간 점수 향상의 과대

평가 등과 같은 기술적인 문제만은 아니다. 즉 맥락적, 정치적 문제도 담겨 있는데, 연구자료 유형에 대해 서로 다른 집단에서 신뢰하는 정도가 다르다는 점, 사회적 맥락에서 다양한 구성원들이 갖고 있는 관심사와 관점을 의미 있게 파악하고 표현할 수 있는 정도가 연구방법에 따라 다르다는 점 등이 그 예이다(제6장).

■ 오늘날 응용사회과학 연구자들 사이에서 실증연구를 하면서 다양한 연구방법을 사용하고 각 연구방법에서 나온 자료를 각각 분석하여 각 연구방법과 자료에 따른 결론이나 추론을 도출한 다음, 연구를 종료하면서 다양한 결과들 간에 약간의 연결고리를 만들려는 노력을 하는 것(혼합연구 설계 중의 한 유형)은 상당히 일반화되어 있다. 그렇지만 이러한 연결고리를 효과적이며 탄탄하게 만드는 것은 쉬운 과제가 아니며 혼합연구방법 분야에서 앞으로 더 연구되어야 할 주요 영역의 하나이다(제7장).

■ 혼합연구방법에서는 잘 계획되고 의미 있는 방식으로 다양한 유형, 내용, 특징을 가진 다원적 자료군(data sets)을 분석해야 하는 상당히 어려운 과제에 대해 개념적으로 정련할 필요가 있다. 이 문제는 서로 다른 연구방법과 자료군 사이에 의도적으로 지속적인 교류를 포함하는 통합 설계에서 특히 중요하다(제8장).

■ 오늘날의 컴퓨터 소프트웨어는 질적 분석에서 양적 분석으로 그리고 다시 반대 방향으로 자료 파일을 보내는 작업이 용이하도록 되어 있다(Bazeley, 2003). 그러나 이러한 유형의 통합적 분석에서 여러 문제가 발생한다. 예컨대 양적 자료와 질적 자료분석 도구 각각에서 코드(codes)가 갖는 근본적인 의미가 서로 다르다는 문제가 있다. 양적 코드는 본질적으로 의미를 축소하여 정밀하고 반응자들 간에 일관된 의미를 갖도록 하는 것인 반면에, 질적 코드는 서로 다른 이들에게 서로 다른 맥락에서 서로 다른 의미를 가질 수 있는 다차원적 경험을 다룬다는 특징을 갖고 있다. 따라서 "혼합연구방법 컴퓨터 프로그램 사용에서 심각한 문제는 한 유형의 분석 프로그램에서 다른 유형의 분석 프로그램으로 연구자료를 보낼 때 코드의 의미를 어떻게 할 것인가이다."(Bazeley, 2003, p. 415)(제8장)

■ 각 방법론에서는 연구의 질을 판단하는 준거가 서로 다른데(예 : 내적 타당도 혹은 내러티브 일관성), 그렇다면 의도적으로 다양한 방법론적 전통을 혼합하는 혼합연구에서는 이렇듯 연구의 질을 판단하는 준거도 혼합해야 하는가? 만약 그렇

다면 어떻게 혼합해야 하는가? 아니면 혼합연구의 질적 수준을 판단하는 문제를 접근하는 데 대안적인 방법이 있을까? 혼합연구방법 문헌에서 연구의 질을 판단하는 것과 관련된 이러한 문제들을 다루는 내용은 거의 찾아볼 수 없다(제9장).

- 혼합연구를 글로 옮기는 것도 상당히 어려운데, 다양한 연구방법론들은 기술적 준거와 규준 등에서 서로 상당히 다른 의사소통 방법을 갖고 있으며 또한 설득력 있는 글의 수사학적 · 미학적 준거와 규준도 서로 다르기 때문이다(제10장).

전반적으로 이 책은 사회과학 혼합연구방법을 이해하고 실천하는 데 기여하고자 한다. 이 책은 응용사회과학 연구자와 프로그램 평가자를 위한 것이며, 현장의 연구자, 학문적 이론가 그리고 대학원생 모두에게 관련된다. 저자의 학문 및 실천 분야이기도 한 프로그램 평가가 가진 특수한 난제들이 책 전반에 소개된다. 그렇지만 다양한 분야의 맥락에 따른 쟁점과 예시도 논하며, 이러한 논의는 일반적으로 모든 분야에 적용 가능하다. 연구(inquiry)라는 단어는 이렇듯 포괄적인 적용 가능성을 내포한다. 이 책은 독자들이 사전에 한 가지 이상의 연구방법론의 개념적 논리와 핵심요소를 이해하고 있을 경우 더 잘 이해되리라 생각한다.

2007년 10월

Jennifer C. Greene

차례

PART 1

사회과학 혼합연구방법의 이론 :
패러다임과 패러독스

혼합연구에서 혼합되는 것은 과연 무엇인가? 혼합에 어떤 선택이 있을 수 있는가? 제1부에서는 혼합연구 영역에서 특히 중요성을 가지는 철학적·개념적 쟁점을 다루면서 그 개념적 틀이 될 수 있는 혼합연구방법 이론을 소개한다. 이 틀은 연구자의 정신모형(mental model)이라는 개념에 토대를 두는데, 정신모형에는 철학적 사고뿐만 아니라 학문영역에 따른 관점, 이론적 렌즈, 방법론적 전통, 맥락도 포함되며 아울러 개인적인 앎과 가치관도 관련된다. 그렇다면 연구방법을 혼합하려면 다양한 정신모형을 존중하면서 이러한 정신모형을 혼합하는 것이 이상적일 것이며, 이 책에서는 이것이 더 생성적인 이해와 통찰에 이를 수 있게 해 주는 방법이라고 본다.

제1부에서는 이러한 주장을 역사적 맥락 속에서 전개하며, 혼합연구를 실시할 때 다원적인 혼합의 중요성을 인지하고 신중하게 접근하고 있는 현대적인 관점 속에서 자리매김을 하고자 한다.

정신모형과
혼합연구방법

이제 혼합연구방법으로의 여행이 시작된다. 사회과학 연구를 계획하는 과정을 예로 들면서 정신모형 개념을 소개하는 것으로 그 여행을 시작할 것이다. 정신모형이란 특정한 가정, 이론적 신념, 경험, 가치의 조합체로서, 연구자가 연구를 수행하는 데 지속적으로 영향을 미치는 것이다. 이 여행의 첫 번째 여정지에서 여행자, 즉 독자들이 다른 사회과학 연구자들의 정신모형을 들여다보고 또한 자신의 정신모형에 대해 생각해 볼 수 있기를 바란다.

다음과 같이 상상해 보자…. 햇살이 눈부시고 바람이 살랑살랑 부는 어느 초여름 날이다. 당신은 지금 시내에 있는 청소년 센터의 회의실 테이블 앞에 앉아 있다. 떡갈나무로 된 테이블은 여기저기 상처가 나 있고 얼룩이 져 있다. 삐거덕거리는 의자도 떡갈나무로 만들어졌는데 이 회의를 위해 모인 중년의 사람들이 앉기에는 상당히 불편하다. 그중 가장 젊은 축에 속하는 청소년 상담자 페드로는 그다지 개의치 않는 듯하다. 사실 페드로는 이 의자가 안락의자라도 되는 것처럼 푹 기대어 앉아 있다. 로버트는 뒤쪽으로 몸을 잔뜩 붙이고 무게를 실어서 뒤쪽 의자 다리 두 개로 균형을 잡고 있다. 라티샤는 다리를 꼬고 앉아 있으며, 당신도 키가 낮은 테이블 밑에서 다리를 꼬아 보려고 애쓰고 있다.

당신이 청소년 상담자, 청소년 센터의 센터장, 근처 대학의 연구자 몇 명을 이곳으로 모이게 했다고 하자. 이번 가을부터 청소년 센터에서 실시하려고 하는 혁신적인 멘토링 프로그램을 어떻게 연구할지 연구계획을 의논하기 위해서다. (이 가상의 시나리오에서 소개하는 멘토링 프로그램은 일리노이 주의 샴페인-어바나 지역에서 Harold Davis 목사가 실제 개발한 TALKS 멘토링 프로그램이다. 이에 대한 자세한 정보는 웹사이트 [http://www.talksmentoring.org/champaign/index.htm]를 참조하기 바란다. 이 프로그램에서 도시(urban)라는 용어는 인구밀도를 가리키기보다는 도시의 흑인 청소년들이 가지고 있는 현대 문화를 지칭하는 것으로, 힙합과 랩 음악, 남자의 경우 지나치게 큰 사이즈의 옷을 입는 패션, 마약과 마약관련 범죄 그리고 주류사회로부터의 소외 등을 의미한다. 이 프로그램에 대한 연구결과는 웹사이트[http://www.talksmentoring.org/main_research.htm]를 참조하기 바란다.)

이 혁신적인 멘토링 프로그램에서는 자원봉사자인 성인 멘토 한 명을 연령(만 8세에서 16세 사이)과 성별이 동일하되 발달 수준은 다양한 세 명의 아동 혹은 청소년들과 연계시켜 준다. 학업성취나 학교 참여, 또래나 성인과의 사회·정서적 관계, 운동능력과 신체적 건강, 행동적 적응과 대처기술 등의 다양한 발달영역에서 세 명의 아동/청소년 중 한 명은 일반적으로 '잘하고' 다른 한 명은 '그런대로 괜찮게' 하는 아이들로 구성한다. 반면 세 번째 아동/청소년은 이 중 한 가지 영역 이상에서 '힘들어하는' 경우다. 아동 및 청소년들에게 리더십을 개발할 수 있는 기회로 이 프로그램을 소개한다. 멘토는 잘 개발되어 있는 교육과정에 따라서 방과 후 일주일에 한 시간씩 청소년 센터에서 세 아이들과 함께한다. 멘토가 청소년들과 부가적으로 시간을 더 보낼 수도 있지만 이를 기대하거나 권하지는 않는다. 이 멘토링 프로그램은 재미있게 시간을 보내는 것을 목적으로 하는 게 아니라, 높은 기대치, 강력한 역할모델, 끈끈한 또래관계를 통해 긍정적인 청소년 발달을 촉진하는 데 초점을 맞추고 있다. 한 멘토가 동일한 세 명의 아동/청소년들과 수

년간 혹은 심지어 이들 모두가 고등학교를 졸업할 때까지 함께하는 것이 이상적이다.

이 멘토링 프로그램은 원래 가까운 지역에서 활동하던 한 목사님이 도시의 흑인 남아들을 위해 개발한 것이다. 살면서 주변에서 훌륭한 남자 성인을 접할 기회가 없는 남아들을 위해서 이러한 역할모델을 '만날 수 있도록' 고안되었다. 4년 후에는 흑인 여아들도 포함하면서 프로그램이 확장되었으며, 여아의 장점과 어려움을 반영하여 교육과정을 수정하였다. 그로부터 또 4년이 흘러 교육과정은 다시 한 번 수정되었는데, 이번에는 도시문화 속에 살고 있는 라틴 아메리카계의 남아, 여아를 위해 수정이 이루어졌다. 이 도시에서는 최근 멕시코와 중앙아메리카로부터의 이민자들 그리고 대도시에 살다가 중소도시로 옮기고자 하는 라틴 아메리카계 사람들이 유입되면서 노동계층과 중산층의 라틴 아메리카계 가정이 급증하였다. 이 지역의 외곽지에 현대자동차 조립공장이 새로 들어서면서 이러한 새로운 노동자들이 이 도시로 모여들게 되었던 것이다. 따라서 최근에는 청소년 센터에 오는 아동 및 청소년 인구도 상당히 다양해졌는데 이들은 서로 어울리지 못하며 심지어 인종 간의 갈등과 부딪침도 생겼다. 청소년 센터 직원들은 멘토링 프로그램이 같은 인종의 아동/청소년들에게 실시되기는 하지만, 이들의 전반적인 발달을 지원해 주고 또한 이러한 긴장을 완화하고 인종이 다른 집단 간의 건전한 상호작용을 촉진해 줄 수 있기를 바라고 있다.

멘토가 모두 자원봉사자이기에 멘토링 프로그램 그 자체는 비용이 들지 않는다. 시 예산, 청소년 센터의 자체 예산, 지역 단체 등으로부터 오는 재원으로 프로그램을 운영하는 비용을 충당하고 있다. 멘토링 프로그램과 함께 실시될 3년 연구는 W. T. Grant 재단에서 연구비를 지원하는 것으로, 회의에 참석하고 있는 대학교수가 센터 직원들과의 협력을 통해 연구비를 따낸 것이다. 이 연구를 통해 상당한 가능성을 갖고 있는 이 청소년개발 프로그램의 과정과 효과에 대해 더 자세히 알아보고자 한다. 물론 한정된 범위이기는 하나 지금까지 멘토링 프로그램에 대해 수집해 온 연구자료로 보아 긍정적인 결과를 기대한다. 다시 돌아가, 오늘 회의의 목적은 그 연구의 계획을 시작하기 위해서다.

집단 토의

여러분은 회의 사회자로서, 이 회의에 참석한 8명(센터장, 3명의 청소년 상담자, 4명의 대학 연구자 — 각각 아동발달, 청소년발달, 집단관계, 프로그램 평가영역을 대표함)에게 2명씩 한조로 하여 (1) 연구의 주요 초점과 핵심 연구문제, (2) 연구 설계 및 방법에 대한 아이디어를 논하도록 한다. 각 조에는 센터 관계자 한 명과 대학 관계자 한 명이 포함되어야 한다. 40분의 토의 시간을 가진 후 전체 집단으로 토의 내용을 보고해야 한다. 각 조에서 생각한 내용을 요약하여, 먼저 핵심 연구문제, 그다음에 연구계획 및 연구방법의 순으로 제시한다.

이 연구의 초점은 무엇이 되어야 하는가? 연구문제로 어떤 것들이 가능하며 왜 당신에게 중요한가?

실증연구를 수행함에 있어서 우선순위에 대한 네 조의 의견은 다음과 같다.

1조-청소년 상담자 페드로와 발달심리학자 앤

"우리 생각에는 이 연구에서 여러 영역에 걸쳐 중요한 발달지표를 평가하는 데 집중해야 한다고 봅니다."라고 앤이 말한다. "학업성취와 동기, 행동, 멘토나 가족과 맺는 관계의 질에 특히 주목해야 하고요. 요즘의 발달이론에서는 최소한 한 명의 성인과 밀접한 관계, 서로 배려하는 관계를 맺는 것이 긍정적인 청소년발달에 매우 중요하다고 하죠. 그런 이유로 우리는 멘토-멘티 관계에 집중하고자 합니다."

페드로도 다음과 같이 자신의 생각을 첨가한다. "그리고 저는 제 인생 경험을 통해서 라틴 아메리카계 사람들에게는 가족(la familia)이 정말 중요하다는 사실을 알고 있고, 또 이 점은 아프리카계에게도 마찬가지라고 봅니다. 그래서 이 연구에는 아이들이 가족과 어떻게 지내는가에 대해 자세하게 알아보는 것이 포함되어야 합니다. 라틴 아메리카계 가족에게는 자녀가 학교에서 잘하는 게 정말 중요한데, 좋은 교육을 받지 않으면 이 사회에서 성공할 수 없다는 사실을 우리 민족은 잘 알고 있기 때문입니다."

앤도 동의하면서 더 상세하게 설명한다. "또 사실 아이들이 아동기 중기와 청소년기 초기에 해야 하는 주요 '과업'은 학교에 가서 주어진 상황에 따라 규칙과 규범에 적합하게 행동하는 법을 배우는 것이죠. 그래서 가족관계 외에 시간이 흐름에 따라 아이들의 삶에서 우선순위가 되는 것은 학업성취와 바른 행동이라고 생각합니다."

2조 - 청소년 상담자 로버트와 집단관계 전문가 프레더릭

"우리 생각은 좀 달라요."라며 프레더릭이 말을 시작한다. "우리 둘 다 멘토링 프로그램을 연구하는 데 있어 가장 중요한 측면은 멘티들이 또래들, 멘토링 집단 안의 또래나 학교, 청소년 센터, 이웃 등의 다른 또래들과 어떤 관계를 맺는가라고 봅니다. 특히 다른 인종이나 민족집단의 또래들과의 관계를 포함해서 말입니다. 그리고 또래관계가 이 연구에서 가장 중요한 우선순위가 되어야 한다고 보는 데는 여러 다양한 이유가 있습니다."

로버트는 자신이 관찰했던 바에 대해 말한다. "저는 아이들과 일한 게 몇 년밖에 되지 않았지만, 아이들의 삶에서 가장 힘든 부분이 멋진 척(act cool)해야 한다는 압박감을 이겨 내는 것임을 여러 차례 관찰했습니다. 심지어 아이들 사이에서 멋지다는 게 나쁜 일을 하는 것을 의미할 때도 말입니다. 멋진 척하지 않으면 멋지지 않은 게 되고, 그러면 실패자, 외톨이가 되는 겁니다. 아무도 실패자와는 친구가 되려고 하지 않아요. 너무도 많은 아이들에게 좋은 친구를 찾는 게 힘든 일일 수 있습니다."

프레더릭은 "제가 하는 일은 대부분 대학생처럼 청소년기 후반에 관련된 것이지만 집단관계에서 또래 대 또래 관계를 강조하는 것은 모든 연령에 해당하는 것이라고 생각합니다. 우리 사회, 우리 세계는 점점 더 다양해지고 있습니다. 우리 사회의 주요 목표 중 하나가 타인에 대한 관용과 수용을 배우는 것입니다."라고 말한다.

3조 - 청소년 상담자 라티샤와 발달심리학자 글로리아

"우리 생각은 앞의 두 조에서 말한 것과 좀 비슷해요."라고 글로리아가 말한다. "우리는 멘토링 프로그램에 참여하는 아동 및 청소년의 발달 진보상황에 주목하는 게 정말 중요하다고 봅니다. 그리고 신체적 건강과 안녕뿐만 아니라 학업성취, 행동, 또래 및 성인과의 관계 등 모든 중요한 발달영역을 다 포함시키고 싶어요."

계속하여 글로리아는 "아시다시피 요즘 온 나라에 아동비만이 심각한 문제입니다. 저소득층, 노동자층 소수민족이 많이 거주하는 지역에서는 특히 심각하죠. 멘토링과 비만 간에 직접적인 관계는 없지만 저는 양심상 오늘날 아동이나 청소년을 대상으로 하는 그 어떤 연구도 이 문제를 배제하고 이루어져서는 안 된다고 봅니다."라고 한다.

라티샤가 "예, 우리 센터에도 정말 비만 아동들이 많이 옵니다. 그중 어떤 아이들은 실내체육관을 가로질러 걸어오는 것도 힘겨워합니다. 그렇지만 우리가 연구하려는 아이들의 건강과 삶의 다른 모든 측면을 위해서 각 문화에 적합한 기준을 사용해야만 한다고 생각합니다. 여기 글로리아는 이 기준이 '문화적으로 적합하게 수정된 발달 규준'이라고 불린다고 했습니다. 근본적으로 들어가 보면 아이들은 모두 똑같겠지만 다양한 배경을 가진 아이들이 알고 있는 것, 혹은 할 수 있는 것은 정말 많이 다릅니다. 그건 매일 여기서 목격되고 있습니다."라고 덧붙인다.

4조 - 청소년 센터장 제임스와 프로그램 평가 전문가 린다

린다는 "우리도 정말 이 연구에서 앞에서 다른 조들이 발표했던 좋은 생각들을 전부 다 강조하고는 싶어요. 그렇지만 그중 상당 부분은 효과를 더 장기적으로 봐야 알 수 있는 것이라서, 이 프로그램의 단기적인 틀 안에서는 가시적으로 측정할 수 있는 변화가 나타나지 않을 겁니다. 우리는 더 단기적인 관점과 프로그램의 과정적 측면에 초점을 맞추어야 한다고 봅니다."라고 말한다.

제임스가 이어받아 "이 연구에 재정적 지원을 하는 W. T. Grant 재단에서 관심 있어 하는 문제들도 다루어야 한다고 생각합니다. 그래서 우리가 우선순위를 두는 평가문제는 멘토와 멘티 모두에게 있어서 멘토링 경험의 질적 수준, 프로그램의 운영관리 측면에서의 효율성 그리고 적절한 여러 영역에 있어서 프로그램 참여 아동 및 청소년에게 단기적으로 나타나는 혜택입니다. 아마도 우리가 이전에 참여했던 프로그램 평가가 이러한 쟁점에 대한 우리의 생각에 영향을 미쳤을 것입니다. 순수 연구와 같지는 않겠지만 이것도 프로그램 평가연구가 되어야 한다고 봅니다."라고 말한다.

짚어보기

이제 위와 같은 대화 속에서 멘토링 프로그램 연구의 주요 관심사와 연구문제에 대해 이렇게 서로 다른 생각들에 영향을 미치고 있는 여러 요소들을 찾아보자. 다음과 같은 요소가 포함될 것이다.

- 현대 발달심리학("요즘의 발달이론에서는 최소한 한 명의 성인과 밀접한 관계, 돌보는 관계를 맺는 것이 긍정적인 청소년발달에 매우 중요하다고 해요." ― 앤)
- 집단관계 이론("우리 둘 다 멘토링 프로그램을 연구하는 데 있어 가장 중요한 측면은 멘티들이 또래들과 어떤 관계를 맺는가 하는 거라고 봅니다." ― 프레더릭)
- 개인적 경험("그리고 저는 제 인생 경험을 통해서 라틴 아메리카계 사람들에게는 가족이 정말 중요하다는 사실을 알고 있습니다." ― 페드로)
- 실제 상황 속에서의 반복 관찰로부터 형성된 인식("아이들의 삶에서 가장 힘든 부분이 멋진 척해야 한다는 압박감을 이겨 내는 것임을 여러 차례 관찰했습니다. 심지어 아이들 사이에서 멋지다는 게 나쁜 일을 하는 것을 의미할 때도 말입니다." ― 로버트 / "그건 매일 여기서 목격되고 있습니다." ― 라티샤)
- 가치관과 신념("우리 사회의 주요 목표 중 하나가 타인에 대한 관용과 수용을 배우는 것입니다." ― 프레더릭)
- 현재의 동향과 쟁점("저는 양심상 오늘날 아동이나 청소년을 대상으로 하는 그 어떤 연구도 이 문제를 배제하고 이루어져서는 안 된다고 봅니다." ― 글로리아)
- 문화적 다양성에 대한 민감성 및 존중("각 문화에 적합한 기준을 사용해야만 한다고 생각합니다. 여기 글로리아는 이 기준이 '문화적으로 적합하게 수정된 발달 규준'으로 불린다고 했습니다." ― 라티샤)

- 외부요소("이 연구에 재정적 지원을 하는 W. T. Grant 재단에서 관심 있어 하는 문제들도 다루어야 한다고 생각합니다." — 제임스)
- 상황요소("그중 상당 부분은 효과를 더 장기적으로 봐야 알 수 있는 것이라서, 이 프로그램의 단기적인 틀 안에서는 가시적으로 측정할 수 있는 변화가 나타나지 않을 겁니다." — 린다)
- 전문 경험("우리가 이전에 참여했던 프로그램 평가가 이러한 쟁점들에 대한 우리 생각에 영향을 미쳤을 것입니다." — 제임스)
- 학문 분야에 따른 관점(앤과 글로리아는 심리발달, 프레더릭은 집단관계, 제임스는 프로그램 운영관리)

여러분은 연구 설계와 방법에 대해 어떻게 생각하는가? 그러한 생각의 근거, 이유는 무엇인가?

이제 연구 설계 및 방법에 대한 각 조의 생각을 간략하게 요약하여 제시하면 다음과 같다.

1조－청소년 상담자 페드로와 발달심리학자 앤

페드로는 "이 연구에서 가장 중요한 것은 멘토링 프로그램이 참여한 아이들에게 어떤 효과를 주느냐 하는 겁니다. 앤이 이런 유형의 연구를 전문적인 용어를 사용해서 설명할 수 있습니다."라고 말을 시작한다.

앤이 이어서 "물론 이상적인 연구는 무선화 실험입니다. 그러면 우선적으로 알아봐야 할 멘토링 프로그램의 주요 효과에 대한 연구문제에 답할 수 있습니다. 그렇지만 청소년 센터에서 가능한 한 많은 수의 청소년들이 멘토링 프로그램에 참여하기를 원하고, 또한 시간적 지연이 없기를 바라니까 그건 불가능하겠죠. 따라서 지연 통제집단(delayed control group)을 사용해서 다음 해에 프로그램에 참여하게 하는 방법은 제외됩니다. 각 집단에 속한 세 명의 복잡한 구성 역시 무선적인 선발 및 할당을 어렵게 만듭니다. 그래서 프로그램에 참여하는 아동 및 청소년과 주요 발달 특징에서 유사한 일종의 대응 통제집단(matched control group)을 찾아서 연구해야 한다고 봅니다."라고 말한다.

"대응 통제집단에 대해서 노스웨스턴 대학교에서 흥미 있는 연구들이 나왔는데 우리 상황에 상당히 적합할 것 같네요. 이상적으로는 영향을 미친 프로그램 중재변인을 찾을 수 있게 실시과정도 평가해야 하겠지만, 그럴만한 자원이 충분하지 않을 겁니다. 과정평가보다 중요한 것은 멘토링 프로그램과 주요 효과 간에 인과관계를 찾는 것인데 그렇다면 준실험 설계로 연구하는 게 가장 적절합니다."

2조－청소년 상담자 로버트와 집단관계 전문가 프레더릭

"알다시피 우리는 멘티의 또래관계에 최우선적으로 연구의 초점을 둡니다. 또래관계는 연구하기 정말 어렵습니다."라고 프레더릭이 지적한다. "저도 수년간 또래관계를 연구하는 데 적합한 연구방법을 생각하고 다듬어 보려고 노력했기 때문에 압니다."

로버트가 계속 이어서 "또래관계를 연구하는 데 대하여 두 가지 아이디어가 있습니다. 하나는 프레더릭이 참여자중심 연구방법이라고 말한 것인데 연구에 아이들 자신을 연구자로 참여시키는 것입니다. 즉 아이들이 연구자료를 수집하고 분석하고 해석하는 것입니다. 아이들은 대체로 성인과 함께 있을 때보다는 다른 아이들과 함께 있을 때 더 정직하게 있는 그대로 말합니다. 그래서 아이들 중 일부가 이런 식의 연구 책임을 공유하게 한다면 정말 멋진 경험이 될 수 있을 겁니다. 우리는 또한 참여를 가치 있게 여깁니다."라고 말한다.

프레더릭도 "유아와 청소년을 대상으로 한 참여자중심 연구방법에 대한 훌륭한 최근 연구들이 있는데 우리에게 상당히 도움이 될 겁니다. 우리가 갖고 있는 또 다른 아이디어는 기본적으로 일종의 사례연구방법을 사용하는 것입니다. 즉 집중적으로 몇 명의 아이들에게 초점을 두고 연구하는 것입니다. 저는 제 멘토로부터 사례연구에 대해 많이 배웠는데, 다른 연구방법으로는 얻을 수 없는 풍부한 통찰이 가능하게 해 준다고 믿습니다."라고 덧붙인다.

3조－청소년 상담자 라티샤와 발달심리학자 글로리아

"우리의 설계는 대체로 기존 자료를 활용하면서 이에 더하여 설문지를 면밀하게 계획해서 모든 참여 아동과 청소년에게 일 년에 한두 차례 실시하는 것입니다. 멘토에게도 설문지를 실시하거나 면담을 할 수도 있겠죠."라고 글로리아가 말한다. "기존 자료로 시험성적, 평점, 결석 및 무단결석, 정학이나 다른 위반행위 등과 같이 학교에서 이미 갖고 있는 정보가 있을 수 있습니다. 연령이 높은 청소년의 경우에는 시 당국으로부터 청소년 범죄자료를 얻을 수 있습니다. 만약 신체적 건강과 복지도 포함하는 것으로 결정하면 우리가 활용할 수 있는 자료가 보건복지부서에 많이 있습니다. 가능한 한 이미 있는 자료를 활용하는 것이 실제적인 측면에서 합리적이고 당연하다고 봅니다. 그러고 나서 설문조사를 통해 다른 주요한 발달변인들을 모두 평가할 수 있는데, 이때 필요하다면 문화에 맞게 수정된 발달지표를 사용할 수 있습니다."

라티샤는 "아이들이 상당히 많은 설문지에 응해야 하겠지만 설문지 작성을 흥미롭게, 심지어 재미있다고 느끼게 만들 수도 있다고 봅니다. 어쩌면 로버트와 프레더릭이 말한 것처럼 아이들이 서로서로에게 설문을 하도록 할 수도 있겠네요. 그러면 정말 특별한 경험이 될 수 있을 겁니다."라고 자신의 의견을 말한다.

이에 덧붙여 글로리아는 "이 설문조사 방법을 통해 오류를 최소로 하면서 일관되고 표준화된 정보를 얻을 수 있다고 생각합니다. 문화적 편차는 있겠지만 우리는 발달이 보편적인 과정이라고 믿습니다. 따라서 표준화된 도구를 신중하게 실시한다면 발달을 가장 잘 측정할 수 있습니다."라고 말한다.

4조 － 청소년 상담 센터장 제임스와 프로그램 평가 전문가 린다

린다는 "우리 생각은 여러분 모두의 생각 중 가장 좋은 아이디어 몇 개를 결합한 것이라 할 수 있습니다."라고 말한다. "우리 조에서는 프로그램의 과정과 단기 효과를 가장 중요한 연구초점으로 삼았었다는 점을 기억해 주세요. 우리는 어떤 식으로든 비교하는 것, 그러니까 프로그램에 있는 아이들을 비슷한 특성을 가지되 프로그램을 받지 않는 아이들과 비교하는 것이 연구를 통해 프로그램 효과를 알아보는 부분에서는 중요하다고 봅니다. 우리 자신에게든, W. T. Grant 재단에든 말입니다. 그리고 우리는 이 프로그램 효과 부분에 대해서는 실재론에 입각하고 이론에 기초해야 한다고 봅니다."

제임스는 "발달이 보편적이지는 않을지 모르지만, 우리 지역사회에서 긍정적인 발달로 여기는 것은 모든 아이들에게 중요하다고 생각하며 그래서 질적으로 우수하면서 일관된 측정도구로 평가할 수 있다고 봅니다(심지어 문화적 차이도 반영합니다)."라고 자신의 생각을 피력한다.

린다는 "동시에 프로그램의 멘티와 멘토가 가지는 경험은 상당히 다양하고 개인적일 것이기에 개방적인 질적 연구방법을 통해 구성주의적인 시각으로 이해하는 것이 가장 적합하다고 봅니다. 저널 쓰기나 사진 같은 창의적인 생각도 상당히 유용할 수 있지만 여기서는 면담이 가장 적합할 것 같습니다."라고 말을 맺는다.

짚어보기

연구 설계와 연구방법에 대한 이렇게 다양한 아이디어에 영향을 주는 다각적 요소를 다시 한 번 찾아보기 바란다. 이러한 요소 중 일부를 제시하면 다음과 같다.

- 방법론적 신념과 전통(인과관계를 아는 것이 가장 중요하며 이를 위해서는 실험이 가장 이상적인 설계라고 보는 페드로와 앤 / 표준화된 측정도구의 중요성을 강조하는 라티샤와 글로리아)
- 방법론적 지향(앞의 세 조는 연구를 지향하고 네 번째 조는 프로그램 평가를 지향)
- 상황적 기회요소와 제한요소("그렇지만 여기서는 그게 불가능하겠죠." — 페드로와 앤)
- 연구문헌("노스웨스턴 대학교에서 나온 흥미 있는 연구들" — 페드로와 앤 / "유아와 청소년을 대상으로 한 참여자중심 연구방법에 대한 훌륭한 최근 연구들 — 로버트와 프레더릭)
- 전문경험("저도 수년간 또래관계를 연구하는 데 적합한 연구방법을 생각하고 다듬어 보려고 노력했기 때문에 압니다." — 프레더릭)
- 가치관("우리는 또한 참여를 가치 있게 여깁니다." — 로버트와 프레더릭)
- 교육 및 훈련("저는 제 멘토로부터 사례연구에 대해 많이 배웠는데" — 프레더릭)

- 실제적 측면("가능한 한 이미 있는 자료를 활용하는 것이 실제적인 측면에서 합리적이고 당연하다고 봅니다." — 라티샤와 글로리아)
- 개념 이론 및 신념("우리는 발달이 보편적인 과정이라고 믿습니다." — 라티샤와 글로리아)
- 과학철학("실재론에 입각하고 이론에 기초하여야 한다고 봅니다. (중략) 구성주의적인 시각으로 이해하는 것이 가장 적합하다고 봅니다." — 제임스와 린다)
- 창의성("저널 쓰기나 사진 같은 창의적인 생각도 상당히 유용할 수 있지만" — 제임스와 린다)

이러한 대화 이해하기 : 정신모형 개념

청소년발달 영역의 현장종사자와 연구자들로 구성된 이 집단은 연구 초점과 설계에 대하여 반드시 상반되는 것은 아니지만 매우 다양한 아이디어를 내놓았다. 이 아이디어들은 이보다 훨씬 더 다양한 내재된 성향, 신념, 지식으로부터 영향을 받은 것으로 보인다. 이렇게 내재되어 있으면서 연구에 근본적인 영향을 주는 요소들을 대략 다음의 (서로 중복되기도 하는) 범주로 묶을 수 있다. 앞의 시나리오를 통해 예시하면 다음과 같다.

- 내용이론(substantive theory), 이론적 신념, 선행연구 : 발달심리나 집단관계 등과 같은 구체적인 연구 분야와 그 속에 내재된 이론적 신념(예 : 발달지표가 누구에게든 보편적이라고 보는 경우와 문화에 따라 다양하다는 신념), 그리고 청소년발달에 대한 실증연구처럼 관련되는 선행연구 문헌
- 학문적 관점 : 앞의 시나리오에서는 긍정적인 청소년 발달심리학에 대한 관점이 대부분임
- 과학철학 : 사회적 세계의 본질, 그러한 사회적 세계에 대해 우리가 가질 수 있는 지식의 본질, 알아야 할 중요성을 가진 내용에 대한 신념이 포함되며 실재론이나 구성주의 과학철학이 그 예임
- 방법론적 전통 및 연구유형 : 실험법, 사례연구법, 조사연구법, 이차적 자료분석, 참

여연구법 등의 방법론적 전통이나 순수연구와 프로그램 평가 등의 방법론적 연구
유형

■ **교육 및 훈련과 전문경험** : 각자 받았던 교육에서의 내용적·방법론적 지향이나 강
력한 멘토로부터의 경험적 영향을 포함한 교육 및 훈련 요인 그리고 시간이 흐름
에 따라 자신의 실제 경험으로부터 구축된 전문경험, 아이디어, 신념

■ **상황적 요인** : 당면한 상황에 따른 실제적 측면이나 활용할 수 있는 자원, 기회와
제한요소 혹은 더 큰 지역사회나 전체 사회에서의 중요한 경향이나 쟁점 등을 포
함함

■ **정치적 요인** : 인종이나 계층과 같은 민감한 사안, 권력과 발언권과 같은 쟁점을 포
함함

■ **개인적 가치관과 경험** : 다양성을 존중한다든가 관련되는 모두가 통합적으로 참여
하는 것을 중시한다든가 창의성을 가치 있게 여기는 등의 개인적 가치관 그리고
자신이 직접 경험한 데서 얻은 생각이나 신념

다른 요인들도 있을 수 있겠지만 이러한 범주들은 사회과학 연구자의 나침반 역할을
하는 각자의 정신모형을 대표하며 서로 연관되어 있다. 정신모형이란 모든 사회과학 연구
자들이 자신의 연구에 접근해 나갈 때 갖고 있는 일련의 가정, 이해, 성향, 가치, 신념을
말한다. 정신모형은 우리가 하는 연구에 영향을 미치는데, 즉 무엇을 연구하고자 결정할
지 그리고 해당 연구를 어떻게 계획하고 설계하여 실시할지에 영향을 준다. 또한 정신모
형은 우리가 어떻게 관찰하고 경청할지, 무엇을 보고 들을지, 무엇이 두드러지고 중요하
다고 해석할지 그리고 우리의 실증연구로부터 진정으로 무엇을 배울지에 영향을 미친
다. 프로그램 평가의 경우, Mary Lee Smith(1997)는 "각각의 프로그램 평가는 평가자
가 세상은 어떠한지, 평가는 어떻게 이루어져야 하는지, 무엇이 지식으로서 중요한지에
대하여 갖고 있는 정신모형에 달려 있다. 프로그램 평가는 사회적 행위이기에, 해당 사
회에서 어떤 기준을 적용할지에 대한 기대치에도 달려 있다."(p. 73)라고 지적하였다. 예
컨대, 교육 프로그램 평가의 기준제정공동위원회에서 마련한 기준(http://www.
wmich.edu/evalctr/jc/)은 평가자 사회에서 널리 받아들여지고 있다. 더 나아가 Smith
는 비교적 엉성하고 투박한 정신모형으로부터 철학적 패러다임 형태의 형식화된 정신모

형을 구분하면서, "모든 연구 프로젝트의 특징으로 보이는 일상적인 결정, 조정, 절충뿐만 아니라 최초의 연구 설계도 관련된 사람들이 갖고 있는 투박한 정신모형에 달려 있다. (중략) A 방법 혹은 B 방법을 택할 때, 아니면 A와 B 방법을 모두 사용할 때의 잠재적인 의미와 유용성을 가늠하여 정하는 것은 [형식화된 논리적 패러다임보다는] 투박한 정신모형이다. 이와 마찬가지로, 이러한 방법에 의한 정보 산출을 고려하는 데 있어서 적용할 기준을 제공하는 것도 이러한 투박한 정신모형이다."(M. L. Smith, 1997, p. 74)라고 하였다.

Denis Phillips(1996)는 철학적 관점과 사회과학 연구 실제 간의 연관성을 논하면서 정신모형 개념을 언급한 바 있다. 그는 정신모형이란 "연구자가 연구에 착수하는 순간 갖고 있는 가정, 유추, 은유 혹은 투박한 모형이다. (중략) [즉, 정신모형은] 그 어떤 [더 형식적이거나 명시적인] 이론이나 모형을 세우기 훨씬 전부터 존재한다."(pp. 1008-1009)라고 제안한다. M. L. Smith에 따르면 연구자의 정신모형은 인식론적 신념이나 존재론적 신념에 대하여 직접 묻기보다는 "한밤중에 평가자를 흔들어 깨워서 신뢰도 없이 타당도를 갖는 것이 가능할까요? 혹은 평가자가 실시되고 있는 프로그램을 직접 보지 않고서 그에 대해 뭔가를 알아낼 수 있을까요?라고 물어봄으로써"(1997, p. 74) 가장 잘 알 수 있다.

이 책에서 취하는 관점은 M. L. Smith와 Phillips가 제시한 정신모형에 대한 생각과 전적으로 일치한다. 이러한 관점에서는 정신모형이란 연구자가 사회적 세계를 인식하고 이해하도록 해 주는 렌즈로서, 복합적이며 다면적인 것으로 정의된다. 세상의 모든 사람들이 각각 고유하고 독특한 것처럼, 각 연구자의 정신모형도 독특하다. 이와 동시에, 정신모형의 어떤 측면은 연구자들이 공통되게 갖고 있는 것이다. 예컨대 연구자들이 비슷한 교육적 배경, 전문적 경험, 개인적 가치와 신념을 가졌을 때나 이러한 정신모형 측면이 갖는 의미가 사회적으로 구성된 것일 때 그러하다. 따라서 내용이론, 학문적 관점, 더 개인적인 경험이나 가치, 앎의 방식 전체와 마찬가지로 정신모형은 철학적 패러다임을 포함하고 있다.

더 나아가 사회과학 연구의 중추적인 틀을 잡아 주는 것은 연구자의 정신모형이라 할 수 있다. 무엇을 어떻게 왜 연구할지는 연구자가 사회과학 연구로 가지고 오는 내용이론, 방법론적 훈련, 철학적 관점, 실제적 경험, 개인적 신념 등에 전적으로 근거한다. 이와 마찬가지로 중요한 사실은 연구자가 자신의 연구자료를 해석하여 이해하는 것 역시 자신이 갖게 된 의미나 해석 원칙에 대한 이해 그리고 사회과학 연구자로서의 자기 스스로에 대한 이해, 줄여서 한 마디로 정신모형의 영향을 받는다는 점이다.

정신모형의 혼합으로서의 혼합연구방법

더구나 이제 주목받기 시작하고 있으며 이 책의 주제인 사회과학 혼합연구방법은 정신모형이란 개념을 중심으로 이루어진다. 사회과학에서 연구방법을 혼합한다는 것이 갖는 핵심 의미는 서로를 존중하는 대화와 의견교환을 위해 그리고 서로로부터 배우면서 연구하는 현상을 더 잘 이해하기 위해 공동 노력을 할 수 있도록 다양한 정신모형들을 동일한 연구 공간으로 초대하는 것이다. 그렇다면 이러한 정의에 따라 사회과학 혼합연구방법에는 철학적 패러다임, 이론적 가정, 방법론적 전통, 자료수집 및 분석기법, 개인적 이해와 가치 신념 등의 다원성이 포함되는데, 바로 이러한 것들이 정신모형을 이루기 때문이다.

그렇지만 더 넓게 생각해 볼 때 혼합연구방법은 근본적으로 패러다임의 균형, 대립되는 이론의 양립 가능성 혹은 다양한 방법론적 전통의 조화에 대한 것만은 아니다. 물론 이러한 것도 혼합되는 요소에 속하기에 논의에서 두드러지게 될 것이다. 그러나 이 책에서 제시하는 혼합연구방법의 중심이자 이를 규정하는 특성은 사실 다양한 앎의 방식과 다양한 사회과학 연구방법에 세심하게 주목하는 것이다. 더 근본적으로 사회과학 연구에서 방법들을 혼합하는 것은 큰 식탁을 차려서 다양한 사고방식과 가치가 함께 자리할 수 있도록 초대하고 그러한 서로의 다름에 대하여 서로를 존중하면서 생산적으로 대화함으로써 점점 더 이해의 폭과 깊이를 확장할 수 있게 나아가는 것이다. 이러한 관점에서는 혼합연구방법을 통해 다름(difference)에 대하여 적극적인 관여를 해야 한다고 본다. "혼합연구방법을 잘 활용한 프로그램 평가에서는 다름이 인정받고 생성적인 역할을 한다."(Greene, Benjamin, & Goodyear, 2001, p. 32)라고 말한다.

책으로의 초대

이 책은 정신모형 개념에 토대를 두며 사회과학 연구에서 서로의 다름에 관여하는 것이 중요하다고 강조하는 입장에 서서 혼합연구방법의 이론적 근거, 위치, 실제 등에 대하여 고유한 개념을 제시한다. 이 책에서는 사회과학에서 **혼합연구방법**(mixed methods)이라는 명칭이 가지고 있는 역사적 의미(이 책 제3장에서 자세히 논의됨) 때문에 이를 그대로 사용하기로 한다. 그러나 저자는 사회과학 혼합연구방법이 그저 사회적 삶의 실증적 자료를 수집하여 분석하고 해석하는 데 있어 서로 다른 방식을 혼합하는 것만은 아니라고 본다. 사실 서로 다른 방법을 혼합하는 다양한 방식은 이러한 유형의 사회과학 연구 실제를 대표할 뿐, 목적이나 사회에서의 역할을 나타내지는 못하고 있다. 물론 실제가 매우 중요하며, 현재 사회과학 연구나 프로그램 평가에서 다양한 방법을 혼합할 수 있는 방법에 대해 여러 가지 창의적인 아이디어들이 풍부하게 나오고 있다. 이러한 아이디어를 제시한 이론가들은 혼합연구의 설계(Creswell, 2002; Maxwell & Loomis, 2003; Tashakkori & Teddlie, 1998), 전문용어(Teddlie & Tashakkori, 2003), 자료분석(Bazeley, 2003; Onwuegbuzie & Teddlie, 2003) 등에 상당히 기여해 왔다. 이러한 아이디어 중 상당수가 이 책에서 실제를 다루는 부분(제6장에서 제10장)에도 포함되어 있다.

그렇지만 이 책이 차별화되는 것은 바로 사회과학 연구에서 방법을 혼합하는 이론적 근거와 목적을 강조한다는 점이다. 본질적으로 복잡하며 상황적 맥락에 영향을 받는(제5장에서 자세히 소개됨) 사회현상을 더 잘 이해하기(better understanding)라는 총체적 목적 측면에서 혼합연구방법이 가지는 가치를 강조한다. 이 책에서는 혼합연구방법의 실제는 혼합연구의 목적에 따라 규정되고 구체적 방향이 정해진다고 본다. 이 책에서의 모든 논의는 우리 사회 속에서 과학이 해야 하는 역할에 대한 분명한 입장에 전적으로 근거하는데, 바로 다름에 대한 의미 있는 관여(meaningful engagement with difference)를 중시하는 입장이다. 이에 따라 이 책은 혼합연구가 이러한 관여에 특정한, 더 나아가 독특한 기여를 할 수 있는 측면(제2장에서 다룸)을 강조한다. 더욱이 혼합연구에서 중요하게 혼합되는 것 혹은 관여되는 다름은 방법 측면을 넘어서서 연구자의 정신모형 속에 엉켜 있는 수많은 다른 요소까지 포함된다. 앞에서 예시한 바와 같이 이러한 요소에는 연구자의 철학적 가정, 이론적 신념, 정치적 믿음, 개인적 지혜, 전문가로서의 경험 등이 포함되며, 구체적 자료수집과 분석도구에서도 여러 요소가 나타나게 된다(혼합연구에서 혼합될 수 있는 모든 것 그리고 사회과학자가 자신의 연구에서 이러한 다중 혼합을 심각하고 진지하게 고려해야 하는 이유에 대한 논의는 제4장과 제5장을 참조할 것).

이 책에서 이루어지는 논의는 이런 식으로 오늘날 혼합연구방법에 대한 대체적인 논의에서 찾아볼 수 있는 두 가지 경향에 대해 대립각을 세운다. 하나의 경향은 혼합연구방법을 주로 **연구 설계방법**의 하나로 정의하며 다양한 순서와 우선순위를 가진 여러 방법(주로 **질적 연구방법**과 **양적 연구방법**으로 불림)에 대한 하나의 대안으로 소개하는 것이다. 이렇게 연구 설계상의 한 방법으로 논의할 경우, 물론 혼합연구방법의 실제 측면에 기여한다는 점에서는 의의를 가지나, 사회과학 연구에 내재되어 있는 수많은 다른 차원의 다름에 대해서는 거의 관심을 기울이지 않고 지나가 버리게 된다. 연구 설계 형식만 강조하다 보면 개인적 경험, 교육, 가치, 신념에서의 다름에 대한 혼합과 철학, 내용이론, 학문적 사고에서의 다름에 대한 혼합을 통해 얻을 수 있는 더 깊은 이해에 대해서는 간과하게 된다. 이 책에서는 사회과학 연구자의 정신모형에 내재된 여러 차원들을 풍부하게 혼합하는 것이 혼합연구의 생성력에 가장 적합하기에 이를 지지하는 입장을 확실하고 명료하게 제시한다. 더욱이 혼합연구방법을 이론화하면서 연구 설계나 방법에만 중점을 두는 것은 잘못된 것이다. 언제라도 방법이 내용을 위해 존재하는 것이지, 그 반대는 아니기 때문이다.

현재의 혼합연구방법에서 유행하는 두 번째 경향은 사회과학에서의 혼합연구를 '대안적' 철학 패러다임의 진보라고 보는 것이다. 즉 기존 '양적' 패러다임과 '질적' 패러다임의 대안이라는 것이다. 이러한 논의에서 패러다임이란 사회적 세계의 본질, 그 사회적 세계에 대해 가질 수 있는 지식의 속성 그리고 무엇이 알 가치가 있는가에 대한 일련의 통합된 가정(assumptions)을 말한다. 서구 사회에서의 사회과학은 20세기 동안 대체로 후기실증주의 패러다임의 지배를 받아 왔다(Phillips & Burbules, 2000). 이 패러다임이 특징적으로 갖고 있는 가정에는 표준화되고 선험적이며 양적인 연구 설계나 방법이 뒤따르게 된다. 20세기의 마지막 30여 년 동안, 후기실증주의에 대한 문제제기와 도전이 끊임없이 이루어지면서 해석주의, 다양한 유형의 구성주의, 현상학 등을 포함하여 질적 방법론에 더 적합한 여타 철학 패러다임에 대한 관심이 폭발적으로 이루어졌다(Schwandt, 2000, 2001). 이보다는 덜하지만 이데올로기적인 철학 패러다임, 예컨대 비판적 사회과학 이론이나 다양한 형태의 페미니즘 이론에 대한 관심도 상당하였다. 또한 최근에는 포스트모더니즘과 후기구조주의 이론이 철학 패러다임을 포함한 종전의 모든 '거대담론(meta-narratives)'(Lyotard, 1984)에 도전하면서 철학적 가정들 간의 논쟁은 더욱 복잡해졌다. 쟁점이 복잡하고 추상적이기에 이러한 논쟁은 무겁고 어려울 수밖에 없다. 저기 어딘가에 사회적 세계가 정말로 존재하는가, 아니면 서로 상호작용하는 사람들이 구성해 낸 것인가? 상황적 진실만이 존재하는가, 아니면 인간행동에 대해 이해하고 있는 부분 중 일부는 상황에 상관없이 항상 진리일 수 있는가? 연구자가 가지고 있는 성향이나 관점이 연구에서 도출되는 지식에 어떤 식으로 나타나며 이것이 정말 문젯거리인가? 이러한 질문들을 비롯하여 수많은 질문들이 이어진다. 그래서 이렇게 복잡하지 않고, 이러한 추상적 개념이라는 족쇄에 제한되지 않는 방식으로 혼합연구방법을 개념화하고 싶은 마음이 생길 수 있다는 것이 충분히 이해된다. 미국식 실용주의(Biesta & Burbules, 2003)나 비판적 실재론(Maxwell, 2004a) 같은 패러다임처럼, 이러한 오래묵은 논쟁을 어떤 식으로든 해결하기 위해 '대안적' 철학 패러다임을 찾고자 하는 마음이 생기는 것도 이해된다.

이 책에서는 사회과학 연구에서의 혼합연구방법에 대한 대안적 패러다임을 고려하는 것도 전적으로 지지한다. 이것도 혼합연구에서 서로 다를 수 있는 것, 심지어 철학적으로 양립 불가한 가정들을 혼합한다는 어려운 문제에 대하여 취할 수 있는 입장이라고 본다. 그렇지만 이것이 이러한 어려움에 대한 유일한 해결책이라는 데에는 반대한다. 그보다는 연구방법을 혼합하면서 패러다임을 혼합하는 데 대해서는 여러 다른 입장이 있다고 본다. 다시 한 번 말하건대, 사회과학 연구에서 혼합연구방법이 갖는 생산적이고 창의적인 가능성이 실현되려면 모든 종류의 다름에 대하여 전면적으로 관여해야 한다고 믿기 때문에, 중요한 다름을 얼버무리려 하거나 단 하나의 채널로 혼합연구방법을 동질화시키려 하는 경향이나 생각에 반대한다. (과학철학이 혼합연구방법에서 어떤 관점을 취하는가에 대해서는 제4장과 제5장에서 자세히 다룬다.)

이 책으로 초대된 사람들

다양한 분야에서 연구하는 응용사회과학 연구자, 즉 학자, 대학원생, 전문연구원 등이 이 책의 주된 독자다. 소개되는 예들은 저자가 알고 있는 분야, 특히 교육 프로그램 평가를 중심으로 제시되지만 기본 아이디어는 응용사회과학의 모든 분야에 적용할 수 있다.

다음에 이어질 네 개의 장에서는 혼합연구방법의 개념적 쟁점에 대해 살펴보며 후반부의 다섯 개의 장에서는 혼합연구방법의 실제를 중점적으로 다루며 제11장에서 마지막으로 결론을 제시한다. 책 전반에 소소한 예가 소개되어 있으며, 제시된 개념적 아이디어를 구체적으로 묘사하기 위해 세 가지 예가 더 자세하게 제시된다. 예시들은 이 책의 두 가지 전제, 즉 혼합연구방법의 실제는 예술적인 장인정신(craftspersonship)을 필요로 한다는 것, 그리고 실제는 이론보다 언제나 훨씬 더 어렵다는(Schwandt, 2003) 전제를 잘 보여 준다. 여러 조직화된 일련의 개념 및 사상으로 구성되어 있는 오늘날의 혼합연구방법 '이론'은 혼합연구의 실제를 위해 중요한 지침을 제공하되 결코 규범적인 지시가 되어서는 안 된다. 혼합연구방법을 적용하는 연구자는 실제로 장인이어야 한다. 즉 주어진 상황 속에서 이러한 개념적 아이디어들을 이해하며 이러한 아이디어들을 참을성 있게 엮고 또다시 엮어 내어 하나의 의미 있는 패턴, 즉 연구하는 사회현상을 더 잘 이해할 수 있는 실제적 청사진을 만들어 내는 장인이어야 한다.

2

혼합연구방법의
사고양식 받아들이기

여러분은 이 여행에서 **가장 중요한** 것을 이 장에서 만나게 될 것이다. 제2장에서는 혼합연구방법에 대한 몇 가지 관점을 제시하는데, 이는 이 여행 자체의 근거로서 중추적인 역할을 한다. 혼합연구방법의 고유한 사고양식은 의도적으로 다양한 앎(knowing)의 방식, 가치부여(valuing)의 방식을 포함함으로써 그리고 다른 연구자들의 정신모형이나 우리 사회에 자리하고 있는 정신모형에 존재하는 다름에 대해 존중하는 마음을 갖고 관여함으로써 복잡한 사회현상을 더 잘 이해하고자 한다. 혼합연구방법으로의 여행을 떠난 여러분은 이제 혼합연구방법의 사고양식을 만나게 될 것이며 자신의 관점을 구축해 나가기 시작할 것이다.

사회과학 연구는 목적으로부터 시작한다. 목적으로부터 구체적인 연구문제가 나오며 연구문제로부터 특정한 연구 설계와 방법이 도출된다(I. Newman, Ridenour, C. Newman,

& DeMarco, 2003). 현재 연구와 프로그램 평가 분야 모두에 있어서 사회과학 연구의 합당한 목적을 바라보는 다양한 관점이 존재한다. 연구의 목적과 프로그램 평가의 목적이 서로 겹치는 측면도 있지만 서로 구분되는 특징과 정당성을 갖고 있다. 연구의 목적은 명시적으로나 혹은 더 일반적으로는 암묵적으로 연구의 틀을 이루는 철학적 패러다임에 뿌리를 두고 있다. 역사적으로 보아 사회과학 연구에서 지배적인 목적은 자연과학의 모형을 본뜬 것인데, 즉 사회현상을 확고하게 설명함으로써 더 잘 예측하고 통제하기 위한 것이었다. 사회공학(social engineering)을 통한 사회개선이라는 생각이 이 목적을 잘 보여 주는데 이는 후기실증주의의 원리와 가정에 단단히 뿌리를 두고 있다. 그러다가 다양한 연구 패러다임들이 속속 등장하고 널리 인정받게 되면서 다른 목적들도 대두되었다. 예컨대 해석주의나 구성주의에 토대한 연구에서는 지역에 근거한 지식, 현장종사자들이 가진 지식을 정당한 것으로 수용하면서 깊이 있는 상황적 이해를 목적으로 하는 특징을 가진다. 비판적 사회과학 연구에서는 더 큰 사회적 정의나 평등을 위해서 사회비평을 추구한다. 실행연구에서는 연구하는 맥락에서 구체적으로 변화시킬 수 있는, 실행할 수 있는 지식을 구함으로써 참여 및 권한을 증가시키고자 하며, 특히 힘이나 권력이 적은 이들의 참여와 권한부여를 강조한다.

평가의 경우 네 가지 주요 범주로 목적을 분류할 수 있다(Greene, 2000). (프로그램, 정책, 입안, 상품이나 결과물, 수행, 인사 등의 다양한 실재에 대해 평가를 실시할 수는 있지만[Scriven, 1999], 이 책에서 논하는 평가는 주로 프로그램 평가를 의미한다.) 평가 목적의 네 가지 범주는 상이한 철학적 패러다임을 갖고 있으며 또한 평가연구의 청중이 다음과 같이 서로 다르다는 점이 더욱 중요하다.

- 의사결정이나 책무성 증명에 필요한 정보를 제공하기 위해 실시되는 평가는 대체로 정책 입안자나 여타 의사결정자의 정보 요구 및 이익을 위한다.
- 평가 대상 프로그램을 향상시키거나 프로그램이 속해 있는 조직의 발전을 촉진하기 위해 실시되는 평가는 전형적으로 관리자나 프로그램 운영에 책임을 지고 있는 이에게 가치 있는 정보를 제공한다.
- 프로그램 및 그 실제에 대하여 더 깊이 있고 맥락화된 이해를 높이기 위해(대체로 행정가, 운영위원, 직접적으로 서비스를 제공하는 종사자, 프로그램 참여자 등의

각기 다른 관점에서) 실시되는 평가는 프로그램 종사자의 정보 요구와 이익에 초점을 두며 때로는 프로그램 참여자에게도 초점을 둔다.

■ 프로그램을 비롯하여 평가 상황 전반을 더 정의롭고 평등하게 만드는 데 기여하기 위한 평가(예컨대 프로그램에서 다양한 관점을 더 포용적으로 통합하도록 의사결정을 내리거나, 프로그램의 의사결정 과정을 민주화하는 경우)는 전형적으로 프로그램 참여자, 그 가족, 지역사회 전반의 이익을 위한다.

전반적으로 사회과학 연구 및 평가의 다양한 목적은 모두 정당한 것으로 여기며 모든 개별 연구자뿐만 아니라 연구 및 평가 학계에서도 폭넓게 수용되고 있다. 이러한 다양한 목적들이 부상하여 급속도로 확대되면서 이에 대한 논쟁이 뒤따랐으며 지금까지도 계속되고 있다. 역사적으로 지배적이었던 그리고 지금도 여전히 지배적인 연구 목적인 설명 그리고 이에 따른 예측과 통제의 활용은 여러 방식으로 도전을 받아 왔다. '과학적 설명'의 본질에 대한 의문이 야기되었으며 이와 관련해 사회적 세계에서의 인과관계의 본질에 대한 질문도 제기되었다(Maxwell, 2004b; Salmon, 1998). A를 B에 인과적이고 단선적으로 연결하는 것이 사회과학 연구에서 유일하고 가장 중요한 형태의 설명인가? 문제해결중심 학습 프로그램에의 참여를 유아의 비판적 사고기술 발달에, 강력한 성인 역할모델의 존재를 청소년의 약물중독 감소에, 적절한 감각자극의 제공을 영아의 언어발달에 인과적, 단선적으로 연계시키는 것 등이 그 예이다. 더 순환적, 반복적, 상보적인 인과성 모형에는 어떤 유형의 연구가 필요한가? 더 공간적, 시간적인 연구에서는? 혹은 더 맥락적이고 고유한 이야기가 담겨 있는 경우는? 인과적 설명의 경우 맥락(context)의 역할은 무엇인가? 특정 연구에서의 인과관계 주장이 다른 지역이나 상황에 아무런 문제없이 일반화될 수 있는가? 아니면 어떤 맥락이 가진 구체적인 특성이 어떤 연구에서 발견된 인과관계의 주요 요인이라서 다른 맥락에서는 동일한 인과관계 패턴이 나타나지 않을 수 있는가? 더 나아가 사회과학 연구의 역할 및 본질은 무엇인가? 가치라는 것이 각각 구분되어 실증적으로 연구할 수 있는, 어떤 식으로든 연구결과와 우리의 앎 속으로 들어올 수 있는 실재인가? 아니면 이러한 문제는 성직자와 정치인들에게 남겨 두어야 하는가?

사회과학 연구의 목적에 대한 이러한 논의와 논쟁은 중요하다. 그렇지만 이들은 실재, 지식, 특히 사회에서의 사회과학의 목적과 역할에 대한 상당히 다른, 심지어 서로 양립할 수 없는 철학적 가정과 관점에 근거하고 있기에 쉽사리 해결될 성질의 것은 아니다. 따라서 오늘날의 모든 사회과학 연구자는 이러한 연구 목적에 대한 논쟁의 장에 어떻게 참여하며, 아울러 자신의 관점을 어떻게 정당화할 것인지를 고민해야 한다. 이는 현대 사회과학 연구에서 확실하게 책임을 져야 하는 부분으로, 여기에는 두 가지 측면이 포함되어 있다. 첫째, 오늘날의 연구자는 자신의 정신모형과 전공내용에 가장 잘 맞는 연구 목적과 이에 따른 접근방법을 찾아야 한다. 예전에는 "적절한 방법의 적절한 적용(proper methods properly applied)"(J. K. Smith, 1983, 1985)에 대해서 배우기만 하면 정통한 사회과학 연구자나 평가자가 되었다. 그렇지만 오늘날에는 사회과학 연구에 대한 관점이나 입장이 다양하기에, 책임 있는 연구자라면 다양한 가능성에 대해 숙지하고 자신의 연구에서 어떤 연구방법을 선택할지, 어떤 목적을 가질지 혹은 누구의 이익을 위할지에 대하여 신중하게 생각하고 자신의 결정을 정당화할 수 있어야 한다. 둘째, 오늘날의 연구자는 연구의 목적과 사회에서의 역할에 대해 지속되고 있는 논쟁에 참여할지의 여부, 참여한다면 어떤 식으로 참여할지를 정해야 하며 마찬가지로 왜 그런 결정을 했는지 정당화할 수 있어야 한다. 어떤 연구자들은 자신과 마음이 맞는 학자나 전문가 집단에 합류하면서 다른 생각이나 관점을 가진 사람들에게 관심을 갖거나 참견하지 않고 '자기 방식으로 하기'로 작심하는 반면, 어떤 연구자들은 자신의 관점에 대해 주장하고 설득함으로써 스스로를 이러한 논쟁의 장에 온전히 참여시키기로 한다. 이러한 지속적인 논쟁은 대부분의 경우 사회과학계 내부에 건강한 생명력이 있음을 보여 준다. 반면에 또 다른 연구자들은 논쟁의 여지와 서로 다른 생각을 인정하며, 어떤 특정한 관점의 우위를 주장하기보다는 '타자(others)'와의 대화에 적극적으로 참여하여 서로의 다름에 대해 논하고자 하며(Burbules & Rice, 1991) 그럼으로써 더 향상되고 더 생성적인 이해를 향해 나아가고자 한다. 사회과학 연구의 목적과 특성에 대하여 계속되는 논쟁에 대한 이 마지막 반응이 혼합연구방법의 사고양식을 나타낸다. 이 책에서는 모든 독자가 응용 사회과학 연구와 평가에 대한 이런 사고양식을 학습하고 자신의 연구에 비추어 그 적절성에 대해 반성적으로 생각해 보도록 초대한다.

혼합연구방법의 사고양식

혼합연구방법의 사고양식(mixed method ways of thinking)이란 사회과학 연구 및 평가에 있어서 다원적인(multiplistic) 정신모형에 근거하며, 실증연구라는 더 큰 대화의 장에 함께 참여하도록 적극적으로 초대하는 입장으로, 연구자가 보고 들음에 있어서의 다양한 방식, 사회적 세계를 이해하는 데 있어서의 다양한 방식, 무엇이 중요하며 가치 있고 소중한지에 대한 다양한 관점을 존중한다. 혼합연구방법의 사고양식은 사회과학 연구에 접근하는 다양한 방법들 각각이 정당할 수 있다는 가정 그리고 사회과학 연구에 대한 그 어떤 접근방법도 불가피하게 불완전할 수밖에 없다는 가정에 토대한다. 더구나 사회현상은 놀랍도록 복잡하다. 존경받는 교육연구자인 David Berliner는 최근 교육현상은 물리학이나 천문학 같은 영역의 자연현상에 비해 훨씬 더 복잡하다는 사실을 지적했다. 사회과학 연구자들이 흔히 표현하는 "이건 로켓 과학이 아니거든요!"에다가 새로운 표현을 보탬으로써 교수학습의 복잡성을 인지하고 존중하였는데 바로 "글쎄요, [아무리 어렵고 복잡해도] 그래도 교육연구는 아니잖아요."라는 표현이다(Berliner, 2002).

이러한 복잡성을 두고 볼 때, 교육현상 및 여타 사회현상의 다면적 특성을 더 잘 이해하기 위해서는 다양한 접근방법과 앎의 방식을 활용해야 할 것이다. 따라서 혼합연구방법의 사고양식은 생성적이며 개방적인 것으로, 무한정 복잡한 사회적 세계의 주요 측면에 대하여 더 풍부하고 깊고 나은 이해를 추구한다. 혼합연구방법 사고양식은 가능한 답과 함께 질문을 생성해 낸다. 매끄러우면서 울퉁불퉁한 연구결과를 생성하고, 다양한 가능성이나 예상치 못한 일, 상대적인 확실성으로 가득하며 지금까지 들어 본 적이 없는 이야기를 들려준다(Greene, 2005a).

혼합연구방법의 사고양식에는 세 가지 중요한 특성이 있는데 바로 사회현상에 대해 더 잘 이해하기라는 폭넓은 목적 지향, 다원적인 정신모형이라는 기반, 서로 간의 다름에 관여하고자 하는 대화중심(dialogic) 가치관이다. 다음에서 각각에 대하여 살펴보기로 한다.

더 잘 이해하기 위하여

혼합연구방법의 사고양식에 따라 실시되는 연구의 주요 목적은 연구하는 사회현상의 복잡성을 더 잘 이해하고자 하는 것이다. 혼합연구방법의 사고양식에서 더 잘 이해하기 (better understanding)란 다양한 형태를 취할 수 있어서 특정 연구에서 나타날 수 있는 것보다 훨씬 다양하다. 혼합연구방법에서 더 잘 이해하기란 다음을 포함한다.

- 올바르게 연구하여 연구결과의 타당도와 진실성(credibility)을 높이는 것
- 연구를 더 잘 함으로써 더 넓고 깊고 통합적인 이해, 인간 현상의 복잡성과 유연성을 중점적으로 존중하는 이해를 생성해 내는 것
- 확고하게 자리 잡은 것을 흔드는 것, 의문시되는 것을 면밀히 검토하는 것, 당연시되는 것에 의문을 제기하는 것, 다양하고 때로 불협화음을 내는 관점과 시각에 관여하는 것
- 연구의 정치적 측면과 가치 측면을 전면에 드러내는 것, 그저 드러내는 것만이 아니라 서로 다른 점에 대하여 관여하여 우리의 대화를 진전시키는 것

혼합연구의 다양한 목적, 즉 다양한 형태의 '더 잘 이해하기'는 연구문제, 연구방법의 조합, 분석방법에서의 다름과 연관된다. 혼합연구의 목적에 있어서의 이러한 차이에 대해서는 제6장에서 좀 더 자세히 기술하고 논할 것이다.

예시

Patricia Phelan(1987)은 질적 연구방법과 양적 연구방법을 함께 활용하는 것이 어떻게 더 잘 이해하도록 해 주는지를 보여 주는 연구를 실시하였는데 이는 초기 혼합연구의 실례가 된다. 그녀의 연구는 특히 Geertz(1983)가 말하는 서로 다른 관점 간의 "변증법적 진보(dialectical tacking)"를 예시하는 것이다.

Phelan의 연구는 자녀에 대한 성적 학대인 근친상간 사건의 '의미 체계'를 조사하는 것이었다. 그녀는 근친상간 경험이 있는 500여 가족을 대상으로 하는 한 교육처치 프로그램에서 집중적인 문화기술 연구를 시도하였다. Phelan은 프로그램에서 인턴 상담자로 수개월간 시간을 보내면서 프로그램 참여자와의 생애사 면담(life history interviews)을 시작하기 전에 먼저 친밀하고 신뢰하는 관계를 형성하고 프로그램 맥락 속에서의 문화와 언어를 배웠다. 최초의 면담은 가장 친밀한 관계를 가졌던 참여자들을 대상으로 실시

하였다. 그래서 제한적이기는 했지만 이러한 면담을 통해 근친상간 관계에 있어 친부와 양부 간의 차이점에 대해 직감하게 되었다. 예를 들어, 친부와의 면담내용에서는 딸을 객체화하는 현상이 나타난 반면 양부의 경우에는 이러한 관계가 로맨틱한 연애관계로 묘사되곤 하였다.

이에 따라 Phelan은 이러한 자신의 직감에 대하여 더 체계적이고 전형적인 방법으로 확인해 보고자, 상담자들을 면담하고 또한 지난해에 프로그램에 참여했던 가족들을 대표할 수 있는 102가족의 사례를 집중적으로 조사하였다. 이 가족들의 근친상간 관계의 특성에 대한 양적 데이터베이스를 만들었는데, 예컨대 관련된 자녀의 수, 학대가 시작되었을 때 자녀의 연령, 그 학대가 완전한 성행위에까지 이르렀는지의 여부를 기록하였다. 이러한 변인 각각에 있어서 친부와 양부 간에 통계적으로 유의미한 차이가 있었다.

Phelan은 다음과 같이 결론지었다.

> 이 연구에서 발견된 양적 차이는 그 이전에 질적 연구를 통해 자료를 먼저 수집하지 않았더라면 드러나지 않았을 것이다. 더 나아가 양적 차이만으로는 별 의미가 없다. 아이디어로 되돌아가는 것이 필요했었다. (중략) 질적 연구에서 이러한 두 유형의 가족에서 이루어지는 근친상간의 과정에 대해 일관성 있는 이해를 시작할 수 있었다.(p. 40)

다원성에 대하여

1985년에 출판되어 높이 평가받고 큰 영향력을 미치고 있는 편저의 한 장에서 Thomas Cook은 '후기실증주의의 비판적 다원주의'(Cook, 1985)에 대한 입장을 기술한 바 있다. Cook은 다음과 같이 말하였다.

> 연구를 실시하는 데 한 가지 방식이 '올바른' 것으로 보편적으로 생각하던 세상에서는 과학적 연구의 실제가 쉬웠다. 연구자들은 그저 올바르다는 것을 따르기만 하면 되었다. 무엇이 정확한 실제를 구성하는지에 대하여 완전한 확실성이 부재하는 오늘날, 관점과 방법상의 다원주의를 지지하게 된다.(p. 22)

> 이 장에서는 오늘날의 연구방법 문제에서 가장 절박하다고 생각되는 것을 다룬다. 과

학적 실제의 가장 근본적인 전제에 대하여 철학자, 역사가, 사회과학자들이 설득력 있
게 비판하는 가운데 어떻게 이를 정당화할 수 있겠는가? (중략) [이러한 문제를] 가장
격심하게 절감한 이들은 사회과학과 사회정책의 중간영역[즉 프로그램 평가]에 있는
이들이다.(p. 21)

Cook은 먼저 '실증주의'에 대한 철학적 반론에 대해 역사적으로 거슬러 올라가며,
1960년대 미국에서 '위대한 사회(Great Society)'라는 슬로건하에 이루어진 사회개혁
의 일환이었던 빈곤퇴치 프로그램들을 평가하는 데 있어 실증주의에 근거한 실험방법을
사용했을 때 사회과학자들이 심각하게 직면했던 문제와 어려움에 대해 반추한다. 두 가
지 역사 모두 일반적인 사회과학 및 프로그램 평가 관련 저서에 잘 기록되어 있다
(Cronbach & Associates, 1980; Gage, 1989; Pressman & Wildavsky, 1979; Weiss,
1972 참조). Cook의 분석에 따르면 이러한 철학의 역사와 프로그램 평가의 역사 모두에
서 사회과학 이론과 관습적인 방법, 특히 무선화 실험과 조사연구의 공신력 감소를 목격
할 수 있다. 그렇지만 Cook은 "감소가 소멸을 뜻하는 것은 아니다."라고 주장하였는데,
즉 이러한 역사가 "전통적인 방법을 왕좌에서 물러나게 했지만 완전히 없앤 것은 아니
다."(pp. 37-38)라는 것이다.
이어서 Cook은 자신의 다원주의 이론을 다음과 같이 제시한다.

다원주의의 근본적인 원리는 연구문제를 정하거나 방법을 선택할 때 여러 가지 가능성
중에 어느 것이 '올바른' 것인지 분명하지 않을 때는 그 모두를 선택함으로써 가장 유
용하거나 가장 진리일 법한 것에 '삼각측정(triangulation)'할 수 있도록 해야 한다. 현
실적인 제약으로 여러 가지를 활용하지 못하게 된다면 최소한 하나 이상은 선택해야
하며 가능한 범위 안에서 최대한 많은 문제나 방법을 선택하여 유용한 질문 혹은 진정
한 답을 이룰 수 있는 것이 바람직하다.(p. 38)

이 이론은 다원적 조작주의(multiple operationalism)라는 기존의 연구 실제
(Campbell & Fiske, 1959; Webb, Campbell, Schwartz, & Sechrest, 1966)에 사회과
학 연구 실제의 아홉 차원을 더하여 전부 열 가지로 제시된다.

1. 주요 구인(constructs)[1]을 다양한 방법(다원적 조작주의)으로 측정하고 다양한 유형의 구인(예 : 행동적 구인과 정신적 구인)을 측정한다.
2. 다양한 연구방법(양적 연구방법과 질적 연구방법을 모두 포함)을 활용한다.
3. 연구자를 착각에 빠트릴 수 있는 하나의 한정적인 연구에 의존하기보다는 전체 연구 프로젝트 안에 여러 개의 상호연관된 소연구를 포함하도록 계획한다.
4. 계획한 연구 외에 외부에서 실시된 여러 연구를 종합한다(선행연구 개관이나 메타 분석 활용).
5. 단순한 일변량 인과모형보다는 복잡한 다변량 인과모형을 구성한다.
6. 단지 하나보다는 여러 모형과 여러 대립가설들을 경쟁적으로 검증한다.
7. 연구문제를 정하는 데 있어서 정책결정자만이 아니라 다양한 관계자들을 활용한다.
8. 연구문제와 결과를 해석하는 데 있어서 이론 및 가치체계를 다원적으로 활용한다.
9. 주요 연구자료를 검토하는 데 다양한 분석방법과 여러 명의 분석자를 활용한다.
10. 하나의 연구 안에서 여러 다양한 쟁점을 살펴볼 수 있도록 목표가 다각적인 연구를 실시한다.

사회과학 연구와 이러한 연구에서 나올 수 있는 지식에 대한 Cook의 다원적 개념은 대담하면서도 보수적인 것으로 볼 수 있다. 인간사에 고유하게 내재된 맥락적 수반성, 복잡성, 가치 다원성을 인정했다는 점에서 종전보다 과감해졌다고 할 수 있지만 "대안적 해석에 대한 다원적 입증 및 반증"(1985, p. 40)을 여전히 중시한다는 점에서 보수적이다. 그는 "다원주의는 어떤 주장이 참일 가능성을 증가시키기 위해 알아봐야 할 것들에 대한 의식을 고양하는 수단이다."(p.46)라고 하였다. 따라서 Cook의 다원주의는 서로 다른 결과의 여지를 제공하기는 하지만 이를 골치 아픈 '실증적 퍼즐(empirical puzzles)'로 간주하고 삼각측정을 통한 수렴적 진실(convergent truths)을 중시한다. 역사적으로 볼 때 Cook의 다원주의는 혼합연구방법 사고양식에 내재되어 있는 다원주의적 정신모형으로 나아가기 위한 중요한 한 걸음을 뗀 것이라 할 수 있으며, 사실 저자에

---

1) 역주 : 저자는 '변인'이나 '변수'라는 용어 대신 사회적으로 구성된 가설적인 개념이라는 의미의 '구인(construct)'이라는 용어를 선택하고 있음에 주목하기 바란다. Construct는 '구성개념' 혹은 '구성요인' 등으로 번역되기도 하나 이 책에서는 구인으로 번역함을 밝혀 둔다.

게도 많은 영향을 미쳤다.

그렇지만 Cook은 여전히 실재론과 후기실증주의의 진리추구라는 틀에 단단하게 뿌리를 내리고 있어 (다원적인 연구문제, 방법, 분석, 이론, 가치에 개방적이기는 하지만) 앎의 방식과 지식의 종류에 대한 철학적 대안을 포용하지 못한다. Cook식의 다원주의에는 사회적으로 구성된 의미, 대화에 근거한 해석학적 이해 혹은 비판적 인종이론 비평 등이 자리할 여지가 없다. 최소한 지식의 형태로서는 인정하지 않는다.

이 책에서 제시하는 혼합연구방법의 사고양식에서는 지식에 대한 다원적인 철학과 이론을 존중하며 적극적으로 포용하고 다양한 인식론적 주장에 정당성을 부여한다. 근본적으로 혼합연구방법의 다원주의는 다양한 다원적 앎의 방식의 정당성, 어떤 하나의 앎의 방식이 갖는 편파성, 따라서 더 포괄적인 직관과 이해를 위해서 지식에 대한 다원적 입장이 가지는 바람직성을 받아들인다. 물론 Cook의 다원주의와 상당 부분 공통되며 그의 이론으로부터 영향을 받았지만, 내가 생각하는 다원주의적 정신모형은 더 확장된 것이며 더 포괄적이라고 본다.

더구나 혼합연구방법의 사고양식을 위한 근거로서 다원주의는 수렴, 일치 혹은 합의를 더 중시하지 않으며 따라서 삼각측정을 강조하지도 않는다. 오히려 다름, 불일치, Cook이 말하는 '실증적 퍼즐'을 동등하게 존중한다. 여기에는 두 가지 이유가 있다. 첫 번째 이유는 다름이나 불일치는 혼합연구에서 온전히 생성적인 가능성을 보여 주는 것이다. 사려 깊게 이루어진다면 혼합연구는 복잡한 퍼즐과 패러독스, 충돌과 갈등을 낳을 수 있으며, 의도와 노력을 통해 새로운 관점과 이해, 종전에는 상상치 못했던 통찰, 독창적이고 빼어난 지식으로 이어질 수 있다. 우리 사회를 지속적으로 괴롭히고 있는 문제들은 단연코 인간의 창의성과 직관적 사고력 전부를 요구한다. 고전적 사례연구들도 이러한 측면에서 혼합연구방법이 가지는 가능성을 보여 준다(Jick, 1983; Louis, 1981; Maxwell, Bashook, & Sandlow, 1986; Phelan, 1987; Trend, 1979). 혼합연구방법에서의 다원주의가 의견일치와 함께 불일치나 불협화음을 포용하는 두 번째 이유는 사회과학 연구를 다름에 대한 의미 있는 관여(meaningful engagement with difference)로 자리매김하는 것을 중시하기 때문이다. 다원주의를 극단적 상대주의에 빠지지 않게 해주는 것도 바로 이 두 번째 이유에 있다.

고전적인 혼합연구의 대표 사례를 제시하고, 이어서 다름에 관여하기가 갖는 중요성을 더 상세히 살펴보겠다.

예시

혼합연구방법의 발전 초기에 이루어진 한 정책 연구가 혼합연구방법의 사고양식에 다원주의가 어떻게 기여하는지를 잘 보여 준다. 이러한 이유로 여러 초기 연구들 중에서도 이 연구가 혼합연구의 고전으로 간주된다(Trend, 1979).

　1972년 미국 주택·도시개발부(Department of Housing and Urban Development: HUD)에서는 저소득층용 주택에 간접적으로 보조금을 부여하는 대신 저소득층 가구에 주택수당을 현금으로 직접 주는 복지정책을 실험하였다. 이 정책은 기존 건축물을 활용하는 것 그리고 저소득층 가족이 밀집된 공공주택지에 계속 의존하며 살기보다 주거지 선택의 자유를 가질 수 있도록 하는 것이 목적이었다. 이 복지정책 실험에 대하여 세 가지 연구가 실시되었다. 한 연구에서는 주택시장에 미치는 영향을 살펴보았으며 또 다른 연구에서는 수혜자가 주택수당을 어떻게 사용하는지를 조사하였으며, 혼합연구의 예로 소개하고자 하는 세 번째 연구에서는 현금수당을 수혜자에게 직접 주는 방식에 연관된 운영 실제를 검토하였다. 세 번째 연구를 위하여, 미국 전역에 걸쳐 다양하게 위치한 8개 지역 공공기관에서 이 주택수당 프로그램을 자신들의 방식으로 설계하여 실시하였다. Abt Associates에서 이 행정 측면의 연구를 수주하게 되었으며, 가장 효과적인 실제를 찾기 위한 자료수집 및 분석 지침으로서 12가지 분석 및 운영기능(예: '감사 및 통제')을 활용하였다.

　연구 설계에 수준 높은 양적 방법과 질적 방법 모두가 포함되었다. 표준화된 양식을 사용하여 프로그램에 참여한 가구를 추적하여 자료를 수집하였다. 주기적으로 이들에 대한 설문조사를 실시하였으며, 프로그램 실시 전과 후의 주택 수준도 평가하였다. 아울러 실험 첫해에 관찰자 한 명씩을 각 지역기관에 배정하였다. 관찰자의 임무는 각 기관의 행정 실제와 일상 흐름을 중심으로 종합적인 이해를 제공하는 것이었다. 프로그램의 양적 결과와 질적 과정에 대해 각각 별도의 보고서를 작성하도록 하였다. 또한 모든 관련된 정보를 종합하여 정책 권고사항을 제공하는 보고서도 작성하도록 하였다.

　혼합연구방법 측면에서 여덟 지역 중 한 곳, B 지역이라 불린 곳에 대한 양적 자료와 질적 자료 보고서 사이에 상당한 격차가 있었음에 주목하고자 한다. B 지역에는 세 곳의 지부가 포함되었는데 두 곳은 시골, 한 곳은 도시 지역에 위치하였으며, 도시에 위치한 지부가 본부 역할을 하였다. 첫해에 수집한 양적 자료에 따르면 B 지역의 도시지부가 많은 가구를 대상으로 효율적으로 기능하였던 것으로 나타난 반면, 관찰 보고서는 실제 프로그램의 실시 그리고 내부관계 및 윤리의식에 심각한 문제가 있었음을 보여 주었다. 문제점으로 (1) 이 지역을 관할하는 해당 기관에서 실적 위주로 최대한 많은 가구(900 가구)를 처리하는 데에만 거의 전적인 초점을 두는 데서 야기된 갈등, (2) 수준 이하의 주택도 허용하고 등록된 가족에게 상담이나 지원 서비스를 전혀 제공하지 않게 되어 있는 데 대한 프로그램 직원들의 우려, (3) 도시지부가 계약수주를 받은 상부기관으로부터 지원가정의 인구학적 균형을 맞추고자 흑인 가족의 등록을 감축하라는 지시를 받음에 따라 시간이 흐르면서 야기된 인종차별 비난 등이 지적되었다. 이 지부에서 일했던 주택상담 직원 중 많은 수가 첫해가 지나면서 사임했다는 사실은 특히 주목할 만하였다.

한편 매사추세츠 주 캠브리지에 소재한 Abt Associates로 돌아와, B 지역의 관찰자가 처음 제출한 내부보고 문건에서는 전체적인 불화, 특히 행정적 무능력과 무감각뿐만 아니라 상부기관과 도시지부 간의 갈등에 초점을 맞추었다. 이 보고에 대해 내부검토자들은 정책과 관련이 없는 이질적인 갈등에 집중하고 이 지부에서 이루어진 12가지 분석 및 운영기능에 대해서는 충분히 기술하지 않았다는 이유로 우려를 표했다. 이 시점에서는 참여가구 수 이외의 양적 자료는 아직 들어오지 않았다. B 지역 관찰자는 전체 사례연구 보고서를 작성하고 운영기능에 대해 더 완전하게 다루라는 지시를 받았다.

5개월 후, B 지역 사례연구 보고서의 초안은 다시 거부되었다. 이 보고서는 지부 내부의 불화에 대해서는 덜 강조하였으나 대신 직원의 과중한 업무량과 "무슨 수를 써서라도 성공하기를 원하는 상부기관의 고압적인 간섭"(Trend, 1979, p. 76)에 집중하였다. 그런데 이때 나온 양적 분석에서는 B 지역이 많은 수의 가정을 참여시켰을 뿐만 아니라 소수집단을 적절하게 포함시켰으며, 비용 측면에서도 효율적으로 운영하였다고 보고하였다. 그리하여 '고압적'이더라도, 이 상부기관이 결과를 달성했다는 것이다! 게다가 B 지역 가구의 주택 수준도 사실상 향상되었다는 연구자료도 나왔다. 그러자 B 지역 관찰자를 신뢰할 수 있는지 의문시되기 시작하였다.

B 지역 사례연구 보고서를 몇 차례 더 수정하였지만 프로젝트 핵심연구진은 모두 거부하고 되돌려 보냈다. 최종 수정판에서는 프로그램이 달성해야 할 목적에 대하여 서로

다른 관점을 가지고 있는 것으로 이 문제를 다루었다. 즉 상부기관은 결과를 중시한 반면 지부에서는 서비스와 삶의 질에 우선순위를 두었다고 지적하였다. 그렇지만 바로 이때 나온 주택 수준 자료분석에서 "B 지역 수혜자들은 주택 수준 측면에서 향상되어 [전체 프로젝트에서] 2위를 기록하였다."(p. 77)라는 결과를 보여 주었다.

> 편들기가 시작되었다. B 지역 관찰자는 자신의 해석이 근본적으로 옳다고 주장하였다. 자신의 눈으로 직접 본 것에 대해 잘 안다는 것이었다. (중략) 또 다른 관찰자도 결과를 측정한 것이 전체 진실을 말해 주지 못하며 양적 방법은 '쓰레기'이고 인간의 행동을 '단순한 숫자'로 환원할 수 없다고 단언하였다. [그러나 B 지역] 관찰자는 이제 연구진들 사이에서 완전히 평판을 잃게 되었다.(p. 77)

위와 같이 저술한 Trend는 그 관찰자를 신뢰하기도 하며 책임도 느끼고 있었기에 다음과 같은 퍼즐을 맞추어야 했다. 어떻게 한 프로그램이 "그토록 감탄할 만한 결과를 산출했는데 (중략) 모든 관찰자료에서는 그 프로그램이 실패라고 나타날 수 있을까?" (p. 78). 이 퍼즐을 풀기 위하여 직원 업무량, 수입 및 가족 수 등의 가족관련 자료점검, 업무효율성 등을 포함하여 질적 자료와 양적 자료 간의 심각한 이탈 지점에 대한 심층적 분석을 계속하였다. 도시지부와 두 시골지부 간의 비교도 이루어졌다. 다른 자료들도 분석했는데 예컨대 주택시장의 경향분석도 이루어졌다. 이를 통해 새로운 가설이 생성되었는데 바로 도시지부의 효율성은 착시현상이었으며 주택상담 직원들은 원하는 서비스 중심 업무를 할 수 없었다는 것이다. 최종 사례연구 보고서에는 이렇듯 상당한 추가분석 및 해석이 포함되었으며, 주택 수준에 미친 프로그램 효과에 대해 여지를 남기면서 참여가정들이 프로그램의 지원을 받지 못한 채 주택을 찾았다는 사실을 기록하였다. 이제 주택수준에 대한 양적 자료가 사실상 잘못된 것이며 신뢰할 수 없음을 알게 된 것이다.

이 경험을 되돌아보면서 Trend는 다음과 같이 적었다.

> 각기 다른 유형의 자료에 근거하여 도출된 설명이나 근거가 서로 충돌한다는 데 어려움이 있다. 우리가 직면했던 어려움은 관찰추론과 통계추론의 속성에서의 다름뿐만 아니라 전체 연구팀 내의 선호와 편향이 두 갈래로 나뉘었다는 데 있었다. 해결책은 세번째 설명을 통해 기존 설명들을 뒤집는 것이었다. 이렇게 하는 데는 지적 우수성이 아

니라 약간의 현명함과 상당한 인내심이 요구되었다.(p. 83)

독자들이 혼합연구의 고전이라 할 수 있는 이 글의 전문을 읽어 보기 바란다.

다름에 관여하기

오늘날 사회과학 연구자라면 다양한 대안 중에서 연구 목적과 접근방법을 잘 선택하고 정당화해야 할 뿐만 아니라 현대 연구자들은 사회과학 연구의 정치적 요소와 가치에 대해서도 깊게 생각해야 한다. 다양한 연구 전통에 각기 다른 가치관이 담겨 있다는 사실은 널리 알려져 있다. 예컨대 후기실증주의는 여전히 중립성과 객관성을 중시하고, 실증적 진리명제에 대한 개방적 비판에 가치를 두는 반면(Phillips, 1990; Phillips & Burbles, 2000), 페미니즘 전통에서는 가부장제를 해체함으로써 여성과 여아의 복지를 향상하는 데 중심 가치를 두고 있다(Harding & Hintikka, 1983). 사실, 많은 후기실증주의자들은 객관성, 중립성, 개방적 비판이야말로 과학의 진정한 가치이며 다른 모든 가치는 실증적 검증이나 이성적 논쟁 혹은 판정을 할 수 없기에 과학에서 동떨어진 것으로 여긴다(Phillips, 1990). 더구나 프로그램 평가 영역에서는 평가 실제란 본질적으로 논쟁적이며 정치화된 맥락에서 이루어지며 따라서 정치적 논란과 정책의 영향을 받는다는 사실(Cronbach & Associates, 1980; Weiss, 1998) 또한 널리 인지되어 왔다. 일부 평가자들은 평가가 뜨거운 쟁점에 대한 정치적 담론에 필요한 정보를 제공할 뿐만 아니라 실제 그러한 담론의 성격과 내용을 구성하는 데 중요한 역할을 한다(House, 1993)고도 여긴다.

이 절에서는 사회과학자, 특히 미국의 공공 사회기관 및 교육기관의 평가자로서 나 자신에게 영향을 주고 동기를 부여해 주는 가치관에 대해 기술하고자 한다. 이러한 가치의 추구가 혼합연구방법의 사고양식에 대한 저자의 비전에 영향을 준다. 사실상 이러한 가치 추구는 사회과학 혼합연구방법에 대한 나의 생각이 진화해 온 데 결정적인 영향을 주었다. 나의 관점에 대하여 독자들에게 알리고자 하는데, 이는 저자의 관점을 받아들이도록 설득하기 위해서가 아니라 이 책에 적힌 글과 생각들이 본래의 의도대로 해석될 수 있기를 바라기 때문이다. 내가 지도하는 모든 학생들의 논문에 포함하도록 요구하는 연구자의 이야기가 이에 해당하는데 이를 '자신의 연구에서 자신이 어디에 서 있는지 찾기'

라고 부른다.

혼합연구방법의 사고양식에 근본이라 할 수 있는 서로 간의 다름에 관여해야 한다는 나의 가치관은 세 가지 서로 연관된 차원, 즉 철학, 방법론, 관념론에 근거한다. 이어서 더 자세히 논의하겠지만, 이는 사회과학 연구가 공공의 선(public good)을 위한 것이어야 한다는 가치관(Greene, 2005b)에 의해 전체적으로 동기화된 것이다.

첫째, 철학적 측면에서 혼합연구방법의 사고양식은 인식론상의 다름에 적극적으로 관여하는데 이는 (1) 후기실증주의 입장에서부터 마르크스주의-페미니즘적 사회비판이론까지 다양한 앎의 방식을 존중하며, (2) 서로 다른 인식론적 전통으로 인한 뿌리 깊은 상호반박을 이해하고 존중하나, (3) 이러한 반박논리에 사로잡히거나 어느 한 쪽, 즉 한 가지 앎의 방식을 선택하여 편을 들어야 한다고 느끼지 않고, 그 대신 (4) 동일한 연구 속에 다양한 앎의 방식들을 초대함으로써 더 깊이 있고 생성적이며 풍부해질 수 있도록 하기 위함이다(Greene & Caracelli, 1997a). 물론 여러 개의 다양한 앎의 방식은 긴장을 유발할 것이다. 그러나 혼합연구방법의 생성적 가능성이 가장 잘 실현될 수 있는 것은 바로 이러한 긴장에 있다(Greene, 2001; Greene & Caracelli, 1997a). 더구나 이러한 긴장관계 중 일부는 객관주의나 상대주의 같은 매우 추상적인 철학적 관점의 차이를 사회과학 연구에서의 특수성과 일반성, 근접과 거리, 독특성과 대표성 같은 더 실질적이고 양립 가능한 입장차로 재구성될 수 있다(Bryman, 1988; Greene & Caracelli, 1997a). 이러한 아이디어는 제4장과 제5장에서 더 자세하게 다룰 것이다. 따라서 나의 혼합연구방법에 대한 인식론적 관점은 인식론적 긴장관계에 능동적으로 관여하며 단지 어느 한 쪽을 선택해야 한다고 잘못 생각하지 않도록 적극적으로 노력해야 한다는 것이다. 이러한 관여는 다툼이나 경쟁이 아니라 대화를 위해서이다. 요지는 누가 이기는지가 아니라 서로로부터 무엇을 배울 수 있는지를 알아보자는 것이다.

최근 Joe Kincheloe(2001)는 이와 유사하게 브리콜라주(bricolage)라는 개념(Denzin & Lincoln, 2000을 토대로 함)과 전통적인 학문 간 경계를 넘어서는 연구의 중요성을 근거로 질적인 사회과학 연구를 옹호한 바 있다.

> 브리콜라주 방식의 연구과정은 다름으로부터 배우는 것을 포함한다. 여러 가지 연구방법을 활용하는 연구자는 종종 특정한 학문영역 안에서만 생각하는 사람들이 갖고 있는 가정(assumptions)에 구속되지 않는다. 다양한 학문 분야에서 사용하는 방법들을 알

아 가면서 방법뿐만 아니라 서로 다른 인식론과 사회이론 가정들도 비교해야 한다. (중략) 브리콜라주는 다름을 그저 참아 내는 것이 아니라 연구자의 창의성에 불을 붙여 주는 것으로 장려한다.(pp. 686−687, 원전에서의 강조)

둘째, 방법론적 측면에서 사회과학에서의 혼합연구방법은 그 정의상 방법론적 전통, 연구 설계, 자료수집 및 분석, 해석 및 보고양식 등에서 다양성을 내포한다. 이러한 방법론적 다양성은 사회과학 연구와 평가에서의 혼합연구방법이 두드러지게 보이는 특징이다. 평가와 일부 응용사회과학 연구 분야에서 몇십 년 전부터 실제적인 연구 상황으로 인하여 방법들을 혼합하여 사용해 왔다. 어떤 현상의 빈도 및 강도 그리고 그에 대한 경험적 의미를 알아보는 것이 모두 중요하다면 조사연구와 사례연구 설계를 모두 사용하는 것이 방법론적으로 이치에 맞다. 기존의 행정적 자료를 분석하면서 일부를 대상으로 집중적인 면담을 수행할 수 있을 것이다. 사실, 사회과학 혼합연구방법에 대하여 최근 제시되고 있는 이론들은 바로 일부 연구자들이 이미 실천해 오고 있던 것에 약간의 지침과 구조를 제공함으로써 방법을 혼합할 때 의도적으로, 사려 깊게 할 수 있게 하기 위한 것이다. 이 책에서 제시되는 것처럼 혼합연구를 방법론적으로 두드러지게 하는 것은 서로 상당히 다른 방법들을 혼합할 수 있다는 장점이며, 특히 다름에 대하여 관여하는 측면에서 그러하다. 제7장에서 더 자세히 다루는 것처럼 혼합연구 설계에서 중요한 한 차원은 한 연구에 선택된 방법들의 유형과 방법이 어느 정도 다른가 하는 것이다. 표준화된 지필식 설문에서의 구조화된 질문들은 동일한 도구에서의 개방적 질문들과 여러 측면에서 공통성을 가진다. 이와 유사하게 개방적 개인면담은 반구조적 포커스집단면담과 여러 측면에서 공통적이다. 반면 학교 교실에서의 리듬, 사건, 상호작용에 대한 문화기술적 참여관찰은 미리 결정되어 있는 차원에서의 '학급풍토'를 측정하는 표준화 검사를 학급 학생들에게 실시하는 것과는 매우 다르다. 혼합연구에서 다름에 방법론적으로 관여하는 것은 가능하고 적절한 한 중요한 측면에서 서로 다른 방법론과 방법들을 한 연구에 포함시키는 것이다. 이렇게 함으로써 혼합연구방법의 생성적 잠재력이 증진될 뿐만 아니라 연구대상의 변이와 다양성을 존중하고 음미하며 수용할 수 있는 가능성도 커지기 때문이다.

다름에 대한 대화를 통한 관여(dialogic engagement)에 대한 나의 신념은 세 번째이자 어쩌면 가장 중요한 나의 관념론적 입장을 반영하는데 이는 인식론, 방법론, 관념론이 서로 연관되어 있음을 그리고 알고 이해하는 방식은 가치를 부여하는 방식이기도 함을 인식함으로써 형성된 것이다. 나는 9.11 테러 이후 오늘날의 미국 사회는 인종, 계급, 종교, 문화, 장애 여부를 비롯한 여타 다양성 측면에서의 다름으로 인하여 심각하게 분절되고 심지어 파열되고 있다고 본다. 세계의 다른 사회에서도 마찬가지이다. 접근 및 기회에 있어서의 인종적 불평등과 불공평성은 인종분리의 역사와 지속적인 편견 외에는 근거가 없음에도 불구하고 여전히 지속되고 있다. 국가적으로나 세계적으로나 이러한 다양성에 관여하여 우리의 다름을 받아들이고 이해하며 인정하는 법을 배우는 것보다 더 중요한 과제는 없을 것이다. 특정 맥락 속에서 나타나는 다름을 찾아내고 주의를 기울이고 관여할 수 있는 사회과학 연구를 실시하는 것은 공공의 선을 위한 연구를 하는 것이다.

진정으로 다름에 관여하려면 낡은 신화, 고정관념에 얽매인 이미지, 도시(urban)나 도심부(inner city)와 같이 인종적인 코드[2]가 담긴 단어들을 거부하는 것을 필요로 한다(Lee, 2003). 또한 인종, 민족, 문화, 사회계층, 종교, 신체적 장애, 성적 지향이나 여타 역사적으로 불평등을 가져온 요소들을 고정되거나 본질적인 범주로 보는 것을 거부하고, 이를 다각적, 상황적, 역동적이며 경험과 정체성을 사회적으로 구성한 차원으로 보는 것(Orellana & Bowman, 2003)을 요한다.

> [우리는] 집단 소속의 의미에 있어서 지나치게 단순한 가정에 저항하여야 하며, 인간은 항상 행위주체성(agency)과 자원을 갖고 자신의 경험에 대하여 다양한 방식으로 의미를 구성한다는 기본적인 가정에 맞게 더 미묘하고 복잡한 연구 계획을 수립해야 할 필요가 있다.(Lee, 2003, p. 4)

> 힘과 지배의 관계에 복잡하게 얽혀 있는 인간 집단에 대한 일상 이론(folk theories)[이 지속되는 것을 중단시키고 도전해야 한다.] (중략) [우리는 타자를 더 잘 이해하고 존중하고 인정하기 위해서] 문화가 역사와 신념체계 속에 위치하고 있으며 사회기관의 실제를 통해 전승되는 것이라는 역동적인 관점을 가져야 한다.(Lee, 2003, p. 3)

---

2) 역주 : 도시나 도심부는 아프리카계 미국인 등의 저소득층이 주로 주거하는 지역이라는 의미를 담고 있다는 것이다.

즉 이 책에서 다루는 다름이나 다양성의 개념은 오늘날의 우리 사회에서 역사적으로 이어져 온 불평등과 관련된 분류를 넘어서서 인간이 서로 다를 수 있는 다른 무한하고 놀라운 방식들도 포함한다. 다름에 대해 이렇게 개념화하면 전통적인 사회범주를 존중하는(그렇게 하지 않으면 역사적 불평등을 무시함으로써 이를 영속시키는 위험이 있기 때문임) 동시에 이렇듯 사회적으로 구성된 개념에 대해 문제제기도 하는 것이다. 다양성에 대한 전통적인 분류에 문제제기를 함으로써 이를 넘어서서 더 개별화되고 의미 있는 차원에서 우리의 인격과 영혼을 바라보도록 해 준다.

따라서 사회과학 연구에서 다름과 다양성에 관여하는 것은 실체적 내용을 가진 행위이자 도덕적인 행위다. 이는 연구자로서 우리가 어떤 문제를 다룰 것인지, 어떤 방법들을 사용할 것인지, 어떤 유형의 보고서를 작성할 것인가에서, 즉 사회 속에서 우리의 연구를 어디에 위치시킬 것인지에서 구현되는 것이다. 동시에 연구자로서 우리 자신이 누구인지, 자신의 연구 속에서 어떻게 자리매김할 것인지, 다른 이들과 어떤 유형의 관계를 맺을 것인지, 무엇에 주의를 기울이고 이러한 관계 속에서 무엇이 중요하다고 볼 것인지에서 나타난다(Greene, 2005b). 혼합연구 접근법에서 실현되는 혼합연구방법의 사고양식은 다름에 의미 있게 관여하며 공공의 선을 위한 사회과학 연구를 실시함으로써 힘과 특권에서의 인종적 불균형이 아니라 관용, 이해, 수용을 보여 주는 다원적 사회라는 숭고한 비전을 향해 나아가는 데 상당한 기여를 할 것이다.

이어지는 내용 소개

혼합연구방법의 사고양식에 대한 이러한 관점을 바탕으로, 이 책에서 혼합연구방법은 다름에 생성적으로 관여함으로써 연구하는 현상을 더 잘 이해하기 위하여 여러 개의 정신모형, 즉 다양한 방법론적 입장, 인식론적 이해, 학문적 관점, 마음의 습관과 경험 등을 계획적이고 의도적으로 동일한 연구에 통합하는 것으로 정의된다. 이렇게 정의된 혼합연구방법은 다름에 대한 더 큰 관용, 수용, 존중이라는 특징을 가지며 더 잘 이해하는 데 소중한 기여를 할 가능성을 가진다.

제3장에서는 오늘날 혼합연구방법에 대한 관심이 어떤 역사적 배경을 갖는지 제시할

것이며, 여기에는 1960년대, 1970년대, 1980년대에 있었던 '양적-질적 대전투'가 포함된다. 그러나 이러한 역사적 논의에서나 이 책 전반적으로 '질적'과 '양적'이라는 용어는 철학적 패러다임이 아니라 방법론적 전통, 방법, 자료유형을 의미하는 것으로 제한한다. 패러다임은 예컨대 후기실증주의와 구성주의처럼 적절한 명칭으로 부를 것이다. 이러한 용어 사용은 연구방법을 혼합하는 데 대해 논할 때 여러 정신모형의 철학적 가정, 학문적 관점 및 여타 실재적 구성요소의 중요성을 강조하기 위한 것이다. 양적, 질적이라는 명칭은 그저 연구 설계, 방법, 자료에만 초점을 맞추게 한다. 즉 혼합연구방법에 대한 담론의 수준이 기술적인 데 머무르기 쉬우며, 현상을 보고 이해하는 데 있어서의 서로 다른 방식, 지식의 본질, 사회과학 연구의 다양한 목적에 관한 쟁점들을 포괄하지 못한다는 것이다.

3

혼합연구방법에 대한
현대 담론의 역사적 기원

제3장에서는 **그리 멀지 않은** 과거로의 시간여행이 여러분을 기다리고 있다. 이 시간여행의 주된 목적은 역사는 항상 우리에게 교훈을 준다는 전제하에 혼합연구방법에 대한 오늘날의 관심이 어떤 역사적 기원을 갖고 있는지를 깊이 있게 이해하기 위한 것이다. 따라서 여행자 여러분들은 20세기 후반으로 되돌아가 사회과학 연구 제 분야에서 들끓었던 질적－양적 연구 간 논쟁의 속성과 쟁점에 대하여 되짚어 볼 것이다.

내가 기억하는 한 양적 평가, 질적 평가, 혼합모형 평가는 공존해 왔다. 예컨대 미국경제기회국(U.S. Office of Economic Opportunity)이 신설된 초기, 준실험 설계(예컨대, 헤드스타트에 대한 Westinghouse-Ohio 공동평가와 헤드스타트 종단연구에서 [중략] 준실험 설계를 사용함)가 있었고, 고전적 연구인 헤드스타트 지역사회 영향 연구 같은 혼합모형 설계가 있었다. 그리고 Greenberg의 미시시피 공동체 활동 프로그램에 대한 보고서인 「The Devil Wears Slippery Shoes」 같은 질적 연구도 있었다. (Datta, 1994, p. 54)

　　실증연구(empirical studies)의 실제에 있어서 여러 방법들을 혼합하는 것은 새로운 현상이 아니며 교육학, 사회심리학, 사회학, 조직연구, 프로그램 평가를 포함하여 현실세계에서 인간의 실제를 이해하고 향상하고자 하는 응용사회과학 분야에서는 특히 그러하다. 주로 실험실에서 연구하는 분야보다는 응용분야에서 새로운 아이디어(예 : 1970년대의 질적 연구나 최근의 혼합연구)에 대하여 방법론적으로 더 개방적이라고 보는데, 이는 현실세계의 어지러울 만큼의 복잡성을 제대로 이해하려면 연구방법과 도구의 다양성을 받아들일 수밖에 없기 때문이다. Lois-ellin Datta(1994)의 공공 프로그램에 대한 자신의 수십 년간의 평가연구에 담긴 이야기 회고는 이러한 사실을 입증해 준다. 그러나 사실 사회과학 연구에서 방법을 혼합하는 데에 대한 현대적 의미의 관심은 최근에 발생한 현상으로, 1980년대에 서서히 씨를 뿌려 1990년대에 싹을 틔웠으며 21세기로 전환하면서 만개하기 시작한 것이다. 혼합연구방법에 대한 오늘날의 개념화 노력은 이렇게 발전하고 있는 혼합연구 아이디어에 이론적 틀을 제공하기 위한 것이다. 사실상 혼합연구방법의 현대적 개념은 선구적인 초기 실증연구들을 재음미하는 과정에서 나왔다 (Greene, Caracelli, & Graham, 1989). 이는 혼합연구방법 '이론'은 연구 실제를 존중할 때 진보할 수 있다는 사실을 보여 준다.

　　사회과학에서 혼합연구의 뿌리는 더 깊지만 이에 대한 현대적 관심은 20세기 후반부에 이루어진 사회과학 사상 및 실제의 최근 역사를 두고 볼 때 자연스럽고 논리적인 전개라 할 수 있다. 혼합연구방법에서 지속되고 있는 여러 쟁점과 논란을 온전히 음미하려면 이러한 역사적 내용을 알아야 한다. 역사적 토대를 통해 그 의미를 깊고 풍부하게 이해할 수 있는 것이다. 이 장에서는 현대에 이루어진 혼합연구방법의 역사적 사실을 간략하게 제시하고자 한다. 20세기 중반, 프로그램 평가를 포함한 응용사회과학 분야뿐만 아니라 과학철학 분야에서 뿌려진 불만의 씨앗으로부터 그 이야기를 시작한다. 이러한 불만은 그때나 지금이나 '질적-양적 연구 간의 대전투(great qualitative-quantitative debate)'(물론 여기에 관련된 사회과학자들에게만 '대전투'란 의미가 와 닿겠지만)로 알려진, 말과 아이디어로 싸우는 전면적인 전투 형태를 취하게 되었다. 이러한 논쟁에 대해서는 각 진영의 주장을 훌륭하게 정리해 둔 선행연구들이 많이 있으므로 여기서는 간략하게만 살펴볼 것이다. 생각할 거리를 많이 던져 준 매우 흥미로운 시대였기에 이 전투의 특성과 상황도 일부 소개할 것이다. 그런 다음 이 대전투를 종결해 준 화해의 신호가 어떻게 이루어졌는지 소개하고, 이러한 화해가 논리적으로 혼합연구, 즉 동일한 연구에서 질적 연구방법과 양적 연구방법의 통합이라는 형태로 이어졌다는 데 특히 주목할 것이다. 이러한 아이디어는 질적 연구 및 양적 연구 모두에서 오랫동안 방법론적 다각화를 수용해 왔기에 호소력이 있었다. 이 역사의 일부로 삼각측정 개념과 질적 연구 및 양적 연구에서의 기원을 소개할 것이다.

그리하여 완전한 평화는 아니더라도 휴전이 공표되었다. 한 번에 그렇게 된 것은 아니며 모든 전사들이 다 동의한 것도 아니고 동의가 영원한 것도 아니다. 더구나 거친 바다와 같은 혼돈이 여전히 남아 있다. 방법을 혼합한다는 것은 패러다임도 혼합한다는 것을 뜻하는가? 이것이 가능하며 사리에 맞고 실제적인 생각인가? 방법 혼합의 정치적 의미는 무엇인가? 혹시 질적 연구의 갑작스러운 증가를 한 번에 영원히 잠재우겠다는 계략(Smith & Heshusius, 1986)은 아닌가? 지난 20여 년간 서구 사회의 많은 국가에서 신관리주의 실제(new managerial practices)와 책무성 중심 정책을 전면적으로 채택하면서 수량화, 표준화, 성과, (심지어 일부 분야에서는) 실험법에 다시금 특혜를 주는 것(Power, 1999)에 대한 반동으로 학계에서 이 문제를 다시 다루고 있음을 목격하게 된다. 더 나아가 방법들을 혼합한다면 각 방법의 본래 의도와 질적 수준을 손상하지 않는가? 최근 수십 년 동안 등장한 다른 패러다임이나 방법론들은 어떤가? 페미니즘이라는 패러다임과 연구방법들을 혼합할 수 있는가? 사회과학 연구에서의 참여적 접근법은? 텍스트나 영화에서 가장 잘 보여 주는 것처럼, 사회적 삶을 급진적으로 우발적이며 불확실한 것으로 이해하는 포스트모더니즘은 어떠한가? 혼합연구방법이라는 아이디어의 출현과 함께 제기된 이러한 질문은 사회과학에서의 혼합연구에 대한 관심과 발전에 촉매 역할을 하였다.

이제 현재의 혼합연구방법에 대한 담론을 탄생시킨 사회과학 방법론의 최근 역사를 간략하게 되돌아보자.

철학계로부터 나온 불만의 씨앗

미국을 포함한 많은 서구 사회에서 사회과학은 자연과학을 본떠서 출발하였다. 자연과학 분야의 과학자들처럼 사회과학 연구자들은 순수한 관찰을 통해 이론을 도출하며 다시 이 이론을 엄격하게 통제된 실험상황하에서 검증함으로써 사회적 세계가 어떻게 작동하는지에 대하여 실증적으로 탄탄하고 일반화할 수 있는 명제들을 얻고자 하였다. 이러한 실험주의(experimentalist) 사회과학의 목적은, 물리학자가 쿼크와 퀘이사[1]의 세계를 설명하며 예측하고 통제하고자 하듯이, 사회적 세계를 설명하고 이에 따라 예측하고 통제하는 것이다.

사회과학에 대하여 이런 식으로 생각한 것은 실증주의(positivist)와 이후의 후기실증주의(post-positivist)의 영향을 받은 것이었다. 후기실증주의는 실증주의적 사고, 즉 사회적 세계는 그에 관한 우리의 지식에 상관없이 존재한다는 가정(실재론), 객관적인 방법과 방법론적 정교화에 대한 신념, 가치문제를 사실에 관한 과학적 연구의 대상으로 보지 않는 점, 모든 것이 보편적 진실에 대한 인과적 설명을 위한 것이라는 이상을 그대로 간직하지만, 실증주의에 비해서는 이러한 이상에 대해 더 겸손하게 접근하며 절대적 방법에 대해 덜 신뢰하며 관찰자로서의 인간이 불가피하게 빚는 오류에 대하여 인정하였다. 예컨대 20세기 동안 매우 설득력 있는 주장으로 후기실증주의를 대변해 온 Donald Campbell은 이렇듯 오류가능성을 인정함으로써 모든 사회과학 지식 주장(knowledge claim)에 대하여 '학계에서의 검증'(Campbell, 1984, p. 44)을 거치도록 하여 어떤 것이 지적 도전과 실증적 반복연구 그리고 시간의 시험을 이겨 내는지 보아야 한다고 주장하였다(실증주의에서 후기실증주의로의 철학적 진화에 대해서는 Cook, 1985; Phillips, 1990; Phillips & Burbules, 2000 참조). 이러한 후기실증주의에 토대하여 사회과학의 틀을 잡은 것은 암묵적이었다고 할 수 있는데, 이러한 틀을 인정한 적도, 드러내어 말한 적도 없었기에 문제제기를 할 수도 없었다. 따라서 그저 그 당시에 수용되는 연구방법에 관련된 기술을 확고하게 연마하기만 하면 사회과학 연구자가 되었다. 후기실증주의 연

---

1) 역주 : 쿼크는 양성자나 중성자와 같이 물질을 구성하는 최소 단위인 소립자를 구성하고 있는 기본 입자를 뜻하며, 퀘이사는 매우 밝고 멀리 떨어져 있는 천체로 은하의 핵이라고 한다. 여기서 쿼크와 퀘이사는 물리적 현상을 의미하는 상징적 표현으로 사용되었다.

구방법들은 대부분 연구자의 특정한 성향이나 관점으로부터 연구자료를 보호할 수 있도록 고안되었다. 후기실증주의에서 방법론의 역할이 중차대하기에 그 이론 및 기법은 점점 더 정교하게 발전했다.

반면 철학자들이 사회과학의 다른 개념적 틀에 대하여 논쟁하고 토의하면서 과학의 본질에 대한 깊이 있는 사고가 정점을 이루었다. 일찍이, 철학자 Wilhelm Dilthey는 자연과학과 사회과학은 근본적으로 다르다고 하였다.

> 물리과학이 인간의 외부(외재적이며 객관적으로 알 수 있는 사실로 이루어진 세계)에 존재하는 것으로 볼 수 있는 생명 없는 사물을 다루는 반면, [사회]과학은 주관성, 감정, 가치로 가득한 인간 정신의 산물에 초점을 둔다고 보았다. 이러한 사실에서부터 [Dilthey는] 사회적 실재는 인간의 의식적 의도의 결과이므로 연구대상과 연구자의 상호관계를 분리하는 것이 불가능하다고 결론지었다. 현실에 참여하며 그 현실을 해석하는 연구자를 포함한 사람들로부터 분리될 수 있는 객관적인 사회적 실재란 존재하지 않는다는 것이다. (중략) [따라서] 사회적 세계를 연구하는 이는 해석의 과정, 즉 해석학적 방법을 불가피하게 포함하는 과정을 통해서만 이 세계를 이해할 수 있다. [더욱이] 인간 표현에 담긴 의미는 맥락에 달려 있으며 맥락으로부터 분리될 수 없다.(Smith & Heshusius, 1986, p. 5)

사회과학에 대한 Dilthey의 해석적 관점은 후기실증주의의 가정에 대해 근본적인 문제제기를 함으로써 과학철학 분야에 큰 자극제가 되었다. 해석주의에서는 객관적, 실재론적, 일반화 가능한 진리를 주장하지 않고, 지식이란 본래부터 불가피하게 주관적이고 맥락이나 상황에 따른 것이며 가치내재적인 것이라고 본다.

20세기 중반에 이르자 이러한 철학적 논쟁들이 사회과학 이론가 및 방법론자들에게도 영향을 미쳐 상당수가 이러한 논쟁에 뛰어들었다. 사회과학자들이 이렇게 복잡한 문제에 관여하기로 한 것은 (다음 절에서 논의하는 바와 같이) 후기실증주의 연구방법의 실천적인 어려움 때문이었으며 또한 1960년대와 1970년대 미국 등지의 전반적인 개혁 분위기에 따른 것이기도 하였다. 이 시대는 사회운동, 즉 베트남 전쟁을 종결시키며 인종분리와 편견이라는 족쇄를 풀고 새로운 사회의 도덕관과 규준을 실험해 보고자 하는 움직임으로 충만하였다. 고귀한 체하는 과학 규범에 도전하고 연구방법의 정치적 측면에 대해 논하며 사회과학의 새로운 지평과 가능성을 꿈꾸는 것은 이미 다각적으로 저항의식을 가졌던 이들의 마음속으로 쉽게 포용되었다.

　질적 연구와 양적 연구 간의 대전투에 대한 논의에 이어서 자세히 다루겠지만 사회과학의 진정한 본질이라는 무거운 주제는 철학이나 세계관 수준 그리고 방법론과 기법의 수준 모두에서 다루어졌다. 그 이유의 하나로 방법론자들은 맥락적인 참여관찰에 비해 표준화된 설문조사가 가진 장단점에 대해서 다루는 데는 부담을 덜 느끼는 반면, 객관주의 대 상대주의, 실재론 대 관념론에 관한 오래된 철학적 논쟁에 참여하는 것은 상대적으로 어려워하기 때문이었다. 물론 이 시대에 대해 부정할 수 없는 특징의 하나는 상당수의 방법론 이론가와 실천가들이 철학적 개념화 작업에 뛰어들었으며, 이러한 몰입을 통해 짧은 시간에 많은 학습이 이루어졌다는 것이다. 그러나 이 시대를 배타적으로 지배하고 있던 패러다임에 대해서는 계속 모른 체하였기에 여전히 사회과학 연구자가 되는 데는 패러다임에 대한 깊이 있는 사고보다는 방법적 측면에서의 숙달만이 요구되었다.

실제로부터 나온 불만의 씨앗

미국에서 20세기 중반은 중앙정부 차원의 대대적인 사회복지 캠페인이었던 가난과의 전쟁(war on poverty) 시기였다. 미국이라는 국가에서 가난을 한 번에, 영원히 없애고자 하는 공통된 소망을 담고 상당액의 중앙정부 재정으로 지원된 프로그램들이 교육, 고용, 보건, 복지, 지역사회 개발을 포함하여 사회복지의 거의 모든 분야에서 시작되었다. Donald Campbell, Lee Cronbach, Carol Weiss, Peter Rossi 등 그 시대의 저명한 응용사회과학자들, 즉 사회학자, 심리학자, 교육학자, 경제학자 상당수가 사회 변화를 위해 이렇게 야심 찬 시도를 하는 데 매혹되었으며, 그 프로그램들의 효과연구에 자신의 전문지식을 제공하였다. 또한 미국 정부의 개혁시도 중 일부는 사실상 프로그램 평가를 의무적으로 실시하는 조건하에 이루어졌는데 이러한 평가의 의무화로는 1965년 제정된 미국 초중등교육법(Elementary and Secondary Education Act)이 가장 대표적이다.

　가난과의 전쟁과 함께 수많은 개혁과 중재의 질적 수준과 효과에 대한 정책연구가 이루어졌는데, 그 시대에 가장 뛰어나고 발전된 방법론을 사용하였다. 이는 여전히 후기실증주의 패러다임에 따른 실험법이었다. 그러나 널리 알려진 바와 같이(전설적인 이야기와 함께), 실험방법은 제대로 정책연구를 하지 못했으며 사실 그렇게 할 수가 없다. 프로그램에 참여할 수 있는 이들을 통제집단이나 실험집단에 무선배정해야 하는데 이는 상당한 윤리적 문제를 제기했으며, 또한 무선배정을 할 수 있는 경우에도 오염(contamination)이 많이 이루어졌다. 연구참여자가 경험하는 실험중재의 조건을 세밀하게 통제하고 표준화하여야 한다는 실험연구의 주요 전제는 사회적 상호작용이 존재하는 현실세계에서는 제대로 작동하지 않을 수밖에 없었다. 특히 실험연구로서 신실성과 타당도를 확보하려면 엄격하게 통제된 맥락에서의 표준화 방법이 요구되지만 현실에서는 변화하는 상황에 따라 계속해서 방법을 조정하는 것이 좋은 실제이다(Marris and Rein, 1982, p. 206). 지역사회활동기구(Community Action Agencies: CAAs)[2] 같은 프로그램의 경우 이러한 오류가 분명하게 드러났다. Peter Marris와 Martin Rein은 다음과 같이 설명하고 있다.

> 프로그램 담당자들이 실험이나 시행착오를 통해 피훈련자에게 더 좋은 서비스를 제공할 방법을 발견하자마자 이에 따라 자신들의 절차, 방법, 기법을 수정하였다. 한편으로는 창의적이고 융통성 있고 편리하면서 동시에 다른 한편으로는 세심하고 과학적이며 통제된 연구를 하기는 불가능하였다.(1982, p. 198)

더 나아가 비판자들은 사회과학 연구를 관찰 가능한 현상에만 제한시키는 것은 현상 파악에 있어서 연구방법이 갖는 한계로 인해 사회 프로그램과 문제까지 축소하며 심지어 편향되게 한다고 지적했다. 이러한 제한으로 인해 프로그램의 투입 및 결과 평가만 강조하고 프로그램의 과정이나 경험에는 거의 관심을 기울이지 않아, 이후 평가에 대한 '블랙박스' 접근이라는 비판을 받았다. 제1장에서 제시한 바와 같이 Cook의 후기실증주의에 입각한 비판적 다원주의(1985)는 이렇듯 현실세계의 맥락 속에서 실험과학 방법들이 실패했음을 인식한 데 따른 반응이다. Cook은 다음과 같이 이를 정리한 바 있다.

---

2) 역주 : 지역사회활동기구(CAAs)는 가난과의 전쟁의 일환으로 1964년의 경제기회균등법에 따라 설립된 비영리 사립 및 공공 기구로서 지역사회의 저소득층이 스스로 자립할 수 있도록 고용, 주거, 복지, 교육, 영양 등의 다양한 차원에서 지원하는 역할을 한다.

[후기] 실증주의 연구방법에 대한 공격에서 반성적 사고보다 관찰을, 이해보다 수량화를, 거시적 분석보다 미시적 분석을, 자연스러운 맥락보다 통제를, 이론의 발견보다 검증을, 자연의 모든 측면에 대한 조심스러운 탐색보다 자연에서 선택된 일부에 대한 엄격한 실험을 중시하던 것에 대한 거부를 찾아볼 수 있다.(p. 29)

예컨대 후기실증주의 사회과학 이론에 입각한 실험법은 가난과의 전쟁 일환으로 실시된 프로그램의 질적 수준이나 효과에 대해 확고한 실증적 자료를 제공하지 못했다. 프로그램 평가 분야에서 가난과의 전쟁 프로그램에 대한 실험연구가 실패했던 시기(1970년대와 1980년대) 이후에 평가에 대한 새로운 아이디어와 이론이 폭발적으로 탄생했으며, 새로운 해석주의 및 구성주의 패러다임, 더 이후에는 참여, 사회적 행위와 사회정의라는 더 관념적인 패러다임의 질적 연구방법이 부각되었다.

표준적인 사회과학 실재에 대하여 심각하게 도전한 것은 정책 및 프로그램 평가 분야에서 가장 극명하게 이루어졌지만 다른 분야에서도 마찬가지였다. 예컨대 교육연구 분야에서는 이러한 쟁점과 논란을 전면적으로 다루었다. 사회과학 연구방법론의 추(pendulum)는 빠르고 강하게 흔들리면서 질적 연구방법, 사람들의 맥락적 경험연구, 내러티브 연구 쪽으로 기울어졌다. 그렇지만 이에 대한 반동이 없었던 것은 아니었다. 사실 이후 15~20년간 철학적 기원과 정당성과 함께, 불안하고 낯선 질적 연구방법에 비해 편하고 익숙한 양적 연구방법이 갖는 상대적 장점에 대해 열띤, 때로는 신랄한 토론이 이어졌다.

질적-양적 연구 간의 대전투

그리하여 이론과 실제 측면 모두에서 관례적으로 당연시되던 것들이 도전을 받게 되었다. 후기실증주의의 기본가정과 입장을 명료화하고 재검토하게 되자, 그 시대의 사회과학자들은 그 한계를 발견하였다. 땅에서, 즉 실험실 밖의 현실세계에서 만나는 실질적인 문제들로 인해서도 한계가 드러났는데, 실험법은 농작물이나 화학물질, 자기장에 비해 인간을 대상으로 한 연구에는 잘 맞지 않았다. 농작물이나 화학물질, 자기장은 조작 조건에 따르지만 인간은 예측할 수 없는 의도성(intentionality)을 갖고 행동한다. 더구나 인간을 둘러싸고 있는 맥락은 논밭의 흙이나 실험실의 기구처럼 쉽게 통제할 수 있는 것이 아니다. 그런데도 질적 연구를 선호하는 해석주의, 구성주의, 현상학을 비롯한 여러 패러다임의 가정과 관점에 대해 일부 사회과학자들은 여전히 급진적으로 여기거나 심지어 빈대 잡으러 초가삼간 태우는 것과 같은 우스꽝스러운 것으로 여겼다. 하나의 집중적인 사례연구에서 어떤 종류의 설명이나 이론을 도출할 수 있겠는가? 그렇게 주관적으로 도출된 실증적 결과를 어떻게 신뢰할 수 있는가? 도대체 한 사람과 한 곳에서 한 번 실시한 면담으로부터 정말 무엇인가 얻을 것이 있는가?

> 1970년대에 이루어진 논의의 특징은 연구방법에 대한 논의에다 더 폭넓은 철학적 쟁점을 체계적, 의식적으로 포함한 것이었다. (중략) [그리고] 양적 연구와 질적 연구 간에 확연하게 구분되는 속성을 둘로 나눠 볼 수 있는데 바로 '인식론적(epistemological)' 측면과 '기술적(technical)' 측면이다. 그렇지만 많은 이들이 이 두 가지 사이에서 갈팡질팡하곤 한다.(Bryman, 1988, p. 2, 107)

Bryman이 날카롭게 관찰한 바와 같이 질적-양적 논란은 주로 철학적 수준과 방법론적 수준이라는 두 수준에서 이루어졌는데, 이는 사람들이 쟁점을 논하면서 이 두 수준을 뒤섞어 버리거나 혹은 정치와 가치 요소를 포함할 때에도 그러하였다. 이 논란의 내용을 구성한 철학적, 방법론적, 정치적 수준에서의 주요 쟁점은 다음과 같다(Greene & Henry, 2005 참조).

철학적 수준에서의 쟁점

앞에서 소개한 Dilthey의 이론에서 살펴본 바와 같이 사회적 세계와 사회적 지식의 본질에 대해 서로 다르게 가정한다는 것이 논란의 핵심이다. 후기실증주의에서는 사회적 세계가 실재하는 것으로, 즉 그 세계에 대한 우리의 앎에 상관없이 존재하는 것으로 가정한다. 그리고 물리적 혹은 자연적 세계와 상당히 유사하게 작동하는 것으로, 즉 식물이 습도, 빛, 온도 같은 다양한 환경조건에 예측 가능한 방식으로 반응하듯이 인간도 외부 환경의 다양한 요인에 예측 가능하게 반응하는 것으로 가정한다. 이렇듯 영향을 주는 요인이 무엇이며 어느 것이 가장 영향력 있는지, 이러한 요인들이 어떻게 상호작용하는지를 알아내는 것이 바로 사회과학자의 임무라고 본다. 반면 대부분의 해석주의 패러다임에서는 사회적 세계가 본질적으로, 최소한 부분적으로는, 구성되는 것이라고 가정한다. 인간은 식물과는 달리 의도성을 갖고 행동한다. 이러한 의도성은 사람들이 일상적 삶의 다양한 상황 속에서 다른 이들과 상호작용하면서 만나는 다양한 현상에 대해 구성하는 의미로부터 나온다. 그리고 인간의 행동에 더 큰 영향을 주는 것은 외부 세력이나 요인이 아니라 바로 이렇게 구성한 의미라고 본다. 더구나 다양한 맥락에 따라 다양한 사람, 상호작용, 사건을 경험하기 때문에 어떤 한 개인이나 집단에게 의미 있는 것은 대부분 보편적이라기보다는 맥락구체적(context-specific)이다.

　전형적으로 후기실증주의식 지식은 관찰된 인간 현상에 대하여 일반화할 수 있는 인과적 설명으로 이루어진다. 후기실증주의는 사람들이 학습을 잘하거나 스포츠 영웅이 되거나 적극적으로 시민운동에 참여하거나 범죄행위를 하는 등의 특정 행동을 하는 원인에 대해 실증적으로 증명된 명제로 인간행동 이론을 생성하고 검증하고 구체화하고자 한다. 해석주의는 사람들에게 삶으로서의 경험(lived experiences)이 갖는 의미를 맥락에 따라 이해하고자 한다. 이러한 형태의 사회적 지식은 일반화하거나 명제화할 수 없으며 오히려 다원적이고 역동적이며 상황에 따른 것이다. 예컨대 또래교수가 어떤 아동에게는 학습에 도움이 되지만 다른 아동에게는 그렇지 않을 수 있는데, 이 두 아동이 또래관계를 상당히 다르게 경험하고 의미를 구성하기 때문이다. 해석주의 지식 주장은 텍스트, 내러티브로 이루어지며 총체적인 특성을 갖고 있다.

　또한 후기실증주의 지식 주장은 사회적 실재와의 일치를 정당화의 근거로 삼는다. 이론적 예측이 실증적 자료에 의해 지지될 때 진리가 구해진다. 지식 주장 혹은 진리 주장이 확고하려면 방법이 뛰어나야 하기에 그 정당성을 방법론적 수월성이라는 증거를 통해 얻는다. 해석주의 지식 주장은 해석이 갖는 설득력을 근거로 삼는다. 해석주의자들은 자신이 알게 된 것을 진리라고 주장하지 않는데 어떤 맥락에서든 인간 경험에는 다양한 진리와 다원적인 의미가 있기 때문이다. 좋은 연구방법은 설득력 있는 해석적 설명을 돕는다. 그렇지만 이러한 설명의 핵심은 해석이다. 즉, 한 사람이 자신의 경험에 대해 해석하고, 연구자가 자신의 경험에 대한 그 사람의 해석을 해석하며, 다시 자신의 경험에 대한 그 사람의 해석에 대한 연구자의 해석을 독자가 해석한다(Van Maanen, 1995). 이러한 세 번의 해석이 해석주의가 가진 비근본주의(nonfoundationalist) 인식론을 요약적으로 보여 주는데, 이는 후기실증주의의 근본주의와 확연하게 구분된다(이 결정적 차이에 대해 더 알아보고자 하면 J. K. Smith, 1989 참조).

방법론적 수준에서의 쟁점

Bryman이 양적-질적 연구의 대전투에 대하여 지적한 바와 같이 사회적 세계의 본질, 그 사회적 세계에 대하여 인간이 알 수 있는 지식 그리고 무엇이 알아야 할 만큼 중요한 지에 대한 주장과 반대 주장에 어떤 사회과학 연구방법이 더 우수하며 왜 그런지에 대한 공격과 반격이 함께 뒤섞였다. 이러한 혼재 중 일부는 의도된 것이 아니었으나, 일부는 그러하였다. 사실 격론되고 있는 쟁점의 하나는 철학적 가정과 특정 방법론을 반드시 함 께 묶어서 봐야 하는가라는 것이었다. 반드시 후기실증주의 신념은 양적 연구방법을, 구 성주의 신념은 질적 연구방법을 필요로 하는가? 이 쟁점은 혼합연구방법에서 철학적 가 정의 역할에 관한 것이기에 제4장과 제5장에서 더 심도 있게 다룰 것이다. 거의 모든 철 학적 쟁점이 다 그렇듯이 여전히 해결되지 못했지만 철학과 방법론 간의 관계에 대해 공 통되게 이해하기 시작했으며, 이 이해는 혼합연구방법의 활성화와 지속적인 대화에 있 어서 중심적 역할을 한다.

　방법론적 수준에서의 전반적 논쟁에 대해서는 응용사회과학계에 널리 알려져서 이미 친숙하다. 양적 연구는 인간 현상에 대한 세심하게 통제되고 표준화된 검사, 확인된 모 집단에서부터 조심스럽게 무작위로 선발된 표본집단에 대한 연구, 따라서 연구하는 인 간 현상에 대해 일반화된 주장을 도출할 수 있는 연구라는 측면에서 더 우월한 것으로 인 식되어 왔다. 양적 연구에서는 연구대상에 대하여 사전에 내리는 (개념적 및 조작적) 정 의, 사전에 계획된 연구 설계와 방법 및 대표성을 갖는 표본, 신뢰수준에 따라 설정된 오 류 범위를 침해하지 않도록 제한시킨 전체 통계검증 횟수가 중요하다. 사전에 연구 계획 을 수립하여 연역적 조건과 가설검증 기대를 충족시킨다. 사회과학 연구의 주된 목적은 무엇보다 이론검증과 정교화라고 본다. 이에 따라서 제대로 실시한 양적 연구는 완전히 확신할 수는 없을지라도 신뢰할 만한 명제적 지식을 생성할 수 있다는 것이다.

　이와는 대조적으로 질적 연구는 삶으로서의 인간 경험에 대한 사려 깊은 이해, 무작위 가 아니라 의도적으로 선택된 소수의 사례나 사람들에 대한 심층적이고 집중적인 연구, 따라서 인간행동의 맥락성과 복잡성에 대한 총체적 이해 가능성의 측면에서 더 우수한 것으로 인식되며 발전했다. 질적 연구는 연구가 진행되면서 알게 되는 바에 민감하게 반응하고자 하기에 발현적이며 유동적이다. 질적 연구에서는 연구자가 자료 생성, 분석, 해석에서의 주된 도구이기 때문에 연구자의 예리함과 사람들과 관계를 맺는 능력이 중요한 역할을 한다. 사전에 연구 계획을 완전하게 고정하지 않음으로써 사회과학의 주된 목적으로 보는 삶으로서의 경험을 이해할 수 있게 해 주는 귀납적, 발현적, 맥락적 요구를 충족시킨다. 질적 연구는 삶으로서의 경험을 하고 있는 사람들의 관점을 관찰자-연구자의 렌즈를 통해 해석함으로써 이러한 이해를 생성하고자 한다.

이러한 차이를 포함하여 구분되는 양적 연구와 질적 연구의 주요 특징들을 나열하려면 여러 페이지와 많은 시간의 논의가 필요하지만, 가장 결정적이며 뜨거운 쟁점은 이 마지막 측면과 관계된다. 바로 연구자의 성향과 자세가 연구결과의 질에 어떤 식으로 어느 정도로 영향을 주는가 하는 것이다. 이는 객관성과 주관성, 편견과 해석, 비참여와 참여, 거리 두기와 가까이 하기에 관련된 쟁점들을 포괄한다. 양적 연구의 전통에서는 모든 종류의 편견을 통제하는 것이 연구를 잘하는 데 가장 중요한 부분이며 방법론적 진보를 이끄는 동력이다. 양적 연구에서는 연구자의 특이성으로부터 연구자료와 연구결과를 보호하는 역할을 하는 것이 연구방법이다. 양적 연구결과는 연구자의 특정한 관점이나 선호하는 이론 혹은 정책 아이디어와 무관하며 편향되지 않고 객관적일 때만 신뢰된다. 연구자가 선호하는 이론이나 입장에 영향을 받은 양적 결과는 편향된 것으로 간주하고 거부하며 독립적이고 객관적인 방법 및 비평을 통해 무효화한다.

질적 연구의 전통에서는 Dilthey를 다시 인용하면, "연구대상과 연구자의 상호관계를 분리하는 것은 불가능하다. 연구자를 포함하여 사람들로부터 분리할 수 있는 객관적인 사회적 실재(social reality)란 존재하지 않는다. 사람들은 그 실재에 참여하고 해석한다."(Smith & Heshusiu, 1986, p. 5) 질적 연구방법론자들은 사회과학 연구의 특징은 연구자가 자신이 연구하는 '사회적 실재'에 필연적으로 참여하게 되며 따라서 연구결과와 그에 따른 지식에는 연구자의 관점과 이해가 필연적으로 담겨 있다는 점이라고 말한다. 인간이 하는 연구는 필연적으로 주관적이며 해석적이라고 본다. 어떤 특정한 방법 혹은 많은 수의 발전된 방법들을 사용한다 하더라도 사회적 지식을 연구자의 특정 성향으로부터 분리할 수는 없다. 연구자가 자신의 사회문화적 역사나 지리적 위치 바깥에 서서 전혀 치우침 없이 인간 현상을 관찰한다는 것은 불가능하다. 자신의 역사적 위치 속에서 관찰할 수밖에 없다. 따라서 우리가 하는 연구는 필연적으로 해석적이며, 주관적이다. 주관성은 편견이 아니고 오히려 본질적으로 인간의 탐구가 가지는 고유한 특성이다.

질적 연구를 주창하는 이들은 '가치'가 '사실'과 뒤얽혀 있다고 본다. 양적 연구방법론자들이 오랫동안 수용해 온 사실-가치 분리 그리고 이에 대한 질적 연구방법론자들의 거부는 지속되는 논쟁점이다(House & Howe, 1999; Phillips, 2005). 양적 연구방법론자들은 가치는 중요한 문제이나 실증연구의 대상이 될 수 없으며 따라서 사회과학 연구자와 상관이 없다고 주장한다. 가치는 정치나 종교영역에 적합한 문제이므로 과학자들은 사실 문제에만 집중해야 한다는 것이다. 이에 대해 질적 연구방법론자들은 터무니없다고 말한다. 인간의 경험과 그 의미는 본질적으로 가치를 포함하고 있으므로, 인간 현상을 이해하는 데 있어서 가치를 분리해 낸다는 것은 불가능하다. 인간의 경험으로부터 신념, 헌신, 원칙, 열정을 뺀다는 것은 인간의 고유한 사회성 그리고 인간성을 포기하는 것이다.

정치적 의미의 등장

사회과학 연구에서 가치의 존재와 역할에 대한 논쟁을 넘어서서 질적-양적 연구 간의 대전투는 우리 사회에서 사회과학의 역할이 무엇인가에 대한 정치적 입장 혹은 더 직설적으로 표현하면 사회과학 연구와 평가가 누구의 이익을 위한 것인가라는 논쟁을 포함하였다. 평가연구에서는 대상이 명시되기 때문에, 이러한 정치적 논쟁의 성격을 가장 잘 보여 주는 것은 바로 프로그램 평가 분야일 것이다.

전형적으로 후기실증주의에 토대한 양적 평가는 특정한 사회 혹은 교육 중재가 의도한 결과 혹은 의사결정자나 프로그램 개발자가 규정한 결과를 성취한 정도에 대한 정보를 제공한다. 예컨대 십대 청소년 임신 예방 및 지원 프로그램 평가에서는 학교 중도탈락 여부, 또 다른 임신 예방, 산전 관리, 경제적 자립을 위한 준비 등, 결과 측면에서의 프로그램 효과를 준실험 설계를 사용하여 양적으로 평가할 것이다. 따라서 후기실증주의 평가는 전통적으로 사회문제 해결을 위한 서비스에의 자원 배분을 정하는 책임을 가진 정책 입안자나 의사결정자를 위한 것이다. 공공 분야에서는 선거나 지명을 통해 임명된 공무원을 의미할 것이다.

해석주의에 토대한 질적 평가는 프로그램 관계자, 참여자, 관련된 가족 및 지역사회 구성원의 다양한 관점으로부터 프로그램 경험의 질과 의미에 대한 정보를 제공하는 특징을 가진다. 예컨대 동일한 십대 청소년 임신 예방 및 지원 프로그램에 대한 질적 평가에서는 이러한 프로그램 경험이 참여자의 일상생활에 어떤 구체적이고 실제적인 혜택을 주는지를 비롯하여 배려, 안전, 양육, 희망 등의 측면에서 이들 삶에서 갖는 중요성과 의미를 조명하고 이해하기 위하여 소규모 사례연구 설계를 활용할 것이다. 이러한 정보는 연구대상기관의 구성원, 즉 프로그램 실시의 책임을 맡고 있는 직원, 프로그램 관리감독의 책임을 지고 있는 해당 공무원, 프로그램에서 의도하는 수혜자에게 가장 가치가 있을 것이다. 프로그램 평가, 더 넓게는 사회과학 연구에서 이렇게 청중이 다르다는 사실로 인하여 질적-양적 연구 간의 논쟁에서 사회 속에서 연구가 갖는 역할, 우리의 연구가 누구의 질문과 이익을 중심으로 해야 하는 것인가에 대한 정치적 입장을 생각해 보게 되었다.

요약

참으로 힘든 시기였다. 연구자들이 전혀 새로운 개념과 생각, 매우 추상적이고 심오한 내용을 배워 나가야 했던, 지적 요구에 벅찼던 시기였다. 무지하지 않기 위해 우리를 도와줄 수 있는 어떤 책이나 학술지든 폭넓게 읽었다. 이에 대한 해박한 지식을 가진 연구자들이 발표하는 학회에 모여들었다. 기존 이론에 반대하는 모임 혹은 이러한 반대에 반대하는 모임을 가지며 서로 양립하기 힘든 이해관계에서 앞서 나가기 위해 새로운 연구회를 만들고 소규모 학술대회를 개최하곤 하였다(Eisner & Peshkin, 1990). 각 진영에서 영웅이 출현했으며 반(anti)영웅도 생겨났다. 각자의 관점에 따라 생각이 달랐는데, 우리는 때로는 체면을 차리며 정중하게 논쟁하였고 때로는 그렇지 못했다. 둘 다 프로그램 평가 이론가였던 미국평가학회(American Evaluation Society)의 회장들 간에 이루어졌던 논쟁의 예가 질적-양적 연구 간의 대전투가 얼마나 치열했던가를 잘 보여 준다.

> 우리가 지금 갖고 있는 것이 무엇이든 간에 이는 제대로 기능하지 못하고 있다. (중략) 우리는 비용효과분석이나 객관적인 성취도 평가를 넘어서서 해석적인 세계로 나아가야 한다. (중략) 프로그램의 의미가 무엇인지, 평가가 우리에게 무엇을 말해 주는지, 하나의 문화나 사회로서 우리의 앞에 어떤 기여를 하는지에 대하여. 이제 정말 우리 모두의 꿈을 현실로 옮기기 시작해야 한다.(Lincoln, 1991, p. 6)

제4세대 평가[3]를 주장하는 사람들의 말처럼 지하수 오염이 그저 일부 과학자들의 상상의 산물이며 실재가 아닐지도 모르지만, 나 자신은 구성된(constructed) 물을 마시지 않을 것이다. 우리 연구의 결과가 인정되고 활용될 가능성을 최대화하고자 한다면, 이론이나 해석학이 아니라 가장 우수한 과학, 그와 함께하는 양적 분석이 제공하는 믿을 수 있는 학문적 엄격성에 토대해야 한다.(Sechrest, 1992, p. 3)

이 시기에 논쟁되었던 구체적 쟁점들에 대한 더 깊이 있는 논의는 다음 참고문헌을 참조하기 바란다. Bernstein(1983); Cook & Reichardt(1979); Cronbach(1975); Denzin, Van Maanen, & Manning(1989); Filstead(1970, 1979); Guba(1985, 1990); Hammersley(1992); Hargreaves(1985); Kuhn(1970); Lincoln & Guba(1985); McCarthy(1981); Phillips(1990); Rist(1980); Smith(1989).

화해와 혼합연구방법의 출현

점차적으로, 물론 일부에서는 마지못해서, 대전투의 휴전이 이루어졌다. 사회과학 연구를 실시하는 데 있어서 다양한 근거와 다양한 방식을 인정하는 화해가 이루어진 것이다. 비록 대부분의 사회과학자들이 여전히 어느 한 쪽의 방법론적 전통을 고수하기는 했지만 동시에 다원성도 인정하게 되었다. 많은 이들이 상대편의 입장을 인정하는 과정에서 자신의 기존 방법론적 관점에 대해 더 깊게 이해하고 탄탄한 이론적 근거를 찾게 되었다. 예컨대 존경받는 원로 교육연구자인 Nathaniel Gage는 다음과 같이 지적했다.

객관적 양적 연구의 그 어떤 이론도 해석적 질적 연구방법을 통한 교실 과정의 기술과 분석을 막지 못한다는 사실을 드디어 이해하게 되었다. 교실에서 이루어지는 과정은 행동이나 행위로만 기술될 필요가 없고, 의미와 관점 측면에서도 기술될 수 있다. (Gage, 1989, p. 7)

---

3) 역주 : 제4세대 평가란 Guba와 Lincoln(1989)을 중심으로 개념화된 것으로, 객관적 진리를 가정하는 이전 세대들의 프로그램 평가가 각각 측정, 기술, 판단을 중시하던 데서 벗어나 해석학적 전환(interpretive turn)에 맞추어 해석주의적, 다원주의적, 구성주의적으로 프로그램을 이해하고 조명하고자 하는 평가를 말한다. 이 글에서 Sechrest가 '구성된' 물을 마시지 않겠다는 표현에는 이러한 구성주의에 토대한 프로그램 평가 및 연구에 대한 반대가 담겨 있는 것이다.

또한 20세기 사회과학의 대가 중 한 명인 Lee Cronbach는 프로그램 평가에 대해 "연구의 형태가 아니라 정보의 적절성이 중요하다. (중략) [그리고] 평가자는 양적 · 과학적 · 총괄적(summative) 방법론 혹은 질적 · 자연주의적 · 기술적(descriptive) 방법론 중 어느 한 쪽만 고집하지 않는 것이 현명할 것이다."(Cronbach & Associates, 1980, p. 7)라고 하였다. 이 휴전에서 전형적인 생각은 인간행동의 어떤 측면에 대한 자료수집에는 질적 연구가 더 적합하고, 또 다른 측면에 대한 자료수집에는 양적 연구가 더 적합하다는 것이었다. 즉, 두 가지 방법론이 서로 보완적인 방식으로 기능하여 연구결과에 대해 고유한 기여를 한다는 것이었다(Kidder & Fine, 1987; Rossman & Wilson, 1985; Salomon, 1991; A. G. Smith & Louis, 1982; M. L. Smith, 1986 참조). 이러한 유형의 사고는 사회과학 혼합연구방법으로 전환하는 데 전조가 되었다. 여러 측면에서 이러한 전환은 대전투로부터 논리적으로 도출되는 결과였다.

삼각측정의 전통

질적 연구와 양적 연구 각각에서 삼각측정(triangulation) 개념에 대하여 사회과학자들이 상당한 신뢰를 갖고 있었기 때문에 혼합연구방법이라는 아이디어를 더 쉽게 받아들였다. 고전적 의미의 삼각측정은 연구결과의 타당도를 높이기 위해 동일한 현상을 연구하는 데 있어서 편견을 상쇄하거나 중화해 주는 다양한 방법을 의도적으로 사용하는 것이다. 삼각측정의 핵심 전제는 모든 연구방법이 각각 고유한 편견 요소와 한계를 가진다는 것(예 : 사회과학 조사연구나 개인면담에서 사회적 바람직성에 따라 반응하는 문제점)이다. 따라서 주어진 현상에 대해 단 한 가지 방법을 사용하여 평가하는 것은 편향되고 제한된 결과를 낳을 수밖에 없다는 것이다. 반면 편견을 상쇄해 주는 둘 이상의 연구방법을 사용하여 주어진 현상을 평가하고 이 방법에 따른 연구결과가 수렴되거나 서로를 확증해 준다면 연구결과의 타당도(validity)나 신실성(credibility)이 높아지게 된다는 것이다. 이러한 삼각측정 아이디어는 둘 이상의 위치에서 측정함으로써 더 정확한 결과를 얻게 되는 토지측량이나 천문학 같은 분야에서 도출된 것이다.

양적 연구의 전통에서 삼각측정 개념의 시초는 Campbell과 Fiske(1959)로 거슬러 올라가는데 이들은 새로운 심리측정도구를 개발하고 타당화한 다중특질-다중방법(multitrait, multimethod: MTMM) 행렬이라는 개념을 내어놓았다. 이러한 행렬 개념을 통해, 새로운 측정도구로부터의 추론이 갖는 타당도는 확산적 타당도(다른 심리구인 측정도구로부터의 추론을 통해)와 수렴적 타당도(같은 심리구인 측정도구로부터의 추론을 통해)의 조합을 통해, 동일한 방법을 사용할 경우의 공유변량(shared variance)을 통제하거나 제거할 수 있게 되어 더 큰 설득력을 갖게 되었다. 사실 삼각측정이라는 명칭을 처음 사용한 것은 양적 연구 쪽이었다. 더 의도적인 측정방법을 지지하고 입증하며, 특히 '교차 타당화(cross-validate)'하기 위하여 더 자연적인 측정방법을 사용한다는 매우 창의적 아이디어를 생각해 냈던 연구자들(Webb, Campbell, Schwartz, & Sechrest, 1966)에 의해 명명되었던 것이다.

질적 연구의 전통에서 삼각측정 개념은 사회과학자인 Norman Denzin이 1978년 출간한 사회학 연구방법에 대한 저서로 거슬러 올라간다. 이 저서에서 Denzin은 단일한 자료 생성 방법이 갖는 한계를 극복하기 위한 방법으로 네 가지 형태의 삼각측정을 제안했는데 바로 연구자료의 삼각측정, 연구방법(특히 면담과 관찰)의 삼각측정, 연구자의 삼각측정, 이론의 삼각측정이다. 삼각측정에 대한 이러한 개념화에서는 연구 참여자에게 자신의 경험에 대해 직접 해석하도록 요구하는 동시에 이들을 실제 관찰하는 것의 중요성을 특히 강조한다. 사람들이 말하는 것과 실제로 행동하는 것이 항상 동일하지는 않기에, 각각을 이해하는 것이 전체를 이해하는 데 도움이 된다. 즉 질적 연구의 전통에서 삼각측정은 해석주의에서 바라보는 타당도나 신실성의 확보, 즉 연구하는 현상에 대하여 더 일관되고 포괄적인 이야기를 구하는 도구였다.

Greene과 McClintock(1985)이 지적했던 바와 같이 고전적인 삼각측정에서는 둘 혹은 그 이상의 연구방법을 (1) 같은 방식으로 개념화되는 동일한 현상을 측정하는 데 의도적으로 사용할 것, (2) 따라서 동시에 실시할 것, (3) 편견을 상쇄할 수 있도록 독립적으로 실시할 것을 요구하였다. 혼합연구방법에 대한 문헌에서 삼각측정 개념의 의미에 대한 오해와 어려움이 지속되었다(Mark & Shotland, 1987b; Mathison, 1988).

그리고 연구방법 혼합에 대한 초기 아이디어를 지원하는 데 있어서 연구자들에게 이미 친숙했던 삼각측정 개념이 상당한 도움을 주기는 했지만, 이렇게 이어진 삼각측정 개념이 혼합연구방법에 대한 논의에서 생산적인 것만은 아니다. 특히 삼각측정은 수렴(convergence) 및 상호확증(corroboration)을 통해 타당도 혹은 신실성을 높이고자 한다. 사실 혼합연구방법이라는 고유한 개념을 수렴 및 상호확증과 동일시하는 경향이 있다. 예컨대 저자가 동료인 Valerie Caracelli와 Wendy Graham과 함께 초기 혼합연구방법을 사용했던 프로그램 평가들을 대상으로 실시한 문헌연구(Greene, Caracelli, & Graham, 1989)에 의하면, 매우 다른 성격의 연구들에서 삼각측정이라는 목적을 위해 연구방법의 혼합을 가치 있는 것으로 폭넓게 지지해 왔다. 이 연구들에서 연구방법을 혼합하는 데 있어서 타당도 증진을 위한 수렴이 연구를 실시하면서 연구방법들을 혼합하게 된 실제 이유가 아닐 때조차도 삼각측정은 그 이론적 근거로 제시되곤 하였다. 또한 『사회·행동과학 연구에서의 혼합연구방법 핸드북』 중 혼합연구방법을 통한 추론에 대한 부분(Erzberger & Kelle, 2003)에서도 삼각측정 추론을 중심으로 논의가 집중되었다. 이렇게 수렴과 상호확증을 강조하면서 간과되어 온 것은 확산(divergence)과 불일치(dissonance)의 잠재적 가치이다. 앞에서 지적한 바와 같이 이 책에서 취하는 한 가지 중요한 입장은 사회과학에서의 혼합연구는 실증적 퍼즐을 만듦으로써, 즉 수렴되지 않아서 더 많은 연구와 사색을 요구하는 연구결과를 생성함으로써 사회현상에 대한 우리의 이해를 더 향상할 수 있다는 것이다(Mathison, 1988 참조).

더구나 질적-양적 연구 간의 대전투는 단순하던 방법론자들이 비록 완전히 이해는 못했지만 방법론의 철학적 토대에 대해 새로운 지식을 갖게 해 주었다. 초기에 혼합연구방법에 대해 논할 때는 패러다임 간 삼각측정의 가능성과 타당성에 대한 의문이 제기되었다. 예컨대 Greene과 McClintock(1985)은 협력적 사회교육원 체제(Cooperative Extension System)[4] 교육기관에서의 학습과 의사결정에서 평가자료가 활용되는 방식에 대하여 의도적으로 혼합연구방법, 혼합 패러다임 연구를 실시한 바 있다. 이 연구의 각 요소가 비교적 독립적으로 실시되기는 하였지만(삼각측정의 중요한 조건 중 하나를 충족함) 결론을 내리고 추론을 하는 시점에서는 세심하게 고심하여 질적 연구결과와 양적 연구결과를 통합시켰다. 그런 후 나는 동료인 Charles McClintock과 함께 이 통합의 과정에서 정확히 우리가 무엇을 하였는지에 대해 반성적으로 생각해 보았다. 우리는 각 요소별 자료수집이 서로 다른 철학적 가정을 기반으로 한다는 것을 알고 있었지만(이 연

---

4) 역주 : 협력적 사회교육원 체제란 미국 연방정부와 주 정부, 지방자치정부, 주립대학교가 협력하여 이루어지는 전국적인 교육 네트워크라 할 수 있다. 협력적 사회교육원 체제는 농업 종사자, 중소기업 운영자, 청소년, 소비자 등에게 실용적이면서 연구결과에 토대한 정보를 보급하는 목적을 가진다. 더 자세한 내용은 http://www.csrees.usda.gov/Extension/ 참조

구에서 의도된 것이었기 때문에) 그 통합과정에 어떤 철학적 가정이 작용하였는지에 대해서는 알지 못했다. 반성적 사고를 통해 이러한 통합이 대체로 후기실증주의의 틀 속에서 이루어졌으며 어쩌면 패러다임 간 삼각측정의 원리를 부정하고 있음을 알게 되었다. 이러한 쟁점에 대한 문제제기는 오늘날에도 지속된다.

혼합연구방법의 초기 아이디어

삼각측정 개념에 대해 학문적·실제적으로 새로이 관심을 갖게 되면서 이루어진 혼합연구방법에 대한 초기 논의에는 창의적 아이디어가 풍부하게 담겨 있었으며 이런 식으로 사회과학 연구에 대하여 생각하고 실행할 수 있는 생성적 잠재력을 보여 주었다. 여기서는 이러한 생각 중 일부를 그 시대의 스냅 사진으로 그리고 이후에 소개될 내용의 전조로 소개하고자 한다.

첫째, 고전이라 불리는 일부 대표적 실증연구들이 초기 혼합연구방법에 대한 거의 모든 논문이나 토론에서 인용된다. 여기에는 제2장에서 소개했던 Phelan(1987)과 Trend(1979)의 연구도 포함된다. 혼합연구방법을 사용한 이들 실증연구를 즉각적으로 유명하게 만든 것은 한 가지 방법만으로는 얻을 수 없고 여러 방법을 혼합함으로써 얻을 수 있는, 명료하며 의문의 여지가 없는 추론과 분석이라 할 수 있다. 이러한 실증연구는 오늘날에도 여전히 대표적 연구로 여겨지는데, 이는 Tom Weisner(2005)가 아동발달 분야에서 혼합연구방법을 활용한 실증연구들을 편찬한 데서도 잘 나타난다. Weisner는 실제에 있어서 의도적이며 방법론적으로 엄격하게 연구방법을 혼합함으로써 가능해지는 혁신적 사고를 보여 주려는 명확한 목적을 갖고 이 연구들을 수집하였다. 초기 고전적 연구 중 일부는(Trend가 보고한 주택정책 연구가 가장 대표적이라 할 수 있음) 가시적인 갈등과 연구자료나 심지어 연구자의 신뢰도에 대한 논쟁이라는 극적 요소로 인해 더 증폭되었다. 따라서 이러한 초기의 혼합연구는 그 이름으로 불리지는 않았지만, 사회과학 연구에 대한 새로운 멋진 접근법으로 연구자의 관심을 크게 불러일으켰다. 정서적 고뇌라는 힘든 측면도 있지만 창의적이고 통찰력 있는 이해라는 중요한 측면에서 보상이 이루어질 것이라고 보았던 것이다.

둘째, 이러한 초기의 혼합연구방법 논의에 종종 인용되는 것으로 조사법(surveys)과 현장연구(field work)라는 사회학에서 두 가지 지배적인 연구방법을 함께 사용하는 가능성을 일찍이 열어 준 사회학자 Samuel Sieber(1973)가 있다. Doren Madey(1982)는 이러한 아이디어를 프로그램 평가 분야로 확장시켜 유용한 예를 많이 남겼다. Sieber와 이후 Madey가 주장한 중심 아이디어는 한 유형의 방법을 다른 방법을 개발하기 위해 사용하는 것의 가치에 대한 것이었는데, 이러한 개발에는 실제 연구도구뿐만 아니라 표본집단 확인 및 선발 그리고 자료분석의 방향도 포함되었다. Madey가 분석하여 제시한 예는 질적 관찰 및 면담자료를 사용하여 양적 자료수집을 위한 지표를 구성하는 것이었다. 질적 자료는 개념의 주요 구성요소를 밝혀 주어 지표 구성을 돕는 역할을 하였다. 또한 Sieber와 Madey는 질적 연구방법이 양적 연구방법을 강화하고 향상할 수 있는 방법뿐만 아니라, 양적 연구방법이 질적 연구방법을 강화하고 향상할 수 있는 방법도 균형 잡히고 공평하게 제시했다는 사실이 중요하다. 이에 대하여 Madey가 제시한 예(Sieber를 인용한 것)는 많은 질적 연구자들이 가진 '총합적 오류(holistic fallacy)'를 수정하는 데 양적 연구방법을 활용하는 것이었다. 총합적 오류란 연구현장 관찰자들이 한 상황의 모든 측면이 서로 일치되도록 지각하는 경향이다. 예컨대 Madey가 실시한 평가에서 질적 연구자는 자신의 관할 지역에서의 프로그램 운영 효율성에 대한 책임자의 긍정적인 보고를 총합적으로 (잘못) 이해할 수 있으며 이러한 오류는 양적 자료가 프로그램 수혜자의 낮은 참여율이나 높은 직원 이직률과 같은 문제를 보여 줄 때 드러날 수 있다. 요컨대 Sieber와 Madey는 사회과학 연구에서 질적 연구방법과 양적 연구방법을 순차적이며 균형 잡히게 사용할 때 오는 장점을 강조하였다.

셋째, 사회과학 연구에서 혼합연구방법에 대한 초기 담론의 또 다른 흐름은 연구방법 혹은 혼합연구 설계에서 중요성을 갖는 다른 요소들을 혼합하는 목적이나 역할에 대한 다양한 관점이다. Gretchen Rossman과 Bruce Wilson(1985)은 혼합연구의 세 가지 기능 혹은 목적을 제시하였는데 바로 첫째, **상호확증(corroboration)** 혹은 수렴, 둘째, **정교화(elaboration)** 혹은 풍부한 세부사항의 제공(이후 1989년 Greene 등이 **상호보완** [complementarity]이라 다시 명명한 것), 그리고 마지막으로 **착안(initiation)**인데 이는 "새로운 해석을 이끌어 내고 심층적으로 더 탐색할 영역을 제안하거나 전체 연구문제를 변경하게 한다. 착안은 신선한 관점과 창의적 도약을 가능하게 한다. (중략) 이 [착안] 연구 설계는 확증적 증거를 추구하기보다 도발적 증거를 찾고자 한다."(p. 633, 637)는 것이다. Greene 등(1989)은 연구방법을 혼합했던 프로그램 평가연구들을 분석한 후

Rossman과 Wilson의 아이디어를 확장하여 두 가지 목적을 추가할 것을 제안하였는데 바로 한 연구방법이 다른 연구방법의 개발을 돕는 것(Sieber와 Madey가 개발이라 불렀던 것)과 프로그램 평가연구의 구성요소별로 다른 연구방법을 사용하는 것(확장이라 부름)이다. Bryman(1988)의 이론은 지금도 계속 논의되고 있는, 연구방법의 혼합을 통해 이해할 수 있는 다양한 관점이 갖는 가치에 대해 선구적으로 다룬 것이다. 여기에는 구조와 과정, 외부연구자와 내부참여자, 거시수준과 미시수준, 원인과 의미가 포함된다. John Brewer와 Albert Hunter(1989)는 연구 전체에 걸쳐 서로 다른 방법들을 혼합하는 혼합연구 설계의 중요성에 대한 관심을 불러일으켰다(이들이 더 최근에 집필한 저서는 이러한 아이디어를 되짚고 있다; Brewer & Hunter, 2005).

넷째, Charles Ragin은 자료 집합분석에 대한 논의를 시작하게 해 주었다. 세계에서의 민주주의 출현 등을 연구하는 국제비교연구자인 Ragin은 그러한 연구에 두 가지 주요한 접근방법, 즉 변인중심(variable-oriented)과 사례중심(case-oriented) 접근방법을 제시하였는데 각각 장단점이 있다. 『비교연구 : 질적 연구와 양적 연구를 넘어서서』(1987)라는 저서에서 Ragin은 불 대수학[5]을 포함한 방법론적 절차를 개발하여 변인중심 연구와 사례중심 연구에서 나온 자료를 결합할 수 있게 해 주었다. 이후 Ragin은 이러한 절차를 지원해 줄 수 있는 소프트웨어를 개발하였으며 이는 오늘날 SPSS의 양적 자료분석과 NVivo의 질적 자료분석이 계속 교류되도록 해 주는 컴퓨터 소프트웨어를 개발한 Patricia Bazeley 연구(Bazeley, 2003, 2006)의 전조가 되었다.

이러한 혼합연구방법에 대한 초기 논의의 마지막 스냅 사진은 혼합연구방법의 '패러다임 쟁점'으로 되돌아간다. Rossman과 Wilson(1985)은 철학적 패러다임이 혼합연구방법에서 혼합될 수 있는지의 여부와 혼합할 수 있는 방법에 대한 세 가지 입장을 제시하였다. 즉 (1) '절대 불가'라고 말하는 순수주의자, (2) '물론이지. 안 될 이유가 뭐지?'라고 말하는 실용주의자, (3) '어쩌면. 특히 철학적 패러다임의 개념을 다시 잡는다면.'이라고 말하는 중도 상황주의자로 구분하였다. 이에 대해서는 제5장에서 더 자세히 다룰 것이다. 이 문제에 연관하여 Reichardt와 Cook(1979)은 철학적 패러다임의 본질 그리고 본

---

5) 역주 : 불 대수학은 1854년 George Boole이 논리계산을 형식화하여 도입한 대수계이다. 불 대수학은 일반 대수학과는 달리 산술적 값이 아니라 논리적 값(참과 거짓을 각각 1과 0으로 대치)으로 명제 간의 논리적 관계를 설명하며 오늘날의 컴퓨터 프로그래밍이나 디지털 회로, 통계 등에 널리 적용되고 있다.

질과 실제의 관계에 대해 기폭제 역할을 제공한 아이디어를 제시했다. 이들은 철학적 패러다임의 불가침성(inviolability)과 사회과학 연구에서의 그 직접적 역할 모두에 대하여 의문을 던졌다. 이 문제는 제5장에서 패러다임 쟁점에 대한 직접적 관여의 서두로 다룰 것이다.

　　사회과학 혼합연구에 대한 이러한 초기 담론에 중요한 기여를 한 사람들에는 Mark와 Shotland(1987a), Fielding과 Fielding(1986), Smith와 Louis(1982), M. L. Smith(1986) 등이 포함되며 이들 중 일부는 더 일반적인 연구, 예컨대 사례연구로부터의 일반화에 대한 Mary Kennedy(1979)의 논문, 실행연구에서의 질적 이해(1978)와 사례연구에서의 자유도(1979)에 대한 Donald Campbell의 고전적 연구에 기초한다.

예시

이러한 초기 화해기에 이루어진 혼합연구 중 빼어난 예로, 기아(hunger)에 대한 이해를 주제로 한 Kathy Radimer(1990)의 박사학위논문을 들 수 있다. Radimer는 자신의 연구를 1980년대의 미국에 기아가 존재하느냐는 정치적으로 크게 부각된 쟁점 안에서 구상하였다. 그녀는 이 논쟁의 뿌리가 "기아의 의미가 무엇이며 이를 나타내 주는 지표가 무엇인지에 대한 동의 부족"(p. 50)에 있다고 보았다. 따라서 기아의 의미는 '배고파 본' 이들의 맥락화된 경험에 근거해야 하며 전국 규모의 설문조사는 이러한 의미를 측정 가능한 지표로 옮겨야 한다고 주장하였다.

　　Radimer의 박사학위논문에서는 두 부분으로 나눠진 연구를 통해 이러한 주장을 증명하였다. 먼저 저소득층 가족을 대상으로 하는 지역사회기관을 통해서 32명의 여성을 심층면담하였다. 이러한 질적 자료를 광범위하게, 반복적으로 분석함으로써 이 표본집단에게 있어 가난이 어떤 의미를 가지고 있는가에 대한 복합적인 그림을 그려 낼 수 있었다. 이 그림에는 배고픔을 경험한다는 것의 세 가지 주요 차원이 담겨 있었으며 각각 다중적인 요소와 특성을 가졌는데, 즉 음식물 섭취의 양 문제, 섭취한 음식물의 질 문제 그리고 가족 전체를 위한 음식물 공급 문제였다. 면담참여자들이 묘사한 네 번째 차원 혹은 밀접하게 연관된 개념은 음식물 불안(food anxiety)이었다. 면담자료는 Radimer가 기아에 대한 자신의 전체 개념 틀 속에서 포함했던 다른 주요한 차원과 사건과 함께, 이 여성들이 음식물 불안정성 그리고 기아의 위협을 어떻게 관리했는지에 대하여 풍부한 정보를 제공했다.

　　Radimer의 박사학위논문 후반부에서는 질적 자료로부터 나온 기아의 개념 틀을 토대로 하여 설문지 항목을 개발하고 기아를 전혀 경험하지 않은 이들부터 상당히 많이 경험한 이들까지, 더 광범위한 기아 경험을 가진 여성들을 표집하여 이 항목들을 예비조사하였다. 예비조사 결과와 개념 틀 간의 일치 정도, 그리고 설문조사를 통해 기아와 관련된 추론을 하는 것의 신뢰도와 타당도를 평가하는 데 포괄적인 심리측정 분석을 활용하였다. 설문결과는 개념 틀을 수정하는 데도 활용되었으며 이는 다시 전국의 기아 상태를 평가하는 전국 규모 설문지에 사용될 수 있는 기아 지표를 만드는 데 활용되었다.

Radimer의 연구는 기아와 같은 주요 공중보건 문제가 갖는 복잡성에 대하여 깊이 있게 관여하였다는 점에서 높이 살 만하다. 이 연구는 혼합연구방법, 특히 다중적인 지식과 이해 방식을 존중하는 혼합연구방법이 가진 개념적·실제적 가치를 잘 보여 준다.

여전히 남아 있는 혼란

사회과학에서의 혼합연구에 대한 이러한 초기 논의의 단편적인 스냅 사진들을 제시한 것은 질적-양적 연구 간의 대전투의 평화협정 선포로 기대되는 잠재력을 보여 주기 위해서이다. 그렇지만 이에 도전하는 낮은 목소리들이 남아 있으며 일부는 오늘날의 혼합연구방법 논의에 대하여 비판적 입장을 취하고 있다. 다음과 같은 경우이다.

- 질적 연구의 전통을 고수하고자 하는 연구자들은 자신들의 지식 구축 방식이 혼합연구방법에 대한 관심으로 인해 사실상 목소리를 잃게 되었다고 우려하며 혼합연구방법은 후기실증주의와 양적 연구의 계속적인 지배를 얄팍하게 감추고 있는 것으로 간주한다.
- 프로그램 평가자들과 같은 일부 사회과학 연구자들은 이전부터 성공적으로 연구방법을 혼합해 왔기에(Datta, 1994) 왜 이리들 난리법석을 떠는지 이해하지 못한다.
- 이러한 초기 논의에 참여했던 이들 중 또 다른 이들은 평화협정과 협력관계로 급히 몰아감으로써(Reichardt and Rallis, 1994) 많은 중요한 쟁점과 우려사항을 미루어 두게 되었다고 우려한다. 예컨대 오랫동안 논쟁되어 온 철학적 비상응성 문제(Howe, 1988, 2003; J. K. Smith, 1989)는 그 당시에 충분히 다루어지지 않았다는 것이다.

이제 논의를 과거에서 현재로 옮겨 감에 따라 이러한 쟁점들을 알아볼 것이다. 이어지는 두 개의 장에서는 특히 사회과학에서의 혼합연구방법이 갖는 패러다임 쟁점들을 다룰 것이다.

논쟁의 장 :
사회과학 혼합연구방법의
패러다임과 실제

응용사회과학에서 질적-양적 연구방법 간의 논쟁은 오늘날에도 존재하며, 특히 철학적 기본가정의 본질과 역할, 사회연구 실제에서의 입장 등에서 갈등이 남아 있다. 이 장에서 여러분들은 과거로의 짧은 여행에서 돌아와 철학 패러다임과 정신모형이라는 거칠고 추상적인 풍경 속으로 들어설 것이다. 여행자 여러분은 이 풍경 속에서 사회과학 실제로 **향하는** 다양한 경로들을 탐색할 것이며 자신의 여행 스타일, 속도, 행선지에 가장 잘 맞는 경로를 찾기 시작할 것이다. 더 나아가 어떻게 사회과학 혼합연구방법에 대해 관심을 갖게 되었는지에 대한 여러분 자신의 이야기를 구성해 보도록 권고한다.

인식론적 순수성으로는 연구를 할 수가 없다.

-Miles & Huberman, 1984, p. 21 -

호평받고 있는 『사회·행동연구에서의 혼합연구방법 핸드북(Handbook of Mixed

Methods in Social and Behavioral Research)』(2003)의 제1장에서 Charles Teddlie 와 Abbas Tashakkori(이 책의 편저자이기도 함)는 혼합연구방법 분야에서 '해결되지 않은 여섯 가지 주요 쟁점'을 지적했는데, 다음과 같다.

1. 혼합연구에서 사용되는 용어와 기초적 정의
2. 혼합연구의 유용성(왜 하는지) [혹은 혼합연구방법의 목적 제6장 참조]
3. 혼합연구의 패러다임 토대
4. 혼합연구 설계 관련 쟁점
5. 혼합연구에서의 추론 관련 쟁점
6. 혼합연구에서의 연구 실시방법[혹은 혼합연구방법 실제] (p. 4, 강조 첨가)

Teddlie와 Tashakkori가 각 쟁점에 대하여 깊이 있게 설명한 내용은 이후의 장들에서 다시 다룰 것이다. 특히 이 책의 제5장에서는 위의 쟁점 중 세 번째, 즉 혼합연구의 '패러다임 토대' 문제, 즉 연구방법을 혼합할 때 패러다임들은 어떻게 할지에 대해 다룬다.

이 장에서는 제5장에서 사회과학 혼합연구방법의 패러다임 문제를 논할 수 있도록 무대를 준비한다. 뜨거웠던 질적-양적 연구 간의 대전투 이후에도 철학 패러다임의 본질, 특히 응용사회과학 연구에서의 그 역할을 바라보는 데 있어서 시각차가 여전히 남아 있다. 사회과학 혼합연구방법에서의 패러다임에 대해 서로 다른 관점을 가진 이들이 무엇을 정말로 중요한 문제로 보는지를 제대로 이해하기 위해서는 이러한 다름에 관여하는 것이 중요하다. 그리하여 이 장에서는 철학이 실제를 만날 수 있는 논쟁의 장을 제공함으로써 이러한 쟁점을 다루고자 한다. 특히 두 가지 쟁점, 즉 (1) 사회연구에 적절한 철학 패러다임 혹은 일련의 가정(assumptions)은 무엇인가, (2) 실제에서 의사결정을 함에 있어 패러다임이나 가정의 역할은 무엇인가를 중심으로 논하고자 한다. 따라서 정말 '철학적 순수성(philosophical purity)'으로 '연구를 할 수 있는지'의 여부와 만일 가능하다면 어떤 방식으로 할 수 있는지를 탐색해 볼 것이다.

사회과학 연구에서 철학 패러다임의 본질 그리고 정신모형

철학자 Denis Phillips(2005)는 미국에서의 '과학적' 교육연구의 정의에 관한 논문에서 사회과학 연구 패러다임의 주요 특징을 제시한 바 있다. Phillips에 따르면 패러다임이 란 특정한 연구 목적이나 활용을 구체화해 주는 연구의 모형을 구성한다. 또한 패러다임 은 무엇이 정당한 결론인지 그리고 "의견이나 정치적 입장이 아닌 결론이라는 것이 과연 도출될 수는 있는 성격의 것인지"(p. 2)에 대한 관점을 포함한다. 각 패러다임은 특정 방 법론을 우선시하며, 사회과학 연구에서 객관성 확보의 가치와 가능성, 진리의 본질이나 이성의 특성과 그 유효성에 대하여 고유한 입장을 취한다. 더 나아가 패러다임은 사회적 실재에 대하여 사회적 세계가 어떻게 작동하는지, 사회적 세계의 인과요인이 무엇인지, 사회적 세계의 규칙성을 연구자가 발견하는 것인지 아니면 구성하는 것인지에 대해 특 정한 가정을 갖고 있다. 철학에서 통상 그렇듯이 Phillips는 패러다임이라는 개념에 연 구 목적이나 사회에서의 역할뿐만 아니라 존재론(ontology) — 사회적 세계의 본질 그리 고 인식론(epistemology) — 그 세계에 대하여 우리가 가질 수 있는 지식의 본질, 방법론 (methodology)을 포함한다. (이 논문에서 Phillips는 사회과학 연구의 다양한 패러다임 에 대한 뛰어난 설명과 비평을 제공하고 있으며 이는 그의 다른 저서에서도 찾아볼 수 있 다; Phillips, 2000; Phillips & Burbules, 2000 참조.)

Reichardt와 Cook(1979) 또한 동일한 평가연구에 질적 연구방법과 양적 연구방법을 모두 사용하는 것의 합당성에 대해 논하면서 패러다임의 속성을 논한 바 있다. 이들은 당시에 이루어지고 있던 질적-양적 연구 간의 대전투는 내재된 패러다임 문제를 포함한 다고 하면서 각 패러다임의 주요 속성에 대해 다음과 같이 설명하였다.

> 양적 패러다임은 실증주의적, 가설 연역적(hypothetico-deductive)[1], 특수적, 객관 적, 결과 지향적이며, 자연과학적 세계관을 갖고 있다. 대조적으로 질적 패러다임은 현 상학적, 귀납적, 총체적, 주관적, 과정 지향적이며 사회인류학적 세계관을 갖고 있 다.(pp. 9-10)

---

[1] 역주 : 가설 연역법은 문제를 해결할 수 있는 가설로부터 몇 개의 명제가 연역되고 이를 실험이나 관찰 가 능한 자료를 통하여 조사하여 전제로 삼은 가설의 참됨 또는 거짓됨을 검증하는 과학적 연구방법이다.

이러한 속성들은 Phillips의 개념과 일치하며 논쟁의 여지가 없다.

패러다임은 확고하고 변할 수 없는 것인가?

그렇지만 Reichardt와 Cook은 논쟁의 여지가 있는 아이디어도 내놓았는데, 바로 패러다임은 "고정되어 있고 불변하며 (중략) 돌에 새겨진 것처럼 수정이 (중략) 불가능하다."라는 것이다. 따라서 패러다임 간에 하나를 선택하는 수밖에 없다는 철학적 가정(p. 11)을 반박하는 대신 그들은 다음과 같이 제안하였다.

> 패러다임을 구성하는 모든 속성은 (중략) 논리적으로 독립적이다. (중략) 속성은 서로에게 논리적으로 연결되어 있지 않다. (중략) [따라서] 연구자가 당면한 연구문제와 상황에 가장 적절하게 조합될 수 있는 두 패러다임의 속성들을 혼합하고 대응시키는 것을 막을 수 있는 것은 통상적인 관습 외에는 아무것도 없다.(p. 18)

이렇게 구체적인 맥락에 따라 패러다임 속성을 혼합하고 대응시키는 것은 한편으로는 매력적이다. 본질적으로 맥락에 반응할 수밖에 없는 프로그램 평가자와 같은 사회과학 연구자에게는 특히 그러하다. 그러나 다른 한편으로 이 아이디어는 각 패러다임 그리고 사회과학 연구의 실제에 근본적으로 중요한 신념과 가정을 무시한다고 볼 수 있다. Reichardt와 Cook의 혼합-대응(mix-and-match) 개념은 철학적 가정, 신념, 관점에 따라 특정 사회과학 연구에서 무엇이 중요한지가 결정되는 방식을 과소평가하는 것이다. 이는 또한 연구결과를 도출하고 이를 지식으로 정당화하는 데 있어서 이러한 내재된 가정, 신념, 관점이 가지는 힘을 간과하는 것이다.

Reichardt와 Cook의 이론은 사회과학 연구 패러다임 그 자체가 지적으로 구성된 것이며, 따라서 손상할 수 없거나 변화시킬 수 없거나 고정적이거나 흔들 수 없는 것이 아니라는 사실을 상기시켜 주는 역할을 했다. 그러나 이와 동시에 패러다임은 변덕스럽거나 임의적인 것일 수도 없다. 즉, 상황에 따라 특징이나 성질을 바꿀 수 없다는 것이다. 사실 각 연구 패러다임 혹은 정당화 논리는 주어진 연구결과의 근거를 주장하고 입증하기 위해 강력하고 개연성 있으며, 이치에 맞고 내적으로 일관된 틀을 제공해야만 한다(Phillips, 2005).

[즉] 과학 연구[그리고 사회과학 연구]는 변호사의 일과 유사하다고 할 수 있다. 즉 사건을 어떻게 구성할지, 어떻게 '빈 구멍'을 메울 수 있도록 증거나 주장을 배열할지, 모든 것을 함께 엮어서 최종 변론이 동료들(반대편 변호사)의 예리한 검증을 이겨 내고, 배심원들에게 '어떠한 합리적 의심도 없다고' 확신시킬 수 있게 할지가 중요하다.(p. 21)

논증(argumentation)은 '일반화된 법정 판결'과 같아서 우리의 특별한 주장이 (중략) 이성이라는 법정 앞에서 판결받게 된다.(Toulmin, 2003, p. 8; Phillips, 2005, p. 21 에서 재인용)

서로 다른 연구 패러다임은 양립할 수 없는가?

Lincoln과 Guba(2000)는 사회연구 패러다임에 대한 글에서 서로 다른 다섯 패러다임 (실증주의, 후기실증주의, 비판이론, 구성주의, 참여주의)의 속성을 세 유형으로 제시한다. 첫 번째 속성은 사회적 세계의 본질(존재론), 사회적 지식의 본질(인식론), 그러한 지식을 전개 혹은 구성하는 방법(방법론)과 관련된 기본적인 철학적 신념이다. 두 번째 패러다임 속성은 지식의 본질, 지식 축적, 질을 판단하는 준거, 가치, 윤리, 연구자의 태도와 훈련과 같은 '실제적 문제에 대한 패러다임 관점'이다. 예컨대 후기실증주의에서는 가치를 완전히 배제하며 그 영향력을 부정한다. 반면 구성주의에서는 가치를 끌어안으며 그 영향력이 형성적이라고 본다. Lincoln과 Guba가 제시한 세 번째 패러다임 속성은 '시대적 주요 쟁점'이라고 불리는데 가치론(axiology), 조화와 양립가능성, 행위, 통제, 진리와 지식 토대와의 관계, 타당성과 적합성 준거에 대한 심층적 고려, 발언권, 성찰성 (reflexivity), 포스트모던 텍스트 표상 등을 담고 있다. 현재 논의와 직접 관련된 쟁점에 대한 패러다임 관점을 예로 들면, Lincoln과 Guba는 비판이론(critical theory), 구성주의 및 참여주의 패러다임은 실증주의나 후기실증주의와 전혀 다른 철학적 가정, 신념, 입장을 갖고 있기 때문에 서로 양립할 수 없다고 주장한다. 패러다임 양립가능성 문제는 철학에서 오래 지속되어 온 대표적인 문제이며 사회과학 혼합연구에서의 패러다임 쟁점에 직접 관련된다. Lincoln과 Guba가 취하는 양립불가 입장은 연구방법을 혼합하면서 패러다임을 혼합하는 것은 불가능하다는 것이다. 제5장에서는 이를 혼합연구방법 패러다임 쟁점에 대한 순수주의자(purist) 관점이라 부른다.

그러나 양립불가 관점은 혼합연구방법의 사고양식(제2장)이나 이 책에서 제시하는 혼합연구방법 실제와 불일치한다. 서로 다른 패러다임에 내재된 철학적 가정과 정당화 논리가 사회적 세계나 그 세계에 대한 지식에 대하여 상호 모순된 관점을 갖고 있다면 연구방법을 혼합하면서 패러다임을 혼합할 수 있는 가능성은 없어진다. 이 경우, 하나의 패러다임 안에 있는 연구방법 혹은 철학적 가정이 상당히 유사한 패러다임 간에만 혼합될 수 있다. 그렇게 된다면 신선한 관점, 새로운 통찰, 이전에는 상상조차 해 보지 못했던 아이디어 등, 우리가 잃게 되는 것이 얼마나 많은지 모른다!

여러 패러다임(그리고 정신모형)을 존중하며 대화하기

그렇다면 어떻게 동시에 한편으로는 각 패러다임을 연구결과와 그 정당화에 있어서 매우 중요한 근본요소로 존중하고 이해하면서 또 다른 한편으로는 다른 패러다임의 관점이나 입장에 대해 열린 마음으로 역동적으로 기분 좋게 대화할 수 있을 것인가? 그 답은 (그것이 바로 이 책의 요지임) 두 단계를 갖는다. 첫째, 철학 패러다임의 난해하고 추상적인 개념을 확장하여, 사회과학 연구의 토대나 정당화 논리로서의 정신모형 개념, 즉 더 현실에 근거하며 직관적이고 서로 대화하는 특성을 반영하자. 제1장에서 제시한 바와 같이 정신모형은 사회과학 연구자가 자신의 연구에 접근할 때 가지고 가는 일련의 가정, 이해, 성향, 가치, 신념이다. 정신모형에는 기본적인 철학적 가정(존재론, 인식론, 방법론)도 포함되지만 연구자의 자세, 가치, 신념, 학문적 배경, 과거 경험, 현실적 지혜(Phillips의 패러다임 개념과 유사)도 포함된다. 하나의 철학 패러다임이 다른 철학 패러다임과 양립 불가할지는 모르지만 대부분의 정신모형은 본질적으로 서로 대화할 수 있다. 마치 대부분의 사회과학 연구자들이 다른 연구자들과의 연계, 대화, 이해를 추구하듯이 말이다. 둘째, 패러다임의 근본적으로 양립 불가한 속성(객관주의-주관주의, 실재론-관념론 등)에서 우리의 관심을 돌려서 서로 구분되고 다르지만 본질적으로 양립불가한 것은 아닌 속성들, 예컨대 거리 두기-가까이하기, 외부자-내부자 관점, 인물-배경, 일반성-특수성, 대표성-독특성 등(Greene & Caracelli, 1997a)에 관심을 두자. 다시 말해 어려운 양립 불가 문제는 철학자들에게 맡겨 두고, 우리가 가진 모든 방법을 사려 깊고 의도적으로 활용하면서 응용사회과학 연구라는 우리의 일에 전념하자. 이는 Miles 와 Huberman(1984)의 주장처럼 우리의 일을 해내기 위해서 철학이나 철학적 가정 문제를 옆으로 제쳐 두자는 것이 아니고, 오히려 추상적 형태로서의 철학적 순수성과 양립 불가 관점은 제쳐 두고 대화적 형태로서의 철학적 가정과 관점의 다양성에 적극적으로 관여하자고 주장하는 것이다. 오늘날의 절박한 사회문제들은 이를 요구한다.

짚어보기

지금까지의 논의에서 나는 사회연구 정신모형을 고전적인 철학 패러다임 가정(존재론, 인식론, 방법론)에 뿌리를 두지만 연구자의 경험, 가치관과 신념, 이론적 체계, 사회연구의 목적에 대한 의식 등을 포함하는 것으로 그려 내고자 노력하였다. 더 나아가 정신모형은 사회연구에서 매우 중요한 기본 틀로서 확고한 통일성을 가지며 내적으로 일관되고 주장을 뒷받침할 수 있어야 한다. 이 논의의 후반부에서는 과연 패러다임과 정신모형이 사회과학 연구 실제에 영향을 미치는지, 그렇다면 어떤 식으로 영향을 미치는지를 다룰 것이다. 다음에 소개하는 연구현장 일화들을 통해 이를 논의하고자 한다.

공중보건 연구자인 Susan Jones는 곧 실시할 중재연구에 큰 기대를 하고 있다. 현재 크게 증가하고 있는 청소년 비만 문제를 중고교생의 건강한 식습관에 영향을 미치는 사회적 기준을 바꿈으로써 퇴치하도록 고안된 새로운 프로그램(Institute of Medicine, 2004, 2006)의 효과를 평가하고자 계획하고 있다. 이 프로그램은 다양한 학교 내 리더들(공부 · 스포츠 · 예술 · 학생회 주도자 및 사회적 영향력을 가진 학생)이 성폭력 반대의 모범을 행동으로 보이도록 훈련함으로써 또래들도 동일한 행동을 하도록 영향을 주는 데 크게 성공한 프로그램을 참조하여 만든 것이다. Susan은 이 중재연구를 위해 탄탄한 준실험 설계를 개발해 낸 것에 대해 특히 만족스럽게 여겼다. 아동 및 청소년의 식습관 행동은 강력한 사회적 기준을 포함하여 다양한 환경 및 구조적 요소와 개인적 특성 간의 복잡한 상호작용에 의해 영향을 받는다. 이러한 특성으로 인해 무선화 진실험 설계는 불가능하기 때문에 Susan은 자신이 계획한 창의적이고 실행 가능한 준실험에 상당히 만족하고 있다.

▶ Susan이 실험 설계를 중시하는 이유는 무엇인가? 마음속으로 사회과학 연구의 목적은 인과관계를 밝히는 것이라고 믿으며 이 목적에 가장 합당한 방법이 실험이라고 생각하는 것인가? 그 외에 Susan의 연구설계 결정에 영향을 준 요소는 무엇일까?

Brenda Morales는 자신이 개발을 담당하는 시골지역에 거주하는 빈곤층의 상습범행 패턴에 대한 연구를 계획하고 있다. 도시 거주자들에 대한 연구는 상당히 이루어져 왔지만 시골 지역의 빈곤자들이 감옥에 다녀온 이후의 경험에 대해서는 알려진 바가 적었다. Brenda는 먼저 지난 15년간 한 번이라도 수감되었던 지역 거주자를 파악하기 위해 교정부(Department of Corrections) 데이터베이스로 판별분석을 실시하기로 하였다. Brenda는 이 분석을 통해 인구학적 기본배경 및 다른 요인들에 기초하여 복역한 거주자들의 특성별 하위집단을 파악할 수 있으리라 생각한다. 그런 후 각 하위집단에서 한두 명을 표집하여 교도소에서의 경험과 출옥 후 경험에 대한 소규모 사례연구를 실시하고자 한다.

▶ Brenda가 사례연구 방법을 선택한 이유는 무엇인가? 교도소 수감 및 출옥 후의 경험 이해는 상당히 맥락에 좌우되고 역동적이라고 보며, 이러한 경험에 대한 연구자료를 수집하는 데 가장 적합한 방법이 사례연구방법이라고 생각하는 것인가? 그 외에 Brenda의 연구설계 결정에 영향을 준 요소는 무엇일까?

Sam Johnson은 자신이 근무하는 국제개발부의 상급자가 배정해 준 프로그램 평가에 대해 고민하고 있다. 이 과제는 최근 유럽의 후원조직에 의해 탄자니아에서 실시된 후천성 면역결핍/에이즈(HIV/AIDS) 교육 및 보건 프로그램을 종합적으로 평가하는 것이다. Sam은 HIV/AIDS 분야에서 20년 이상을 종사해 왔으며 효과적인 프로그램에 무엇이 필요한지에 대하여 자신만의 분명한 생각을 갖게 되었다. 그는 무엇보다 가장 중요한 것은 환자 그리고 그 자녀의 보호에 대한 지역사회의 책임감을 함양하는 것이라고 생각한다. Sam은 에이즈로 인한 고아의 수가 점점 증가하기에 이들이 무엇을 필요로 하는지에 진지하게 관심을 기울이지 않은 채 자원을 사용하는 것은 무책임하며 심지어 비도덕적일 수도 있다고 믿는다. 그런데 평가를 부탁받은 프로그램은 고아 보호나 배치에 대해서는 아무런 역할도 하고 있지 않다. Sam은 프로그램 평가를 통해 정책 문제를 다루면서 동시에 이러한 쟁점에 비판적으로 관여하겠다고 결심한다.

▶ Sam이 평가대상 프로그램과 쟁점에 대한 자신의 관점이 평가에 편향된 영향을 미칠 수 있다는 점에 대해 별로 개의치 않는 이유는 무엇일까? 연구자의 주관적 시각과 경험을 중시하는 연구 태도 그리고 프로그램 평가를 사회비판의 기회로 보는 시각으로 인한 것일까? 그 외에 Sam이 연구 계획을 결정하는 데 영향을 미치는 요소는 무엇일까?

정신모형(그리고 패러다임)과 실제의 관계에 대하여

한편으로는 패러다임과 정신모형, 다른 한편으로는 실제 연구에서의 의사결정 및 선택 간의 연관성을 이론적으로 논한 후 연구자의 실제 행위를 중심으로 살펴보고자 한다.

이론상의 논지는 무엇인가?

프로그램 평가 실제에서 철학 패러다임의 본질과 역할에 대한 Reichardt와 Cook(1979) 의 주장 중 하나는 실제적인 방법론적 결정을 철학적 가정에서 분리하는 것이다. 이들은 "패러다임의 속성은 질적 방법이나 양적 방법 그 어느 것에도 본질적으로 연계되어 있지 않다. (중략) [즉] 패러다임은 연구방법을 선택하는 데 있어서 유일한 결정요인이 아니라 는 것이다. (중략) 최소한 부분적으로는 당면한 연구 상황의 요구에 좌우된다."(p. 16)라 고 주장한다. 더 나아가 흔히 특정한 연구방법과 특정한 철학적 가정을 연관시키는 것이 연구 실제를 반영하는 것이기는 하지만 반드시 필수적이거나 결정적인 관계는 아니라고 한다.

반면 Lincoln과 Guba(2000)가 주장하는 철학적 순수성(그리고 이에 따른 패러다임 양립불가성)은 연구 실제에 어느 정도 혹은 결정적인 영향을 주는 패러다임 가정과 맞물려 있다. 즉 철학적 순수성은 바로 사회과학 연구자가 현장에서 연구 실제에 대한 결정을 내 릴 때 내재된 존재론적 입장과 인식론적 신념에 상당한 영향을 받기 때문에 중요하다는 것이다. 이 관점에서는 방법론이 패러다임에 좌우된다. 예컨대 관념론적 존재론을 믿는 연구자는 외부세계 측정의 정확성을 강조하는 연구방법을 선택하지만, 구성주의적 존재 론을 가질 경우에는 주관적·상호주관적 의미의 이해를 강조하는 연구방법을 선택한다.

이러한 극단적 관점에 대한 비판에는 다음과 같은 내용이 포함된다(Hammersley, 1992).

- 다양한 패러다임 간 차이는 이분법이나 이원론(dualism)이 아니라 실증연구가 다양하게 취할 수 있는 연속적 차원들로 구성된다.
- 많은 '질적' 연구자들이 사회적 세계에 대해 근본적으로 관념론적 입장을 갖기도 하고 많은 '양적' 연구자들이 인간행동의 일부는 구성된 것임을 인정하기도 한다.

따라서 특정 패러다임에서의 가정들 간 상호연계성은 신성불가침한 것이 아님을 보여 준다.

- 연구 실제는 패러다임 중심(paradigm-driven) 모형에서 생각하는 것보다 훨씬 더 복잡하고 다양하며, 심지어 패러다임의 다원성을 인정한다.

Ken Howe(1988)는 미국 실용주의(pragmatism)에 뿌리를 두고 있는 관점을 제안함으로써 그 중간에 있는 관점을 제시한다.

> 패러다임은 연구방법과 합리적인 수준의 균형을 이루어야[만] 한다. (중략) 즉 연구 수행에서 패러다임을 분리하기보다는(그러면서도 정당한 지식의 본질이 무엇인지를 결정함) [실용주의자는] 이 둘이 서로 맞추어 가기를 추구해야 하며, 실제가 고정적 혹은 비성찰적으로(unreflective) 되지도, 추상적인 패러다임의 일방적 지시에 끌려다니지도 않아야 한다. (p. 13)

실용주의는 점점 사회과학 혼합연구방법에 가장 적절한 패러다임으로 인정받고 있다 (Johnson & Onwuegbuzie, 2004; Teddlie & Tashakkori, 2003). 다음 장에서 (John Dewey에 의거하여) 실용주의의 중심사상을 간략하게 제시할 것이며 혼합연구방법론자들에게 인기 있는 이유도 함께 제시할 것이다. 패러다임과 실제 간의 관계에 대한 Howe의 중간자적 입장이 그 이유를 일부 보여 준다. 관심을 가진 독자가 자신의 혼합연구방법에서 실용주의적 정신모형을 무비판적으로 채택하지 않도록 실제에서 패러다임이 갖는 역할도 제시할 것이다.

사회과학 연구자는 자신의 연구 실제에서 패러다임과 정신모형을 어떻게 다루는가?

철학적 가정이나 연구자의 정신모형이 연구 실제에 어떤 영향을 미치는가에 관해 실시된 실증연구는 거의 없으며, 특히 혼합연구의 맥락에서는 더욱 그러하다. Lois-ellin Datta(1994)는 질적 패러다임과 양적 패러다임의 전형으로 여기는 평가연구를 개관하여 이러한 연구들이 두 전통 모두의 가정과 특징을 활용하는 "사실상 혼합모형인 듯하다."(p. 67)는 사실을 발견했다. Datta는 실제에 있어 "이미 (중략) 우리는 실제에서의 외연적 기준을 설정할 수 있도록 이론상의 내연적 기준들을 사용하여 융합하고 결합하고 혼합하고 수정하고 있다는 사실"(p. 67)을 찾아냈다. 그러고서 Datta는 평가자들에게 새로운 패러다임을 채택할 것을 제안하였는데, 즉 이미 이루어지고 있는 실제 혼합연구방법을 더 잘 이해하여 패러다임과 실제가 더 조화롭게 서로를 지원할 수 있도록 해 주는 패러다임을 요구하였던 것이다. (Datta는 오랫동안 사회과학 혼합연구방법의 실용주의적 토대를 강하고 설득력 있게 주장해 왔다; Datta, 1997a, 1997b, 2005 참조.)

Katrin Niglas는 교육연구 분야에서 이 주제에 대해 사려 깊고 유용한 연구를 해 왔다. 그녀는 이 작업의 기초 단계로 사회과학 연구 실제와 관련된 선행연구들을 분석하였다. 이러한 연구를 통해 Datta와 유사한 결과를 도출하였는데, 즉 뚜렷이 구분되고 개념적으로 순수한 패러다임 유형으로 응용사회과학 연구 실제를 나누기가 쉽지 않다는 것이다. 오히려 일반적으로 연구 실제는 패러다임 관점을 혼용 혹은 혼합하는 특징을 가졌으며, 철학적 신념과 실제 간의 분명하거나 외연적인 관계가 없거나 아예 철학적 요소가 부재하였다.

예비연구에서 Niglas(1999)는 「영국교육연구학술지(British Educational Research Journal」(1997–1999)에서 표집한 48편의 실증연구를 개관하고 비판적으로 분석하였다. 분석을 위하여 Niglas는 개관한 연구 모두에서 나타나는 여섯 가지 특징(연구 목적, 전체 설계, 표집 유형, 자료수집 및 분석방법, 타당화 방법, 지식 유형)을 추출하고 범주화하였다. 그녀는 각 연구가 질적 패러다임에서 나온 것인지 양적 패러다임에서 나온 것인지를 파악하였으며, 특히 연구 실제의 이러한 여섯 측면에서 패러다임적 일관성을 갖는지를 평가하는 데 관심을 가졌다. 흥미로운 연구결과로, 분석된 연구들에서 연구 목적, 전체 설계, 표집보다는 자료수집 및 분석방법이 혼합된 경우가 더 많았다는 사실이 포함된다. 더 나아가 군집분석(cluster analysis)을 실시한 결과 네 가지 군집이 도출되었는데, (1) 모든 측면에서 질적인 11개 연구, (2) 모든 측면에서 양적인 16개 연구, (3) 질적 설계(예 : 사례연구)에 토대하고 비무선화(nonrandom) 표집방법을 사용했지만 주로 양적 자료처리 방법을 사용한 11개 연구, (4) 양적 설계(예 : 실험 및 설문)에 토대하지만 면담이나 개방형 설문 문항을 통해 질적 자료수집 및 분석을 포함시킨 8개 연구로 나누었다. 즉 이 연구는 실제에서 교육연구자들은 하나의 방법론 및 관련된 패러다임을 사용하거나(순수주의자 입장에 속하며 연구대상의 59%가 그러하였음), 하나의 주된 방법론과 패러다임을 토대로 하여 다른 방법론과 패러다임의 일부 측면을 선택하여 포함하는 혼합연구방법 설계를 사용한다는(분석된 연구의 41%가 그러하였음) 사실을 증명하였다. 그러나 Niglas는 더 근원적인 주장을 펼쳤는데, 바로 연구 실제에서의 결정은 주로 맥락, 연구 목적, 구체적 당면 문제에 따라 이루어진다는 결론이다(이 연구에 대한 심층적 논의를 위해서는 Greene & Caracelli, 2003 참조).

　Niglas는 자신의 박사학위논문(Niglas, 2004)에서도 유사한 방법론을 사용하였는데, 7번째 분석 범주인 자료 기록 및 표상방법을 첨가하였고, 연구자들의 주장을 더 세밀하게 분석하였다. 또한 이러한 분석에서 Niglas는 관점과 기법이 혼합될 수 있는 연구 단계에 대해서도 주의 깊은 관심을 기울였다. (서로 다른 연구단계에서의 혼합이라는 중요한 쟁점은 제7장 혼합연구의 설계에서 다시 살펴볼 것이다.) Niglas의 박사학위논문에서는 15종의 유럽 및 북아메리카지역 학술지들(1999~2001년)에서 표집한 145개의 교육 분야 연구논문을 분석하였다. 그 결과는 예비연구보다 더 복잡하였는데 Niglas가 더 큰 표본집단을 사용했던 것도 부분적인 이유일 것이다. 또 다른 이유로는 전통적인 '질적' 및 '양적' 유형 외에도 실행연구 및 여타 패러다임을 포함하는 등 분석틀 자체가 더 복잡했다는 것 그리고 교육연구 분야 자체가 더 다양해졌다는 것을 들 수 있다. 그녀의 분석에서 실증연구의 특성이 8개의 군집으로 나뉘었다는 사실이 이를 예증한다. 3개의 가장 큰 군집(각각 30개의 연구논문)은, (1) 주로 양적 조사연구 설계와 방법론을 활용한 연구, (2) 양적 방법이나 수치자료는 거의 사용하지 않고 주로 질적 설계와 방법론을 활용한 연구, (3) 주로 질적 방법들로 이루어진 혼합설계였다. Niglas는 이러한 군집들을 다양한 방식으로 분석하여 상당한 반향을 불러일으킨 흥미로운 결과를 도출했는데, 그 내용이 너무 많아 여기에 다 제시하지는 못하지만 전체적인 결론은 다음과 같다.

- 교육 분야의 실증연구에서 '혼합연구방법'을 활용하는 것은 비록 자료수집 방법의 여러 유형을 혼합하는 것에서부터 다양한 유형의 연구 설계와 목적을 혼합하는 것까지 다양한 형태로 이루어지기는 하지만, 상당히 일반화되어 있다고 할 수 있다.
- "대부분의 경우 [교육연구의] 질적 측면과 양적 측면 간의 통합 수준은 비교적 그다지 높지 않으며, 특히 분석 단계에서 다양한 자료유형의 통합은 더욱 그러하다. 그러나 해석 단계에서는 더 포괄적인 통합을 관찰할 수 있었다."(p. 148)

- 혼합연구방법을 사용하는 이유는 대체로 실증연구 보고서에 뚜렷하게 기술되어 있지 않다. Greene, Caracelli와 Graham(1989)이 구분한 혼합연구의 목적 유형을 활용하여 Niglas는 더 암묵적인 혼합 목적[2]들을 구분하였는데 상호보완이 가장 많았고 확장이 뒤를 이었다. Greene 등(1989)이 제시한 나머지 세 가지 목적, 즉 삼각측정, 개발, 착안은 훨씬 더 드물었다.

  그리고 더 흥미롭게 이 문제에 대한 Niglas 자신의 관점을 통합시켜 다음과 같이 결론지었다.

- 교육연구의 이분법적 성질, 즉 질적 연구와 양적 연구 진영으로 구분하는 것은 사실 연구 실제를 반영하지 못하며 그래서도 안 된다. 오히려 양적 연구방법론과 질적 연구방법론은 상호 배타적인 것이 아니며, 양립 불가한 패러다임을 반영하는 것도 아니며, 오늘날의 교육연구자들에게 열려 있는 모든 패러다임을 수용하지도 못한다. 이러한 패러다임에는 비판이론, 포스트모더니즘, 현상학, 해석학 등이 포함된다.
- 어떤 연구의 설계와 방법을 결정짓는 데 가장 중요한 요소는 철학적 입장이 아니라 구체적인 연구문제와 연구 목적이다. "문제의 복잡성 정도에 따라 연구 설계는 질적일 수도, 양적일 수도 혹은 두 가지를 혼합한 것일 수도 있다."(p. 147)
- "질적 접근법과 양적 접근법을 혼합하여 활용하는 데 있어서 가장 중요한 실제적 문제는 교육연구의 질적 수준에 미치는 영향"이며 이 연구에서는 완전하게 대답하지 못하는 문제이다(p. 147).

성찰하기

이렇듯 철학, 관점, 실제가 서로를 만나는 논쟁의 장에서 여러분은 서로에게 도움이 되

---

2) 역주 : 제3장의 '혼합연구방법의 초기 아이디어'에 제시되는 혼합의 목적과 역할에 대한 내용 참조

고 서로를 존중하는 상호 호혜적 대화에 함께 참여하든지, 서로를 알아보지 못하고 지나가 버리든가 혹은 어쩌면 못 본 척할 수도 있다. 이 책은 연구자가 의도적으로 관여하거나 숙고하든 혹은 그렇지 않든, 정신모형은 연구 실제에 불가피하게 영향을 미친다고 제안한다. 무엇이, 왜, 어떻게 연구되는지에 대한 개념화 없이 사회과학 연구를 계획하고 실시하는 것은 단연코 불가능하다. 또한 이 책에서는 더 추상적인 철학적 가정이나 정신모형 유형과 특정한 연구맥락에서의 구체적인 실제에 영향을 미치는 요소들 간의 열린 대화와 담론을 강조한다. 나는 Ken Howe가 이러한 대화를 '서로에게 맞추어 가기(mutual adjustment)'로 보며, 실제가 고정적 혹은 비성찰적으로 되지도, 완전히 추상적인 패러다임의 일방적 지시에 끌려다니지도 않아야 한다고 주장하는 데 동의한다. 나는 다양한 유형의 정신모형이 어떻게 연구 결정에 영향을 주는지에 대하여 의식적으로 관심을 기울임으로써 그러한 결정이 더 사려 깊고 성찰적, 의도적이며 따라서 더 생산적이고 확고하게 되어야 한다고 믿는다. 앞의 예에서 Susan Jones나 Brenda Morales가 자신의 연구 설계(각각 준실험 설계와 사례연구 설계)를 선택할 때 이러한 선택에 내재된 철학적 가정과 입장은 무엇인지, 그러한 연구 설계 선택이 연구에서 생성되는 지식에 어떤 영향을 주는지, 연구 목적과 맥락에 부응하는 다른 연구 설계는 없는지 등을 사려 깊게 고려했다면 그러한 의도적 성찰 없이도 연구 설계를 선택할 때에 비해 더 탄탄하고 뛰어난 선택이 이루어졌을 것이다. 만약 Sam Johnson이 자신의 편견과 신념을 들여다보지도, 이러한 요소가 자신의 HIV/AIDS 평가연구에 어떤 영향을 미치는지에 관심을 기울이지도 않는다면 연구의 질과 신뢰성을 상당히 훼손시킬 것이다.

더구나 자신의 정신모형에 담긴 전제, 관점, 입장, 신념에 의도적으로 관여하는 성찰적이고 사려 깊은 입장은 사회과학 혼합연구에서 특히 중요하다. 그렇지 않다면 혼합연구에서 무엇을 혼합하였는지가 불분명해지며 혼합이 가져다줄 수 있는 혜택이 제대로 실현되지 못할 수 있다.

제5장에서는 사회과학 혼합연구에서의 '패러다임 쟁점'을 더 심층적으로 살펴볼 것이며 혼합연구 실제에서 패러다임의 역할에 대한 일련의 관점들을 제시하고 각 관점의 예를 소개할 것이다. 그리고 나서 계속하여 Teddlie와 Tashakkori가 나열한 혼합연구방법 분야에서 해결되지 못한 쟁점들 중 세 번째, 즉 혼합연구의 '패러다임 토대' 혹은 방법을 혼합할 때 패러다임을 어떻게 할 것인가의 문제를 살펴볼 것이다.

제5장으로 넘어가기 전에 나 자신의 혼합연구방법으로의 여정, 즉 어떻게 사회과학 연구에서 혼합연구방법, 더 깊게는 혼합연구의 사고양식에 관심을 갖게 되었는지에 대해 이야기하고자 한다. 나는 이 책의 모든 독자도 자신의 혼합연구방법 이야기를 갖고 있으며, 그러한 이야기를 나눔으로써 자신의 정신모형을 더 깊게 인식하고 이해하게 되며 따라서 더 성찰적으로 혼합연구 실제에 관여하게 될 것이라고 생각한다.

나의 혼합연구방법 이야기

나의 혼합연구방법 이야기는 대학원에서 시작하는데 정말 그때부터 시작된 것이라기보다는 내가 의식하기 시작한 것이 그때부터이기 때문이다. 그리고 이 이야기는 프로그램 평가자이자 학자로서의 삶에서 경험한 주요 에피소드로 이어질 것이다. 혼합연구방법 이야기에는 중요한 개인사적 측면도 있다고 생각하지만 여기서는 강조하지 않는다.

1970년대 초반, 대학원 재학 시절

스탠퍼드대학의 교육심리 전공 대학원 프로그램에서는 연구방법 요소가 상당히 강조되었지만 그 방법들은 모두 양적인 것으로, 교육측정, 실험 설계 논리, 통계에 관한 수업들이 많이 개설되었다. 나는 George Spindler 교수님의 교육인류학에 대한 한 강좌를 수강하기는 하였다. 그러나 이는 연구방법에 관한 것이 아니라 내용에 관한 것으로, 교육문제에 대하여 인류학적으로 그리고 비교문화적으로 생각해 보는 강좌였다. 그 시절에 대한 기억을 되돌아보면, 이후에 배운 표현을 빌자면, 나는 연구방법을 올바르게 적용하는 법에 대하여 할 수 있는 한 모든 것을 배우려 애썼던 것 같다. John K. Smith는 이를 적절한 연구방법의 적절한 적용이라고 부른다. 그 당시에는 이렇게 할 수 있다면, 즉 적절한 연구방법을 적절하게 적용할 수 있다면, 학문적 진실 그리고 정교수로서의 안정된 삶을 얻을 수 있다고 생각했다.

1970년대 중반에서 후반, 첫 취업

박사학위 취득 후 내가 자라났던 미국 동부 지역으로 돌아가 처음으로 정식 취업을 하게 되었다. 로드아일랜드 주립대학의 당시 교육과정 연구개발센터에 취업했는데 수월하게 할 수 있는 일이었다. 젊은 응용연구 및 평가 전문가로서는 소중한 시간이었다. 약 20명 정도의 젊은 박사들이 함께 열심히 일했고, 일을 떠나서는 즐거운 시간을 함께 보냈다. 우리의 주된 업무는 1965년 제정된 미국연방정부의 초중등교육법(ESEA)에 따라 재정 지원을 받는 지역 교육 프로그램을 평가하는 것이었다. 나는 운 좋게도 대학원 시절에 Lee Cronbach 교수님과 프로그램 평가에 대해 조금이나마 공부할 기회가 있었지만, 뉴잉글랜드지역[3]에서 해야 했던 이 일은 진짜 교사들과 진짜 세계에서 이루어지는 것이었기에 달랐다. 나는 이러한 유형의 평가연구를 하는 방법에 대해서는 별다른 훈련을 받은 적이 없었다. 그래서 당시에 많은 평가자들이 그랬던 것처럼 내가 알던 연구방법들을 사용하여 이 지역 프로그램들을 평가하였다. 내가 적절한 방법이라고 생각했던 것들을 적절하게 적용하고자 노력하였다. 또한 이러한 지역 교육 프로그램 평가를 실시함에 있어 주 정부에서 정한 지침(연방정부의 지침을 토대로 작성된 것)을 그대로 따르고자 노력하였다.

예를 들어, 나는 Title I[4] 보상교육 프로그램을 평가했는데, 이는 저소득지역 학교의 학습부진 학생들에게 읽기나 수학 보충수업을 제공하는 것이었다. 그리고 Roger Williams 동물원 교육 프로젝트(중학생을 대상으로 동물과 동물원, 습지 보존 등의 주제에 대하여 교육과정 및 현장학습 중심 단원을 제공)와 같은 Title IVC 혁신적 교육 프로그램도 평가하였다. 이렇게 서로 다른 프로젝트들을 다음과 같은 동일한 주 정부 지침에 따라 평가하였다.

- 목표중심 평가를 지향했다. 프로그램 평가는 프로그램이 의도했던 목표를 달성한 정도를 측정하는 것이었다.
- 평가 설계에서 사전-사후검사, 비교집단이 필수적으로 요구되었다.

---

3) 역주 : 미국 동북부의 여섯 주, 즉 코네티컷, 로드아일랜드, 매사추세츠, 메인, 버몬트, 뉴햄프셔를 합쳐서 일컫는 표현으로 영국계 이주민이 많은 지역이다.

4) 역주 : 1965년 제정된 미국 초중등교육법의 세부항목으로, Title I('타이틀 원'이라 읽음)은 미 교육부에서 저소득층 학생 비율이 높은 학교 및 교육청에 재정을 지원하는 것이다. Title I 학교의 자격을 갖추려면 40% 이상의 학생이 미 통계청 기준에 따른 저소득층에 속해야 한다.

- 교사면담 등 여러 유형의 연구방법을 어느 정도 사용할 수는 있지만 필수적으로 요구되는 의도한 성취결과에 대한 표준화 검사 실시 등의 양적 연구방법을 강하게 선호하였다.
- 일 년에 평가보고서를 세 차례 제출하였는데, 즉 시작보고서(1학기), 중간보고서(2학기), 최종보고서(학년 말)를 제출하였다. 이 보고서들은 개발한 도구, 실시된 활동, 목표를 향한 프로그램 실시과정 등의 평가를 통해 평가의 진행과정과 프로그램의 실시과정 모두를 추적하려는 것이었다.
- 각 보고서에서 평가자는 반드시 프로그램 향상을 위한 제안을 제시해야 했다.

나는 이러한 지침을 적용하는 방법을 알고 있었기에 이에 따라 평균 차이 검증을 위해 올바른 유형의 t 검증방법을 선택했고, 향상된 점수에 대해 주의를 기울였으며 내가 실시한 ANOVA 검증에서 임의효과와 고정효과의 차이에 유념했다. 또한 어떤 검사의 규준이 특정 프로그램의 아동들에게 적합한지 확인하는 등 성실하게 임하였다. 그리고 동료와 함께했던 이 연구들이 그 당시로서는 적절한 것이었다고 생각한다.

그러나 그 시절에 대한 기억을 되돌아보면, 나는 이 모든 평가활동 속에서 무엇인가가 매우 잘못되었다고 느끼고 있었다. 내가 실시하던 평가에서 제공하는 정보와 지역 프로그램에서 정말 필요로 하는 정보가 상당히 다르다고 생각했다. 내가 하고 있던 일은 주 정부를 위한 것이었다. 비록 내가 모든 평가보고서를 지역기관들과 공유했지만 이러한 보고서들은 현장의 프로그램 관계자들이 경험하는 일상적 어려움이나 우려사항에 대하여 제대로 다루지 못하는 것 같았다. 그리고 나는 그 사실에 신경이 쓰였다.

1970년대 후반과 1980년대, 프로그램 평가에 대하여 배워가기

부분적으로는 이러한 불편한 마음 때문에 그리고 한편으로는 내가 상당히 많이 다루게 되었던 프로그램 평가에 대하여 더 배우고 싶은 욕구로 인해 다음과 같이 그 당시 대부분의 연구자들이 추구하던 유형의 전문성 함양활동에 참여하였다.

- 전문 학술지와 저서를 읽었다.
- 워싱턴 DC에서 Michael Scriven과 Jane David가 개최했던 것으로 기억되는 '여

성 평가자'를 위한 워크숍 등을 포함하여 다양한 워크숍에 참가하였다.

■ 현장의 프로그램 평가자들을 위주로 구성된 전문적 프로그램 평가단체(그 당시에는 ENET 혹은 평가 네트워크로 불림)에 참여하였다.

■ 그 당시 내가 주로 관여하던 전문 학술단체였던 미국교육연구학회(AERA)의 학교기반 평가에 대한 H 분과 그리고 더 일반적 방법론에 대한 D 분과 등에 참여함으로써 평가자들을 만났다.

현시점에서 보면, 1970년대 후반과 1980년대라는 이 시기는 프로그램 평가라는 학문 분야가 폭발적으로 발전한 시기였다. 프로그램 평가에 대한 대중적 요구가 증가하고 있었으며 이에 수반하여 학문적인 관심도 높아지고 있었다. 사람들은 실험중심 사회과학의 '적절한 방법들'이 현장에서 항상 제 기능을 하는 것이 아니라는 사실을 깨닫게 되었고, 이에 따라 프로그램 평가 이론이 급격히 늘어났으며 방법론적 이론도 폭넓게 탐색되었다. 프로그램 평가에 대한 이렇듯 역동적이고 활기찬 담론 한가운데에는 프로그램 평가 그리고 더 넓게는 사회과학 연구 분야에서의 질적 연구방법에 대한 관심이 한 몫을 하였다(제3장에서 제시한 역사가 이를 잘 보여 준다).

그 시절에 대한 기억을 되돌아보면, 나는 이러한 이야기들을 열심히 경청하였고, 질적 연구방법에 대해 배우는 것을 진정으로 즐겼었다. 이러한 모든 것이 나에게는 너무도 흥분되는 일이었으며 1960년대식 나의 저항정신에도 부합하였다. 또한 이는 내가 종전에 실시한 프로그램 평가에서 경험했던 불안감, 즉 내가 하는 일이 현장의 사람들에게 아무런 의미가 없을지도 모른다는 걱정에 대해서도 응답해 주는 것이었다.

Egon Guba의 따뜻한 지도와 격려

이 시기에 나는 Egon Guba 교수님을 만났는데, 미국교육연구학회에서 처음 만났던 것 같다. 연구 그리고 특히 프로그램 평가 분야에서 질적 연구방법을 발전시킨 선구자였기에 나는 그분의 이름을 익히 알고 있었다. Egon은 내게 관심을 보이며, 질적 연구방법을 진지하게 공부할 것을 강하게 권하였다. 내게 질적 연구방법에 대한 몇몇 학술대회에 참여해 달라고 부탁한 것은 그의 권고를 더욱 설득력 있게 만들었다.

첫 번째 학술대회는 Elliot Eisner와 Buddy Peshkin이 주도하여 1988년 6월 스탠퍼

드대학교에서 개최된 작은 규모의 것이었다. Eisner와 Peshkin은 이 학술대회에서 발표된 논문들을 편찬하여 1990년에 『교육에서의 질적 연구 : 계속되는 논쟁(Qualitative Inquiry in Education: The Continuing Debate)』을 발간하였다. 이 학술대회의 하이라이트는 Harry Wolcott가 자신의 Brad 3부작(trilogy)[5]의 마지막 장을 드라마틱하게 이야기한 부분이었다.

Egon이 나를 참여시켰던 두 번째 학술대회는 그가 조직하여 1989년 샌프란시스코에서 개최한 '패러다임 대화'라고 명명된 학술대회였다. (이 학술대회의 자료집은 Egon이 편집하여 1990년 『패러다임 대화(The Paradigm Dialog)』라는 편저서로 발간했다.) 이 학술대회는 어떤 의미로 Egon이 학계에 작별을 고한 순간이라고도 할 수 있는데 그는 이 학술대회 직후에 은퇴하였다. 이 학술대회는 세 가지 패러다임, 즉 후기실증주의, 구성주의, 비판이론이라는 패러다임으로 나뉘어 조직되었다. 각 패러다임별로 기조강연자가 한 명씩 있었는데, 각각 Denis Phillips, Yvonna Lincoln, Tom Popkewitz였다. 그리고 질(quality)의 판단 준거, 실천, 가치, 윤리 등의 주제에 대하여 엄선된 한 명의 주제발표자와 한두 명의 토론자로 이루어진 열 개 정도의 주제발표가 있었다. Egon은 내게 지식축적에 대한 주제발표를 하도록 요청하였다. 나는 그 주제에 대해서 충분히 알지 못한다고 했고, 그는 내가 충분히 잘 알고 있다고 말해 주었다. 나는 그렇지 않다고 다시 강조했다. 그는 물러서지 않았고 나는 결국 하기로 동의했지만 엄청난 불안을 견디며 오랜 시간 준비해야 했었다. 그렇지만 결국 논문을 써서 발표하였으며 그 학술대회에 참석하였다.

이는 나의 경력 궤도에 상당히 큰 영향을 준 사건이었다. 이 학술대회는 놀랍도록 역동적이고 활기찼으며, 실재론과 관념론, 객관성과 주관성, 내부자적(emic) 관점과 외부

---

5) 역주 : Wolcott가 Brad라는 노숙 비행청소년에 대하여 쓴 최초의 논문은 「The life history of a sneaky kid」라는 부제를 갖고 1983년에 처음 소개되었으며, 이를 1987년과 1990년에 쓴 두 편의 논문과 함께 묶어서 『질적 연구자료의 변환(Transforming qualitative data)』이라는 저서에 포함시킨 이후로 Brad 3부작이라 불림. Wolcott는 5주 동안이나 몰래 자신의 땅에 통나무집을 지어 살고 있던 19세의 Brad를 만나 2년 정도 함께 살면서 교육제도의 적절성에 대한 질적 사례연구를 하였음. 21세에 떠났던 Brad가 돌아와 Wolcott를 폭행하고 그의 집에 불을 지르면서 둘 간의 성적 관계 등이 세간에 알려졌으며 연구 윤리 등 상당한 논란을 불러일으켰음. 더 자세한 내용에 대해서는 질적 연구대상자와의 관계와 윤리적 쟁점을 그린 『Sneaky kid and its aftermath: Ethics and intimacy in fieldwork』(2002)를 참조 바람.

자적(etic) 관점에 대한 대화로 가득하였다. 이 학술대회에서 이루어진 대화는 결코 신랄하거나 불쾌한 것이 아니었으며, 전체적으로 사회과학과 프로그램 평가에 대한 이러한 대안적 사고양식들 간의 건전한 경쟁이라 부를 수 있는 분위기였다. 여기서 다룬 쟁점들은 대학원에서 전혀 배운 적이 없었던 것이었는데 그 시절에는 한 가지 방법론만 배웠기 때문이었다. 그리고 나는 이러한 쟁점들에 대해 배워 가는 것을 좋아했다. 철학적인 내용을 이해하는 데 힘이 들었지만 실천적인 의미로 생각하는 것, 특히 이러한 연구, 지식, 가치 등에 대한 새로운 사고양식이 어떻게 나 자신의 연구 실제에 적용될지를 생각해 보기를 즐겼다. 특히 Buddy Peshkin이 이 학술대회의 문화기술자(ethnographer)로서 2, 3일간의 학술대회의 경험에 대한 그의 날카로운 관찰을 제시했던 순간이 기억난다. 그가 발표자들의 고고한 척하는 이야기와 청중의 더 대중적인 대화 간의 격차 혹은 이탈에 대해 이야기했던 것이 주로 기억난다. 그가 제시한 예는 매혹적이었으며 주제 통찰은 매우 깊이가 있었다. 나도 그렇게 할 수 있게 되기를 바랐다. 나는 질적 연구자로 바뀌고 있었다.

Egon Guba 교수님의 격려와 지도는 연구자로서의 내 생애에서 진정 중추적인 역할을 하였으며 이에 대하여 깊이 감사하며 정말 큰 은혜를 입었다고 생각한다. 우리는 살아가면서 멘토의 중요성을 종종 잊어버리곤 한다.

한편으로, 코넬에서 질적 프로그램 평가 가르치기

한편 1983년 코넬대학교에서 프로그램 평가, 특히 평가에 대한 질적 접근방법을 가르치는 진정한 직업을 갖게 되었다. 모든 교사들이 알고 있듯, 자신이 배우지 못했던 것을 가르쳐야 하는 것만큼 평생학습에 대한 더 큰 동기부여와 촉매제는 없을 것이다. 나의 학습곡선은 이 시기에 급격하게 상승하였다. 특히 중요했던 요소를 하나 꼽자면 대학원생들이 질적 연구라는 흥분되고 가히 혁명적으로 보이는 분야에 보내는 관심과 열정이라 할 수 있다. 질적 프로그램 평가방법에 대한 나의 강좌는 다양한 사회과학 분야에서, 다양한 현장경험을 갖고, 세계의 다양한 나라들에서 온 우수한 학생들로 가득 찼었다. 그 당시 인간생태학, 교육학, 지역사회학, 도시계획, 국제영양, 기타 응용학문 분야의 코넬 대학원생 다수는 세상을 바꾸는 데 기여할 수 있는 능력을 키우고자 대학원으로 진학하였다. 질적 연구방법론에 대한 우리의 공동학습 경험은 그 자체로서 개혁적으로 느껴지곤 했다.

질적-양적 연구 간의 대전투 경험하기 : 논쟁과 갈등

나는 사회과학에서의 질적 연구방법의 등장을 둘러싼 논쟁과 갈등을 어떻게 경험했었는가? 그 시절에 대한 기억을 되돌아보면, 두 가지 주요한 방식으로 경험했던 것 같다.

먼저 특히 초반에 그러했는데, 1980년대와 1990년대 초기 내내 승자와 패자가 있는 경쟁, 전투처럼 느껴졌었다. Egon Guba와 Yvonna Lincoln 등의 영향력 있는 학자들이 그런 식으로 분위기를 조성했던 것도 그 이유의 한 부분이었다. 저술과 강연을 통해 자신들의 구성주의 패러다임을 최상의 것으로, 즉 객관성, 명제지식, 관념론적 세계관 등의 낡은 아이디어보다 우수한 것으로 자리 매겼다. 제4세대 평가는 그간 진화되어 왔던 모든 전 세대의 평가를 대체하는 것이라고 하였다. 부분적으로는 이에 대한 반작용으로서, 부분적으로는 강한 신념이나 미지의 것에 대한 두려움으로 인해, 기존 과학을 옹호하는 이들이 자신들의 관점이 가장 우수하다고 다시 주장하게 되었다. 그리하여 이 전투에 합류하였다.

일부가 질적인 앎의 방식이 갖는 정당성 자체에 대하여 강하게 저항하면서 전투에 불을 붙였다. 이는 몇 가지 정당한 대안 중 어느 것이 최고인가를 논하는 것과는 다른 문제다. 그 존재와 정당성 자체를 방어해야 한다는 것은 완전히 다른 차원의 문제인 것이다. 그렇게 하는 데 아주 오랜 시간이 걸렸으며 힘들게 열정을 갖고 노력해야 했다. 특히 질적 연구방법의 초보자였던 내게는 해석주의 및 구성주의 전통의 철학적 가정과 입장을 정당화하는 일이 힘들게 느껴지곤 했다. 이 전투에서 정말 중요한 문제가 무엇인지에 대하여 의아해하곤 하였다.

둘째, 이와 동시에 나와 친한 친구들 중 상당수는 양적 연구방법 편에 있었다. 나 자신의 학문적 뿌리도 양적 연구였다. 이는 다양한 신념이나 관점을 존중하고 다양성과 다름을 수용하고자 하는 나의 가치관과 결부되어, 질적 연구방법의 원대한 약속에 대하여 계속 불확실한 감정을 갖게 하였다. 나는 질적 연구가 우리를 구원할 것이라거나 그 모든 약속을 지킬 수 있을 것이라고 확신할 수 없었다. 그래서 내가 질적 연구를 진정으로 믿는 이들의 대열에서 낙오되는 것처럼 느껴지곤 했다. 내가 반신반의한다는 것을 아무에게도 말하지 않았다.

그러다가 나의 불확실성에 대해 글로 쓰고 강연하기 시작하였다. 한 논문(Greene, 1996)에서 맥락화한 질적 이야기의 가치와 한계에 대해 저술했던 것을 기억한다. 그러한 이야기가 주요 인간 경험을 총체적이고 내러티브적으로 그려낸다는 점에서 가치가 있지만 정책 단계, 특히 프로그램 평가에서 낼 수 있는 목소리와 권한 측면에서는 제한적이라고 논하였다. 시간이 흐르면서 나는 점점 더 명료하게 모든 앎의 방식과 마찬가지로 해석주의도 단편적이고 제한적이며, 그래서 다른 앎의 방식들과 함께할 필요가 있다고 믿게 되었다. 시간이 지나면서 나는 서로 다른 앎의 방식들이 서로를 도울 수 있는 방법에 대해 더 진지하게 생각하기 시작하였다.

이것이 나의 혼합연구방법 사고양식의 씨앗이 되었으며 1980년대 중반부터 뿌리를 내리기 시작했던 것이다. 당시 Cornell의 동료들(Greene & McClintock, 1985; Greene et al., 1989)과 함께 공동연구하기 시작하면서 혼합연구방법에 대하여 더 집중된 연구가 자라나고 꽃피기 시작하였다.

더욱 영감을 준 것

지난 15년 동안, 사회현상을 연구하는 데 있어서의 혼합연구방법에 대한 나의 생각에 주된 영양분을 제공한 것은 세 가지다. 첫째, 20세기 후반에 사회과학 혼합연구방법에 대한 관심과 인기가 증가하면서 나의 생각을 전개, 시도, 정련할 기회가 더 많아졌던 것을 들 수 있다. 미국과 세계 여러 곳에서 개최된 학술 포럼에 초대받아 혼합연구방법 워크숍을 하루나 이틀간 실시하는 좋은 기회를 많이 가졌으며 이때 현장 연구자들의 많은 요구에 부응하고자 하였다. 응용사회과학 연구 및 프로그램 평가에서 연구방법들을 왜, 어떻게 혼합할지에 대한 내 아이디어들의 장점에 대하여 즉각적인 피드백을 얻을 수 있었을 뿐만 아니라 워크숍 참가자들의 아이디어와 경험으로부터 많은 것을 배우고 얻을 수 있었다. 또한 우수한 대학원생들이 나의 아이디어들을 자신의 연구에 적용해 보고 그 결과를 알려 주었다.

둘째, 나 자신의 연구 및 실천 분야인 프로그램 및 정책 평가는 내가 사회과학 혼합연구방법에 지속적으로 관심을 갖도록 끊임없이 동기부여를 해 주었다. 모든 사회과학자 중 가장 응용성이 높은 프로그램 평가자(프로그램 평가는 삶과 일이 이루어지는 현장에서 이루어지기 때문)는 연구방법론에서 새로운 개념이나 기법을 가장 먼저 채택하곤 한다. 평가자를 둘러싼 맥락의 고유한 복잡성은 방법론적 창의성을 요구한다. 따라서 제3장 초반부에 혼합연구방법의 역사에 대하여 Lois-ellin Datta가 지적한 바와 같이, 프로그램 평가자들은 수십 년간 연구방법을 혼합해 왔으며 내가 이 분야에 종사해 온 동안도 분명 그러하였다. 나 자신의 평가연구에서 다양한 방법을 혼합하면서, 이러한 실제에 부합되도록 이론을 정립하는 작업을 해야겠다는 생각이 더욱 깊어졌다. 평가자들이 연구방법을 혼합할 때 사려 깊게 계획하도록 돕고 싶었다. 현장의 평가자들이 사려 깊게 근거를 체계화하고 더 튼튼하고 강력한 혼합연구 설계를 하는 데 필요한 개념과 사고양식을 제공하고 싶었다. 또한 프로그램 평가와 응용사회연구에 대하여 이런 식의 사고양식이 주는 생성력을 실현하는 데도 기여하고 싶었다.

셋째, 그리고 어쩌면 가장 큰 영향을 준 것으로, 내가 나이가 들어가면서 모든 피부색, 모든 유형의 사람들에 대한 관용, 수용, 존중을 중요시하는 가치관을 갖게 된 것과 혼합연구방법에 대한 나의 아이디어 사이에 가치 측면에서 상당한 접합점이 있음을 알게 되었다. 나는 가장 근원적인 측면에서 사회과학에서의 혼합연구방법은 다양한 앎의 방식과 존재방식에 대한 심오하고 의미 있는 관여를 의미한다는 것을 깨닫게 되었다. 제2장 말미의 혼합연구방법의 사고양식에서 논했던 바와 같이 혼합연구방법이 다름과 다양성에 대하여 의미 있게 관여할 수 있는 여러 통로를 제공해 준다고 믿게 되었다. 혼합연구방법을 통해 나의 연구가 내가 소중하게 여기는 가치, 즉 관용, 이해, 수용의 가치에 기여할 수 있다고 믿게 되었다.

이것이 나의 혼합연구방법 이야기이다. 여러분의 이야기를 생각해 보기 바란다.

5

연구방법 혼합에서의 패러다임 및 정신모형 혼합에 대한 관점

우리 여행의 이 부분에서는 사회과학 연구에 관련된 철학적 가정 및 관점의 본질을 비롯하여 이것이 연구 실제에서 어떤 역할을 하는지에 대하여 지속되는 논란을 알아볼 것이다. 이러한 쟁점에 대한 혼합연구방법에서의 일련의 관점들을 살펴볼 것인데, 이는 혼합연구방법에 대한 대화에 참여하는 다양한 이들의 다양한 관점을 대표한다. 아울러 혼합연구방법을 활용한 실증연구의 예를 들어 각 입장을 소개하고자 한다. 따라서 여행자 여러분은 다양한 패러다임 관점에서 각각의 적합성, 미학적 고결성, 실제적 활용성을 평가할 수 있을 것이다.

■ ■ ■

앞에서 혼합연구방법을 활용한 연구에서의 철학 및 패러다임 특성에 대하여 다음과 같은 주장을 전개하였다. 즉 모든 사회과학 연구는 연구자가 특정한 방식으로 사회적 세계를 보고 듣고 이해하는 방식 내에서 수행된다. 이러한 의미 구성은 연구자 자신의 성향,

신념, 가치, 실천적 · 경험적 지혜뿐만 아니라 사회적 세계의 본질에 대한 철학적 가정, 그 세계에 대하여 구할 수 있는 지식의 성격, 그러한 지식을 의미 있게 나타낼 수 있는 방법을 포함하는 정신모형을 통해 가장 잘 이해할 수 있다. 더 나아가, 정신모형은 사회과학 연구에 본질적으로 내재되어 있다. 즉 연구자의 눈길이 어디로 향할지를 결정하는 렌즈가 되며 사회적 세계에 우리의 연구 원리를 적용하는 틀이 된다. 서로 다른 정신모형은 서로 다른 특징, 가정, 신념을 나타내지만 서로를 존중하며 의미 있는 대화를 나눈다면 생산적으로 될 수 있다. 즉 서로 다른 정신모형들이 같은 연구 안에서 함께 공존할 수 없다고 볼 수 있는 그 어떤 논리적 혹은 본질적 이유도 없다. 이는 여러 정신모형들이 사실상 서로 상이한 방법론적 전통에 연관되는 경우에도 그러하다. 그런데, 이러한 연관성은 엄격하지 않고 느슨하다. 방법과 패러다임이 본래적으로 연결되어 있다기보다는 어떤 방법론이 특정 정신모형에 더 잘 맞아 대응되는 것이다. 따라서 어떤 연구 맥락에서 연구자가 어떤 방법을 택할지는 추상적인 철학적 가정에 의해 결정되는 것이 아니라 열려 있는 것이다. 실제 연구와 관련된 의사결정에는 정신모형의 요소와 특징, 연구 맥락에서의 필수조건과 요구 간의 상호 조정이 중요하게 작용한다. 이렇듯 사회과학 연구 설계는 당면한 실제 맥락에 반응하는 것이다.

이 장에서는 이러한 논지를 연구방법 혼합에서의 패러다임 혼합 혹은 Teddlie와 Tashakkaori(2003)가 사회과학 혼합연구방법의 '패러다임 토대' 문제라고 부른 더 넓은 이론체계 속에서 전개하고자 한다. 이 장에서는 제4장에서 논의했던 주요 쟁점들 중 두 가지, 즉 (1) 사회과학 연구에 관련되는 철학적 패러다임, 정신모형 혹은 일련의 가정의 본질, (2) 실제 의사결정 시 패러다임, 정신모형, 가정의 역할을 살펴본다. 그리고 사회과학 혼합연구방법에서의 '패러다임 문제'에 대하여 이 두 가지 쟁점을 중심으로 구분되는 (이 책에서 제시하는 관점에 더하여) 부가적인 다섯 관점을 제시하고자 한다. 각 관점에 대한 상세한 설명과 예를 제시하며, 특히 마지막 두 관점을 자세히 다루고자 한다. 하나는 이 책에서 주장하는 관점으로, 논의를 위하여 변증론 관점(dialectic stance)으로 명명한다. 다른 하나는 '패러다임 쟁점'에 대한 반응 중 아마도 가장 주도적인 주장으로, 철학적 가정 및 방법의 다원성을 본질적으로 자연스럽게 끌어안는 대안적 패러다임을 찾는 관점이다.

연구방법 혼합에서의 패러다임 혼합에 대한 다양한 관점-개관

> 교육연구에서는 인식론 및 존재론적 다원주의를 장려해야 한다고 주장하고자 한다. (중략) 오늘날의 연구는 점점 더 간학문적이고 복잡하며 역동적으로 되어 가고 있다. 따라서 많은 연구자들은 한 연구방법을 다른 연구방법으로 보완할 필요를 느끼며 모든 연구자들은 소통을 촉진하고 협력하며 더 나은 연구를 하기 위해서 다른 학자들이 사용하는 다양한 연구방법들을 숙지할 필요가 있다.(Johnson & Onwuegbuzie, 2004, p. 15)

사회과학 혼합연구방법이 방법론적 다원주의를 옹호한다는 것은 자명하다. 이에 비해 혼합연구에서 덜 명확한 부분은 인식론적 다원주의 혹은 더 넓게 말해 패러다임 다원주의에 대한 입장이다. 연구방법을 혼합하면서 패러다임이나 정신모형을 혼합하는 실제에 대하여 다양한 관점이 있다. 요약 5.1에 제시된 바와 같이, 이러한 관점은 앞 장에서 다룬 두 가지 쟁점, 즉 (1) 패러다임이나 정신모형의 본질, (2) 실제 연구에서 의사결정을 내릴 때 패러다임이나 정신모형의 역할에 대해 상이한 반응을 보여 구분된다. 이 두 가지 쟁점은 요약 5.1의 각 관점 아래 글머리표별로 제시되어 있다. 이 요약 및 이어지는 논의에서의 초점은 사회과학 연구 패러다임에 있으며, 더 넓은 의미의 정신모형에 초점을 두지는 않는다. 이는 선행연구들이 패러다임에 초점을 맞추어 왔기 때문이다. 독자들은 이러한 논의를 읽으면서 정신모형이라는 더 넓은 개념을 염두에 두기 바란다. 동일한 논리가 철학적 패러다임과 정신모형이라는 개념 모두에 적용 가능하다. 또한 이 장에서 논하는 여섯 관점은 서로 완전히 별개의 것이 아니라는 것 그리고 이에 대한 관점에 이 여섯 가지만 있는 것도 아님을 지적해 둔다. 단지 지금까지의 논의에서 지배적인 주장들을 대표하는 것이다.

요약 5.1 연구방법의 혼합, 그렇다면 패러다임 혹은 정신모형의 혼합은?

관점

- 사회과학 연구에서 철학적 패러다임의 본질은 무엇인가?
- 패러다임이 사회과학 연구 및 프로그램 평가 실제에서 하는 역할은 무엇인가?

순수주의자(purist) 관점

- 패러다임은 일련의 상호 연관된 철학적 가정(존재론, 인식론, 방법론적 가정)들로 온전한 전체를 이루기에 이를 존중하고 유지해야 한다. 서로 다른 패러다임의 가정들은 서로 어울릴 수 없다.
- 패러다임에 따른 가정은 실제 연구에서의 의사결정에 중요한 영향을 준다. 서로 다른 패러다임의 가정은 서로 양립 불가능하기에(함께 어울릴 수 없기에) 동일한 연구에서 여러 패러다임을 혼합하는 것은 불가능하다.

탈패러다임(a-paradigmatic) 관점

- 패러다임은 실재(reality), 지식, 방법, 가치에 대한 논리적으로 독립적인 철학적 가정과 관점으로 구성되므로 다양한 방식으로 혼합하고 대응시킬 수 있다.
- 실제 연구관련 의사결정에서 가장 중요한 것은 당면한 연구의 맥락과 문제의 실제적인 특성과 요구이지, 추상적인 철학 패러다임이 아니다.

내용이론(substantive theory) 관점

- 패러다임은 실재, 지식, 방법, 가치에 관한 철학적 가정과 관점으로 구성된다. 패러다임은 해당 분야의 내용이론에 내재하며 상호 연관된다.
- 실제 연구관련 의사결정에서 가장 중요한 것은 실시하고 있는 연구에 관련되는 내용적 쟁점이나 개념적 이론이지, 철학적 패러다임 그 자체는 아니다.

강점 상호보완(complementary strengths) 관점

- 패러다임은 실재, 지식, 방법, 가치에 관한 일련의 서로 연관되는 철학적 가정들로 구성되며 이를 존중하고 유지해야 한다. 서로 다른 패러다임의 가정들은 근본적으로 양립 불가한 것은 아니나, 중요한 측면에서 차이가 난다.
- 맥락 및 이론과 함께 패러다임에 따른 가정이 실제 연구관련 의사결정에서 중요한 역할을 한다. 서로 다른 패러다임의 가정은 중요한 측면에서 다르기 때문에 다른 패러다임하에서 실시되는 연구방법은 서로 구분되어야 한다. 이렇게 함으로써 패러다임 및 방법론의 충실성이 유지될 수 있다.

변증론(dialectic) 관점

- 패러다임은 일련의 실재, 지식, 방법, 가치에 관한 서로 연관되는 철학적 가정들로 구성된다. 서로 다른 패러다임의 가정은 중요한 측면에서 서로 다르지만 패러다임 자체는 역사적, 사회적으로 구성되는 것으로, 변경할 수 없거나 신성불가침한 것이 아니다.
- 맥락 및 이론과 함께 패러다임에 따른 가정이 실제 연구관련 의사결정에서 중요한 역할을 한다. 이러한 다름에 유의미하게 관여하기 위해, 그리고 서로 다른 패러다임을 같이 둠으로써 생기는 긴장을 통해 변증론적으로 더 향상되거나 새로운 이해를 발견하기 위해 서로 다른 패러다임을 존중하는 태도로, 의도성을 갖고 함께 사용할 수 있어야 한다.

대안적 패러다임(alternative paradigms) 관점

- 패러다임은 실재, 지식, 방법, 가치에 관한 다양한 철학적 가정들로 구성된다. 역사적으로 서로 다른 철학

적 패러다임은 서로 어울릴 수 없다는 생각은 현대의 실용주의, 과학적 혹은 비판적 실재론 혹은 변형-해방이론과 같은 새로운 패러다임을 통해 화해할 수 있게 된다.

■ 전통적인 연구 패러다임들은 더 이상 실제에 적절하지 않다. 혼합연구방법 실제에 영향을 주는 것은 맥락적, 이론적 요구와 함께 연구방법의 혼합을 적극적으로 수용하고 촉진하는 새로운 패러다임(예 : 실용주의)이다.

출처 : Greene and Caracelli, 1997a; Teddlie and Tashakkori, 2003.

순수주의자 관점

순수주의자 관점(1985년 Rossman과 Wilson이 처음 이렇게 명명했으며 Greene, Caracelli 및 Graham의 1989년 논문에서도 이렇게 부름)은 다양한 패러다임의 지지자들에 의해 발전한 것이다. 이러한 지지자들은 패러다임이란 서로 연관되거나 맞물려 있는 철학적 가정들로 구성되기에 전체를 그대로 존중하고 유지해야 한다고 주장한다. 물론 일부 가정(예 : 연구의 가치내재성)은 모든 패러다임에서 공유되지만, 일반적으로 각 패러다임의 고유한 가정은 그 패러다임을 충실하게 그대로 유지할 수 있어야 한다고 본다. 더구나 어떤 패러다임의 가정은 서로 모순되며 따라서 함께 혼합할 수 없다는 것이다. 존재론을 예로 들면, (인간의 정신과 무관하게) 객관적으로 알 수 있는 사회적 실재가 존재한다는 후기실증주의적 가정에 따르면 인간 경험의 의미는 사회적으로 구성되며 따라서 주관적으로 해석되는 것(인간의 정신에 의존하는 것)이라고 간주하는 구성주의적 가정과 어울릴 수 없다. 더 나아가 패러다임은 실제 연구에 대한 의사결정에 상당한 영향을 미친다. 즉 순수주의자들에 따르면 후기실증주의자들이 실험연구 혹은 준실험연구 설계를 선택하곤 하는 이유는 과학의 단선적 인과관계를 가정하고 이를 가치 있게 여기기 때문이다. 참여적 실행연구자들이 협력적인 연구과정을 선택하는 이유는 연구 참여자의 지식과 연구자의 지식이 동등한 지위를 갖는다고 가정하기 때문이다. 이렇듯 철학적 패러다임의 가정은 실제 연구에 대한 의사결정을 내릴 때 의식적으로 연관된다.

최근 순수주의자 관점은 질적-양적 연구 간의 대전투(제3장 참조)의 한가운데에서 Egon Guba와 Yvonna Lincoln(Guba, 1985; Lincoln & Guba, 1985, 2000; J. K. Smith, 1983 참조)과 같은 질적 연구 진영의 지도자들에 의해 맹렬하게 진전하였다. 이는 Guba와 Lincoln 등은 존재론, 인식론, 방법론적으로 상호 연관된 가정들(사회적 세계의 본질, 사회적 지식, 이를 가장 잘 생성하는 방법에 대한 가정들)로 정의하는 구성주의 및 해석주의 패러다임의 정당성 자체를 위해 싸우고 있었기에 충분히 이해가 된다. 결국 이 대전투는 연구방법에 대한 것이 아니라 이렇듯 심층적인 철학적 가정 혹은 정당화 논리에 대한 것이었다(제3장 참조). 다른 식으로 패러다임을 해석하는 것은 당면한 쟁점을 경시하는 것으로 보았으며 더 심각하게는 질적 연구방법과 연계되는 패러다임의 증명되지 못했던 정통성을 위협하는 것으로 여겼다. 따라서 순수주의자들에 따르면 연구방법을 혼합할 수는 있지만 단지 하나의 패러다임 내에서만 가능하다(후기실증주의 패러다임에서의 순수주의자 입장에 대한 최근 주장들을 살펴보려면 Cook, 2002, 2004, 및 Raudenbush, 2005 참조).

순수주의자 관점의 예

하나의 철학적 토대 혹은 정신모형 내에서 연구방법들을 혼합한 예로, 노인 요양보호 서비스의 '역동성'에 대한 한 연구(Sanchez-Ayendez, 1998)를 들 수 있다. (2006년 봄 학기에 혼합연구방법 대학원 강좌를 수강하며 이 예와 이 장에서 소개되는 다른 예들을 찾아낸 대학원생들에게 감사를 보낸다.)

　이 '질적 연구'는 "푸에르토리코의 중년 여성 요양보호사들이 비형식적 지원에 해당하는 업무를 수행해 내는 상황에 대해 깊이 있게 이해"(p. 76)하고자 하였다. 연구의 초점은 도구적 업무에 있었다. 연구자는 연구 표본집단에 속한 노인 및 요양보호사들의 배경정보를 알아보기 위해 몇 가지 표준화된 양적 도구(General Well-Being Schedule)를 활용하였다. 그리고 나서 요양보호사를 대상으로 실시한 면담에서는 도구적 요양보호 업무 및 이와 관련된 상호작용의 역동성에 관한 정보를 수집하기 위한 구조적 질문과 개방적 질문을 모두 포함하였다. 일상 업무(요리 등), 정규적인 비일상 업무(쇼핑 혹은 병원진료), 의료 비상상황 등의 업무 유형별로 일련의 결과들을 제시하였으며 참여자들이 전하는 중요한 이야기를 포함시켰다. 두 번째로 제시된 일련의 결과는 요양보호사들이 자신의 역할을 수행하면서 경험한 스트레스와 지원에 초점을 두었다. 여기에는 참여자의 이야기뿐만 아니라 일부 반응(예 : 얼마나 많은 요양보호사들이 가족들로부터 지원을 받는지, 그것이 누구인지)의 경우 빈도도 포함되었다. 결과에 대한 논의에서는 요양보호사들이 자신의 일을 어떻게 바라보고 이해하는지에 대한 '상황적이자 주관적 차원' 뿐만 아니라 요양보호사의 삶 속에서 이들의 요양보호 업무로 인한 어려움과 스트레스의 총체적인 특징을 강조하였다. "요양보호의 과정과 맥락에 주의를 기울이는 것은 아프거나 장애를 갖게 된 노인층의 상황 이해에 하나의 총체적인 차원을 더해 준다."(p.95) 이것은 해석주의 패러다임 혹은 정신모형을 반영하는 언어를 보여 준다. 물론 더 자신 있게 이것이 정말 해석주의적, 질적 연구인지를 알려면 저자에게 물어보아야 할 것이다. 그렇지만 연구의 형식, 결과의 제시, 해석 시 사용하는 용어들로 간주해 볼 때 해석주의 패러다임이라 할 수 있을 것이다. 따라서 혼합연구방법을 사용함에 있어서 순수주의자 패러다임 관점에 속하는 연구로 보인다.

탈패러다임 관점

탈패러다임 관점(Teddlie & Tashakkori, 2003에서 이렇게 명명함)은 순수주의자 관점의 반대라 할 수 있다. 이 관점의 명칭이 제안해 주듯 그 핵심 전제는 좋은 연구 실제에 있어 패러다임은 중요한 문제가 아니라는 것이다.

> 나의 실제적 (그리고 논란의 여지가 있는) 입장은 연구자는 심오한 인식론적 반성이나 철학적 사색을 먼저 하지 않더라도 좋은 면담자나 관찰자가 되는 법, 연구자료를 이해하는 법을 배울 수 있다는 것이다. (중략) [연구자는] 간단히 말해 특정한 이론적, 패러다임적 혹은 철학적 관점을 드러내지 않고서도 구체적인 프로그램이나 조직에 대한 문제에 대답하기 위해 면담을 실시하고 관찰자료를 수집할 수 있다. (중략) 하나의 패러다임 혹은 철학적 관점에 충성심을 나타내지 않고서도 말이다.(Patton, 2002, pp. 69, 145)

이 관점에서 패러다임이란 연구자가 방법론을 전개하고 이해하는 데 유용한 정보를 주는 추상적 개념이기는 하지만 단지 일반적인 아이디어라고 간주한다. 패러다임은 연구 실제를 기술하는(describe) 것을 돕지만 순수주의자들의 주장처럼 처방하여(prescribe) 주지는 않는다는 것이다. 그리고 패러다임 그 자체는 신성불가침한 것이 아니라고 본다. 오히려 패러다임이 가지는 다양한 가정과 관점은 상황에 적절한 방식으로 다양하게 혼합되고 대응될 수 있다는 것이다(Reichardt & Cook, 1999, 제4장의 관련 논의 참조).

이 관점을 지지하는 경우 실제 연구에 관련된 의사결정에 가장 영향력을 갖는 것은 연구 맥락의 구체적인 특징과 요구이다. 연구자에게는 연구 목적, 연구문제, 표본집단의 특징이 가장 중요할 것이다. 반면에 프로그램 평가자의 경우에는 평가의 특성 그리고 다양한 관계집단이 요구하는 정보가 프로그램 평가의 설계 및 방법에 일반적으로 가장 중요한 영향을 미친다. 프로그램 평가 분야에서 이러한 탈패러다임 관점은 Michael Patton의 '활용중심 평가이론(utilization-focused evaluation theory)'(2000)을 통해 가장 심층적으로 다루어졌다.

나는 경험을 토대로, 혼합연구방법을 활용한 연구 및 프로그램 평가 중 상당수(심지어 대부분)가 사실상 순수주의자나 탈패러다임 관점에 속한다는 주장을 과감하게 제기한다. 연구방법들을 혼합하며, 더 나아가 사려 깊게 혼합하지만 하나의 패러다임 관점 안에서만 혹은 더 일반적으로 연구자가 가진 하나의 정신모형 안에서만 혼합하는 것이

다. 정신모형에 대한 의식적인 관심이 있는지의 여부가 순수주의자와 탈패러다임 연구
자를 구분해 준다. 이 두 관점은 이론적으로 상당히 탄탄하며 지지자들에 의해 상당히
구체화되었다. 그렇지만 이 책에서 제시하는 관점, 즉 혼합연구방법의 사고양식이라는
아이디어에 토대한 관점에서 보면, 이러한 두 관점은 연구 실제에서 더 생성적이고 더
통찰력 있게 우리 사회를 이해할 수 있는 기회를 놓치고 있다.

탈패러다임 관점의 예

혼합연구방법을 활용하여 아동 학대 및 방임 가정을 방문함에 있어서의 어려움을 살펴본 한 연구
(LeCroy & Whitaker, 2005)가 탈패러다임 관점을 잘 보여 준다. 이 연구는 "가정방문자들이 직면하는
어려운 상황을 더 잘 이해함으로써 훈련에 활용할 수 있는 구체적 기술 및 능력을 찾고자"(p.1005) 질적
포커스 집단에 이어서 구조화된 양적 도구를 활용하였다. 구체적으로, 애리조나 주의 '건강한 가족
(Healthy Families)' 프로그램 모임에서 각각 5~8명의 가정방문자들로 이루어진 20개의 포커스 집단을
대상으로(n = 114) 하였다. 잘 훈련된 포커스 집단 조정자를 통해 포커스 집단에게 "[가정방문에서] 경험
했던 어려운 상황, 어떻게 해야 할지를 몰랐던 상황, 제대로 이루어지지 못했던 상황의 목록을 만들도록"
(pp. 1005-1006) 하였다. 연구자들은 포커스 집단이 열거한 많은 상황으로부터 77개의 문제 상황 목록
을 만들고 빈도와 난이도에 대해 리커르트 척도를 부여하였다. 또 다른 '건강한 가족' 가정방문자 표본집
단에 이 도구를 배부하였으며 그중 91명(90%)이 응답하였다. 그 결과에 대하여 기술통계와 함께 주성분
요인분석을 실시하여 응답자의 난이도 평정에 내재된 요인들을 분석하였다.

논문에서는 이 연구도구에서 나온 자료에 집중하였으며 가장 빈번하고 가장 어려운 것으로 평정된
가정방문 상황의 특징 그리고 내재되어 있을 수 있는 요인을 강조하였다. 가장 어려운 상황의 예로는
'자살하겠다고 위협하는 부모를 돕는 것' 그리고 '무더운 여름 날씨에 가정방문을 하는 것' 등이 있었다.
논의에서는 가정방문자 훈련을 위한 시사점을 강조하였다. 예컨대, "빈도 평정결과는 (중략) 상당히 직
접적인 훈련 계획을 제안하는데, 예컨대 십대 미혼모들을 대하는 것, 가정방문 동안 실시할 활동, 의욕
이 없는 가족을 지원하는 것 등에 대하여 말해 준다."(p. 1009)라고 하였다.

이 연구자들은 연구 논문에서 패러다임 가정에 대해 전혀 언급하지 않았다. 오히려 이 연구는 (1) 사
회적 세계는 우리의 구성이나 해석과 무관하게 존재한다는 실재론적 존재론(realist ontology) 혹은 가
정에 토대하며, (2) 인간을 둘러싼 대부분의 맥락이나 상황의 복잡성(complexity)에 주목하고 이해하며,
(3) 질적, 양적이라는 서로 다른 유형의 방법과 자료가 각각 갖는 역할 및 기여를 높이 사며, (4) 현장종
사자의 관점과 경험을 중시하는 등의 특정한 정신모형에 기반하는 것으로 보인다. 이 연구는 연구하고
있는 현상에 가장 가까운 사람들의 시각과 경험으로부터 특정한 맥락 안에서 가정방문이 갖는 특정한
어려움을 더 잘 이해해 보고자 하였다. 이는 맥락적 반응성을 보여 주며 따라서 탈패러다임 관점에 속하
는 혼합연구방법에 적합한 예라 할 수 있다.

내용이론 관점

요약 5.1의 세 번째 관점은 프로그램 평가 분야에서 주로 이루어져 온 혼합연구방법에 대한 일부 논의에서 나온 것이다. 사용하는 방법보다는 평가하는 프로그램의 내용이론을 우선시하는 평가모형(Bickman, 1987, 1990; Chen, 1990; Chen & Rossi, 1983; Pawson & Tilly, 1997; Rogers, Hacsi, Petrosino, & Huebner, 2000; Weiss, 1998)과 관련되는 것이다. Van der Knaap(2004)는 이론중심(theory-oriented) 평가[1]가 사실 "프로그램에 대한 실증주의적 접근과 구성주의적 접근을 조화시킬"(p. 28) 가능성이 있다고 주장하였다. 전통적으로 방법론에 좌지우지되어 온 프로그램 평가 분야에서 내용이론을 강조하는 접근방법은 종전과 상이한 이탈로 간주된다. 다른 사회과학 분야의 경우, 해당하는 내용이론이 최소한 부분적으로는 전형적으로 실제에 영향을 미친다.

프로그램 평가에서는 평가가 주로 우리 사회가 가진 문제를 가장 잘 다룰 수 있는 방안에 대한 개념적, 실제적 지식 구축에 기여해야 한다고 주장한다(House, 1994). 평가자들이 어떤 한 맥락에서 어떤 한 프로그램의 설계와 실시상의 효과와 유의미성을 이해하는 데 초점을 맞춤으로써, 나아가 그 사회문제에 대한 해당 프로그램 차원의 반응을 더 잘 이해하고, 시간이 흐르면서 점차 사회문제를 가장 잘 해결할 수 있는 방안에 대하여 더 잘 알게 된다. 이렇게 할 수 있는 좋은 방안의 하나는 평가연구에서 해당 프로그램의 이론을 활용하는 것이다. 이러한 프로그램 이론은 프로그램 평가 설계와 방법 선택에 영향을 주게 되고, 따라서 방법론이 아니라 프로그램 이론이 주도하는 평가가 이루어진다.

이 관점에서 패러다임은 중요하지 않다. 의도된 바이며, 이는 앞에서 논한 탈패러다임 접근과 공통점을 갖는 지점이다. 여기서 중시되는 것은 연구하고 있는 대상에 적절한 개

---

1) 역주 : 프로그램 평가의 한 모형으로 점차 확장되고 있는 이론중심(theory-based, theory-oriented, 또는 theory-driven이라 불림) 평가는 1970년대에 Weiss 등에 의해 제안된 이래로 1980, 1990년대에 Chen이나 Rossi 등의 평가이론가들에 의해 발전된 모형이다. '프로그램 이론(program theory)'을 토대로 프로그램을 이해하고 평가를 실시하는데, 여기서 프로그램 이론이란 프로그램 실시와 달성하고자 하는 결과의 발생 사이에서 이루어지는 메커니즘으로, 흔히 규범적 이론과 인과적 이론으로 나뉜다. 규범적 이론은 프로그램이 당연히 가져야 하는 목적과 결과, 중재요인 및 근거 등을 말하는 것이며, 인과적 이론은 기존 선행연구를 바탕으로 맥락에 맞추어 프로그램의 기대결과를 기술하는 것이다. 이러한 이론을 토대로 어떤 한 프로그램이 어떤 원리로, 어떻게 작동하는지를 이해함으로써 더 의미 있는 프로그램 평가를 실시할 수 있다고 보는 접근방법이다.

념적, 실체적 내용이론이다. 내용이론으로 아동비만에 기여하는 주요 요인, HIV/AIDS의 확산과 상관된 요인, 유색 청소년들이 학교에 끝까지 다니도록 할 수 있는 의미 있는 동기부여 방법, 지속성과 연관되는 비영리기구의 특성 등을 예로 들 수 있다. 이 관점에서 패러다임은 적절한 내용이론에 한데 얽혀 있거나 내재되어 있을 수 있다. 학교에서 성공하느냐, 실패하느냐가 개별 학생이나 그 가족에게 달려 있다고 보는 이론은 학교에서의 수행이 운영 정책상의 구조적, 경제적 제도에 좌우된다고 보는 이론과 매우 상이한 패러다임 가정을 갖고 있을 것이다.

혼합연구방법 이론에 있어서 이 관점이 갖는 중요성은 방법이 이론적 개념에 종속된다고 주장하는 점이다. 특히 연구자료를 방법에 따라 분석하고 종합하는 것이 아니라 오히려 개념 혹은 이론에 따라 자료분석이 구조화되고 조직된다. 예컨대 프로그램 평가연구에서는 결과를 방법별로 각각 제시하지 않고 평가문제나 주요 프로그램 요소별로 제시한다. 다시 강조하건대, 전통적으로 방법이 주도해 온 프로그램 평가 분야에서 이는 의미심장한 이탈이다.

example
예 시

내용이론 관점의 예

혼합연구방법에 있어 이러한 패러다임 관점을 의도적으로 활용한 예로 중학교에서 "정규적인 학급활동 속에 능동적인 학습전략, 컴퓨터 접근성, 간학문적 수업을 통합시키고자 한 프로그램"(Cooksy, Gill, & Kelly, 2001, p. 121)의 평가를 들 수 있다. 이 프로그램에서는 학생들이 소집단으로 컴퓨터 영역에서 개별 과제를 하거나 탐구영역에서 실물활용 과제를 협동적으로 하거나 쓰기 영역에서 글쓰기를 하는 등의 활동을 한다. 학생들은 다양한 영역을 번갈아 경험하면서 다양한 방식으로 학습자료를 접한다. 이 프로그램은 한 학교에서 2년간 시범 실시된 후 형성적 평가를 받고서 다른 두 학교로 확장되었으며 세 번째와 네 번째 해에 그 결과를 평가받고 있다.

결과평가를 위해 평가자들은 문서분석과 면담을 통해 논리적 모형 형태의 프로그램 이론을 개발하고 다양한 프로그램 관계자들과의 협의를 통해 거듭 정교화하였다. 자원, 활동, 단기 및 장기 결과 등의 프로그램 주요 요소를 담고 있는 논리적 모형은 그 프로그램이 어떤 방식으로 운영되도록 되어 있는지에 대해 종합적으로 보여 준다. 예컨대 이 논리적 모형에서 교사활동에는 '협동학습, 다양한 학습영역 경험, 컴퓨터 활용에 대한 학생지도' 그리고 '적절한 (참)평가 개발'이 포함되어 있었다. 초기에 학습자에게 기대되는 결과에는 '자기주도'와 '컴퓨터 기능'이 포함되었다.

평가자들은 이 평가에서 논리적 모형의 가치를 강조하였는데, 단기 학습자 성취결과로 컴퓨터 기능 향상을 찾았고 이를 논리적 모형 속에서 프로그램 활동과 학습자의 장기적 학습결과 간의 연결고리로 보았다. 프로그램의 논리적 모형에 의하면 "컴퓨터 기능이 향상하려면 첫째 교사가 컴퓨터를 학급과제에 포함하는 것, 둘째 학생들이 컴퓨터에 접근성을 갖는 것이 중요했다. 이러한 두 활동에 관한 증거자료는 교사와 학생 대상 설문지였다."(p. 124) A 학교에서 교사들은 "학습활동을 위해서 그리고 수업목표를 지원하기 위해서 컴퓨터를 자주 활용"하였으며 평가되는 A 학교에 다니는 학생들은 통제집단의 또래들에 비해 "더 정규적으로 컴퓨터를 활용한다고 보고"(p.126)하였다. B 학교에서는 교사들이 컴퓨터를 덜 자주 활용한다고 보고하였으며, 프로그램에 참여한 B 학교 학생들의 경우 컴퓨터 접근성이 증가하였다고 보고한 경우와 줄어들었다고 보고한 경우가 거의 비슷하였다. 이러한 패턴을 토대로, 평가자들은 B 학교에 비하여 A 학교에서 컴퓨터 기능이 더 향상되었다는 증거를 찾을 것으로 기대하였다.

　그런 후 평가자들은 학생들의 컴퓨터 기능에 대한 다양한 자료를 수집하였는데 각 학교 내에서 차이가 있었으며 교사의 실시 및 학생들의 접근성에 기초한 예측과 달랐다. 이때 평가자들의 반응은 좋은 혼합연구방법 사고양식을 잘 예시해 주는데, 이들은 연구도구의 문제, 교사 반응에서의 과장(프로그램 참여에 따른 긍정적인 편견으로 인한 것일 수 있음), 사실상 상이한 관점(예컨대 학생의 관점과 부모의 관점)을 알아본 연구도구 등을 포함하여 이러한 차이를 설명해 줄 수 있는 이유들을 찾아보았다. 평가자들의 반성적 사고를 요약한 내용은 다음과 같다.

　다양한 연구방법으로부터 나온 결과를 함께 두고 볼 때 컴퓨터 기능에 대한 학생, 교사, 부모의 반응은 학교 내에서와 학교 간에 모두 일관성이 없다는 사실이 두드러지게 나타났다. 이와 비슷하게, 프로그램 실시에 따라 예측했던 자료에 비추어 성취결과 자료를 분석해 본 결과, 기대했던 패턴과 실제 자료가 서로 일치하지 않았다. 여러 방법으로 구한 자료가 서로 수렴되지 않았다는 사실과 더불어 학교에서의 프로그램 실시와 성취결과 패턴도 일치하지 않는 것은 컴퓨터 기능에 대한 [프로그램] 효과가 관찰되지 않는다는 우리의 결론을 강화하였다.(p. 127)

　이 평가연구 전반에 사용된 용어들은 지식이나 사회적 세계에 관한 것이 아니라 개념, 패턴, 예측에 관련된 것이다. 따라서 이 평가연구는 내용이론 패러다임 관점을 보여 주는 실례라 할 수 있다.

　내용이론 관점의 또 다른 예로 도시 청소년들의 약물사용에 대한 공간적, 생태발달적(ecodevelopmental) 이해를 위하여 표준화 검사 및 개방형 면담과 함께 지리정보시스템(GIS)을 활용한 연구(Mason, Cheung, & Walker, 2004)가 있다. 다양한 방법으로 구한 자료들을 통합한 이 연구의 전체적 방향을 결정지은 것은 연구자들의 생태발달 모형으로, (Bronfenbrenner의 원래 생태모형과 유사하게) 중심부에 청소년을 두고 그 주위로 환경적 활동 및 영향이라는 동심원을 여러 겹 상정하고 있다. 연구에서 사용된 모형의 특징에는 GIS 데이터와 지리적 표상을 포함한 것과 청소년 자신의 사회적 네트워크를 강조한 것이 포함된다.

강점 상호보완 관점

요약 5.1의 네 번째 패러다임 관점은 Teddlie와 Tashakkori(2003)가 강점 상호보완 관점 (complementary strengths stance)이라 명명한 것이다. 이 관점은 John Brewer와 Albert Hunter(1989)가 저술한 혼합연구방법에 대한 초기 저서이자 영향력 있는 저서 (제목이 『혼합연구방법』이 아닌 『다중연구방법』임에 주목)에 그 뿌리를 둔다. "[다중연구방법을 활용한 연구의] 근본적인 전략은 강점을 보완하는 동시에 약점이 서로 겹치지 않는 연구방법들로 연구문제를 공략하는 것이다."(p. 17)라고 하였다. 약점이 되는 편견의 상쇄, 따라서 혼합연구방법의 삼각측정을 위한 방법들 간의 수렴(convergence)을 우선시하는 동시에 이들은 확산적 결과의 가치에도 주목하였는데 이것이 "연구문제를 더 심층적으로 분석할 필요성을 신호하는 것."(p. 17)이라 하였다. 더 나아가 Brewer와 Hunter는 혼합연구방법으로 연구할 때 어떤 방법이든 잘 실시하는 것이 중요하다고 강조하였다. 즉 수준 높고 완전하게 실시하여야 원래 도출하고자 한 연구자료를 가장 잘 도출할 수 있다는 것이다. 예컨대 실험실에서 이루어지는 실험은 외적 타당도는 제한되지만 정확한 인과성을 밝히는 연구자료를 도출할 수 있게 되어 있는 반면에 설문조사는 일반화 가능성이 높고 관계를 밝히는 연구자료를 도출할 수 있다. 다중연구방법을 활용할 때 각 연구방법의 구체적인 장점이 잘 보존되어야만 하며, 그렇지 않으면 다양한 연구자료들 간의 비교 가능성이 훼손된다.

Janice Morse(2003)는 하나의 연구에서 연구방법을 혼합하는 것과 전체 연구 프로그램 속에 속하는 여러 하위연구들에 걸쳐서 연구방법을 혼합하는 것을 구분함으로써 강점 상호보완 관점을 더욱 정교화시킨다. Brewer 및 Hunter와 마찬가지로, Morse는 연구방법의 혼합에 따라 야기될 수 있는 방법론적 충실성에 대한 위협에 우려를 표한다. "우리는 (중략) 연구방법을 임의로 혼합하는 것(즉 '뒤죽박죽된 연구방법'[Stern, 1994])이 방법론적 가정들을 위반할 수 있기 때문에 타당도에 대한 심각한 위협이 될 수 있다는 사실에 계속 유념해야 한다."(p. 191)라고 지적하고 있다. 그녀는 하나의 연구에서는 하나의 '이론적 흐름', 즉 "원래의 문제나 목적에 따라 결정되며 주로 귀납적이거나 연역적인 전체적인 연구의 방향"(p. 190)이 있어야 한다고 주장한다. 따라서 전체적으로 귀납적인 이론적 흐름을 가진 연구라면 주축이 되는 질적 연구방법론에 비해 이러한 '이질적인 방법은 부가적'이며 주로 질적 연구결과의 해석이나 예시를 돕는 데 사용되어야 한다는 것이다. 전체적으로 연역적인 연구에 사용되는 질적 연구방법도 이와 유사한 역할을 해야 한다고 본다. 하나의 패러다임 내에 수행된 여러 연구에서 각기 다른 유형의 방법론이 지배적일 수 있다. Morse는 개별 연구에 각기 다른 연구방법론을 활용하는 것도 **다중연구방법**이라 부르는데 "각각이 하나의 프로젝트에서 그 자체로서 완전하고 엄격하게 실시되어야 한다. 그런 다음 그 결과들을 삼각측정하여 하나의 종합적인 전체로 구성한다."(p. 190)라고 하였다. (제7장의 혼합연구방법의 설계에 대한 Morse의 이론 논의 참조)

　요약하면 혼합연구방법에 대한 강점 상호보완 관점은 연구 실제를 구체화하는 데 있어서 패러다임이 중요한 역할을 한다고 보며, 각 방법론적 전통을 본래 대로 충실하게 유지하는 것이 각 전통의 강점을 충분히 존중하면서 옹호할 수 있는 충실한 결과를 생성하는 데 중요하다고 본다. 여러 이론가들이 이렇게 할 수 있는 최선의 방법에 대해 다양한 전략을 제안하고 있다. 방법론적 충실성은 제9장에서 다시 살펴볼 중요한 쟁점이다.

강점 상호보완 관점의 예

강점 상호보완 관점의 실제 적용에 대한 좋은 예로 Eckert(1987)가 경제발전과 주택고급화에 따라 한 도시의 시내 호텔에서 거주하던 저소득층 노인의 강제 퇴거에 관해 알아본 일련의 연계된 연구가 있다. 문화기술적 연구에 주된 토대를 두고 세밀한 계획하에 이루어진 순차적 연구에서 질적 연구와 양적 연구를 모두 혼합함으로써 "질적/경험적 접근법을 통해 얻은 통찰과 이해를 그대로 유지하면서 연구결과를 반복, 확증, 일반화할 수 있는 가능성을 높이고자"(p. 242) 하였다. 전체 연구를 세 단계가 포함된 나선형으로 계획하여 맥락을 알 수 있는 문화기술에서 출발하여 보편적, 일반화 가능한 설명을 향해 나아갔다.

　첫 번째 단계(4년간 지속)에서 연구자는 고정된 수입으로 호텔방 한 칸에서 살아가는 노인들이 변화하는 도시 환경 속에서 어떻게 적응하고 생존하는지를 문화기술적으로 이해하고자 하였다. 연구자가 시내의 한 호텔에서 프론트 안내직원으로 일함으로써 노인 투숙객들과 신뢰하는 관계를 맺고 그들의 일상생활 경험에서 이루어지는 리듬, 기쁨, 어려움을 이해할 수 있었다. Eckert는 또한 그 호텔에 사는 투숙객들을 더 넓게 표집하여 이러한 쟁점 주제들에 대해 알아볼 설문지를 개발하고 실시하였다.

　설문지를 통해 참여관찰에서 나타났던 범주와 아이디어에 대하여 더 견고한 연구자료를 얻을 수 있었다. 설문연구를 통해 얻은 양적 자료 중 그 어떤 것도 관찰만으로는 얻을 수 없었을 것이다. 반면에 설문지의 질문이나 그 적절성에 대해서는 관찰이 없었더라면 확보할 수 없었을 것이므로 둘 다 필요하다.(p. 250)

이 연구의 두 번째 단계는 가설검증과 설명으로 이루어졌는데, 특히 이 지역(도시계획자들에게는 '황폐화된' 것으로 여겨짐)의 재개발로 인해 시내 호텔에서 퇴거하여 다른 곳으로 이사를 가야만 했던 노인들이 경험한 스트레스에 대해 알아보았다. 준실험 설계를 사용하여 강제퇴거 당했던 노인들을 그런 강제퇴거 조치를 받지 않은 인근 호텔에 사는 유사한 노인집단과 비교하였다. 두 번째 단계에서 측정한 단기 결과에서는 강제퇴거가 노인들의 건강에 부정적인 효과를 미친 것으로 나타나지 않았다. 그렇지만 Eckert는 장기적인 결과는 어떨지 궁금하였다.

이 궁금증은 세 번째 단계로 이어졌는데 본질적으로 두 번째 단계의 비교 설계를 2년간 확장하였으며, 아울러 현장에서 강제퇴거 경험과 그 효과를 더 잘 이해할 수 있도록 소규모의 문화기술 연구방법으로 보완하였다. 흥미롭게도 더 장기적인 결과에서도 강제퇴거로 인한 건강문제는 발견되지 않았다.

이 모범적인 혼합연구는 강점 상호보완 패러다임 관점을 잘 보여 주는데 그 이유는 각각의 패러다임과 방법론적 전통에서 전형적인 앎의 방식을 존중하기 때문이다. 더 나아가 이러한 존중은 다양한 연구방법들을 각각의 고유한 철학적 가정에 상당히 충실하게 실시할 수 있도록 순차적으로 설계한 데에서 실천되었다. 어느 정도는 연구방법들이 불가피하게 연관되었지만, 연구 설계에 있어 각각의 연구방법을 별개로 실시함으로써 고유의 충실성을 유지하고자 하였다.

변증론 관점

저자가 선호하는 혼합연구방법 패러다임 관점은 변증론 관점이다. 그러나 다른 관점들도 인정하고 수용하며 내가 실시하는 연구에 일부 채택하기도 한다. 사실 혼합연구방법 분야에서 중요한 쟁점은 언제 단일연구방법 접근보다 혼합연구방법을 택할 것인지(Datta, 1997b)라는 더 넓은 문제와 함께, 다양한 혼합연구방법 패러다임 관점에 가장 적합한 연구 상황이 어떤 것인지를 찾아내는 것이다.

내가 다른 관점들에 비해 변증론 관점을 택하여 발전시키고자 하는 것은 그 생성적 가능성(Greene, 2005c; Greene, Benjamin, & Goodyear, 2001; Greene & Caracelli, 1997a, 1997b) 때문이다. 나는 방법론적 접근으로는 전반적으로 하나의 연구방법보다는 연구방법을 혼합하는 것이 연구하고 있는 현상을 더 잘 이해할 수 있게 해 준다고 본다. 모든 연구방법이 각각 단지 하나의 시각, 하나의 부분적인 관점만을 제공하기 때문이다. 그리고 더 잘 이해하는 데는 생성적 통찰이 가장 중요하다고 생각하는데, 이는 서로 다르게 보고 다르게 이해하는 방법들이 서로를 존중하며 소통함으로써 가장 잘 이루어질 수 있기 때문이다. 우리의 풍부한 철학적 패러다임 전통 그리고 이보다 더 풍부한 다양한 정신모형들 덕분에 우리는 다양한 방식으로 보고 이해하는 것이 가능하며 다양한 대화상대를 많이 접할 수 있다. 혼합연구방법 변증론 관점은 다음과 같이 추구하고 있다.

> 이해는 특수성과 일반성, 맥락적 복잡성과 패턴화된 정규성, 내부적 관점과 외부적 관
> 점, 전체와 이를 구성하는 부분, 변화와 안정, 평등과 수월성 등의 여러 가닥으로 엮어진
> 다. 즉 [이는] 수렴보다는 통찰을 추구한다. (중략) 서로 다른 렌즈, 시각, 관점들이 함께
> 함으로써 중요한 이해와 깨달음이 가능해진다. 좋은 혼합연구에서는 서로 다르다는 것
> 이 구성적이며 본질적으로 생성적이다.(Greene, 2005c, p. 208, 원전에서의 강조)

Charles Ragin(1987)은 한 연구에서 변인중심 연구와 사례중심 연구라는 서로 다른
전통을 통합하는 비교연구를 실시하기 위해 유사한 변증론적 틀을 사용하였다. "이론적
관념과 연구자료분석 [그리고 증거] 간에 펼쳐지는 대화의 본질은 사용되는 자료분석방
법의 성격에 영향을 받는다."(p. 165)라고 주장하면서 Ragin은 인과적 정규성과 맥락적
복잡성을 모두 포함할 수 있도록 대화를 확대하였다. 더 나아가 Ragin은 관념과 증거 간
의 이러한 대화를 위하여 분석틀로서, 복잡성을 희생하지 않고서 많은 사례를 다룰 수
있는 방법으로 불 대수(Boolean algebra)를 제안했다. (이러한 불대수 접근법을 위해
Ragin이 개발한 소프트웨어와 퍼지 집합[fuzzy set][2] 분석에 대한 연구에 대해 알아보
려면 http://www.u.arizona.edu/~cragin/cragin/publications.shtml 참조)

주지한 바와 같이, 나는 변증론 관점이 또한 다름에 대한 의미 있는 관여를 가능하게
해 주며 따라서 관용, 수용, 평등이라는 가치를 장려하기에 지지한다. 방법론에서 가치
를 떼어 낼 수 없다고 생각하며 나의 연구가 공공의 선을 위하며, 건전한 민주주의에 조
화를 이루는 가치(Greene, 2005b, 제1장 참조)를 함양할 수 있도록 추구한다. 이 관점에
서 혼합연구방법은 단지 방법론적 진보만이 아니라 사회정치적 진보이기도 하다
(Greene, Benjamin, & Goodyear, 2001; Greene, 2002; Kushner, 2002 참조).

---

2) 역주 : Lotfi A. Zadeh(1965)가 소개한 개념으로 기존 집합이론(set theory)에서 이분법적으로 집합
   에 속하든가(1) 혹하지 않든가(0)로 구분하던 것을 확장하여 집합에의 소속 정도가 0에서 1까지의 다
   양한 값을 갖는다.

변증론 관점의 예

Stephen Kemmis와 Robin McTaggart(2000)가 주창하는 참여적 실행연구(Participatory Action Research: PAR)에는 혼합연구방법 변증론 관점과 유사한 가치관이 담겨 있기에 변증론 관점의 실례로 볼 수 있다. 사실 Kemmis와 McTaggart는 참여적 실행연구가 "지난 세기에 사회과학 연구 분야를 괴롭혔던 '패러다임 전쟁'을 넘어서고자 하는 의지"(p. 573)라고 본다. 이들의 주장은 폭넓고 복합적이기에 여러분이 직접 깊게 탐색해 보기를 권한다. 여기에서는 예시의 목적을 위해 Kemmis와 McTaggart가 제시하는 참여적 실행연구의 두 가지 측면을 소개하고자 한다.

첫째, 참여적 실행연구는 근본적으로 사회 이론가 및 연구자의 외부 관점뿐만 아니라 세상이 돌아가는 방식에 만족하지 못하며 변화를 원하는 사회 참여자의 일상적인 관점 간에 사회 변화를 추구하며 이루어지는 대화로 개념화된다.

> 참여자 관점은 사회이론에 상당한 도전을 안겨 준다. 사회이론 전문가들이 강요하는 관점을 받아들이도록 참여자들을 세뇌시키지 않고, 참여자 자신들이 참되고 설득력 있다고 생각하는 방식으로 '일상적' 의견을 분명하게 말하기 때문이다. (중략) 참됨의 기준은 '지평 융합 (the melting of horizons)'(Gadamer, 1975)으로 묘사되곤 하는 변증론, 즉 상호주관적으로 자신의 관점과 다른 사람들의 관점(내부에서 그리고 외부에서)으로 사물을 바라보는 것을 포함한다.(pp. 573-574)

둘째, Kemmis와 McTaggart는 자신들의 참여적 실행연구 이론을 중심에 놓고 실제(practice: 변화를 만드는 인간의 행위)를 다섯 가지로 개념화하였다. 이 중 네 가지는 현상 및 방법을 개념화하는 데 있어서 개인 혹은 사회/전체를 강조하는 관점 그리고 객관성 혹은 주관성에 관한(외부적 혹은 내부적) 관점으로 구분된다. 이렇게 2×2로 이루어진 네 가지 실제의 개념과 함께, 각각의 2×2 행렬에서의 위치(강조된 부분), 관련된 방법론, 대표적인 연구방법은 다음과 같다.

1. 개인적 행동으로서의 실제 : 외부에서 바라보는 실제로 개인적 수행, 사건, 효과로 이루어짐(**개인적-객관적** : 양적, 상관-실험 방법론 : 검사, 심리측정 도구)
2. 사회적, 체계적 행동으로서의 실제 : 외부에서 바라보는 실제로 더 넓은 사회적, 물리적 조건 및 상호작용으로 이루어짐(**사회적-객관적** : 양적, 상관-실험 방법론 : 체계분석)
3. 의도적 행위로서의 실제 : 행위자의 내부적 관점에서 바라보는 실제로 의도, 의미, 가치로 이루어짐(**개인적-주관적** : 질적, 해석적 방법론 : 임상분석, 연구일지, 일기)
4. 사회적으로 구조화된 실제 : 내부에서 바라보는 실제로 언어, 담론, 전통으로 이루어지며 대화 공동체 구성원들의 내부적인 사회적 관점(**사회적-주관적** : 질적, 해석적 방법론 : 역사적 분석, 담론분석)

Kemmis와 McTaggart는 여기에 보태 실제 및 관련되는 방법론에 대한 다섯 번째 관점을 제시하였는데 정치적, 반성적(reflexive), 변증론적인 것으로 보는 것이다. 이 다섯 번째 관점에서는 "실제를 연구하는 것은 이를 변화시키기 위한 것이며, [따라서] 이를 연구하는 과정은 또한 '정치적'이다."(p. 578)라고 본다. 더구나 이러한 유형의 연구는 본질적으로 반성적이다. 즉 "실제 그 자체뿐만 아니라 실제를 연구하는 근본입장에 대해서도 밝혀 가는 과정이다."(p. 578)

> 실제와 그에 대한 연구를 이렇게 바라보는 관점은 또한 본질적으로 변증론적이다. 실제에 대한 이러한 관점은 앞의 네 가지 관점을 서로 구분 짓는 이분법 혹은 이원론적 사고에 도전장을 내민다. (중략) 이러한 차원 각각을 극단적인 정반대가 아니라 사물의 이렇듯 다른 측면 간의 상호성과 관계 측면에서 바라보고자 한다. (중략) 변증론적으로 이해하기 위하여 (중략) 서로 반대되지만(그리고 종종 모순되기도 하지만) 인간적, 사회적, 역사적 실재에서 서로 필요한 측면들로, 각 측면이 다른 측면을 보완한다.(p. 578)

> 이러한 다섯 번째 관점에서의 실제는 사회적, 역사적으로 구성된 것, 그리고 인간의 행위와 사회적 행위로 다시 구성되는 것으로 간주된다. 참여적 실행연구와 같은 비판적 방법론(critical methodologies)이 실제에 대한 이러한 관점을 함께 공유한다. 참여적 실행연구에서 "사회 변화에서 필수불가결한 요소는 참여자의 변화"(p. 590)이기 때문에 참여자 관점을 우선시한다.
> 요약하면, Kemmis와 McTaggart가 발전시킨 참여적 실행연구에서는 다름과 다양성(관점, 행위, 방법론적 전통 모두에서)을 인정하고 정당성을 부여하며 그러한 다양성에 관여하여 변증론적, 대화중심 과정을 거쳐 서로 보완하는 이해로 나아가는 것을 추구한다. 이런 식으로 참여적 실행연구를 개념화한 것은 혼합연구방법의 변증론 패러다임 관점에 내재된 가정, 입장, 가치관의 좋은 예라 할 수 있다.
> 변증론 패러다임 관점에서 혼합연구방법을 활용한 연구의 또 다른 좋은 실례로, 이 책의 '쉬어가기 1'에서 소개하는 브라질의 아마존 영토 활용연구(John Sydenstricker-Neto, 2004)를 들 수 있다.

대안적 패러다임 관점

혼합연구방법의 패러다임에 관한 마지막 관점은 이 분야의 이론가들 사이에서 가장 널리 받아들여지는 것이라고 할 수 있을지도 모른다. 이 관점에서는 다른 관점들과 유사하게 패러다임을 바라보며, 강점 상호보완 관점이나 변증론 관점에서와 같이 패러다임이 (맥락적, 이론적 고려와 더불어) 실제 연구에 필요한 의사결정에 영향을 미치는 역할을 한다고 본다. 구분되는 점은 이 관점을 지지하는 이들은 연구방법의 혼합을 본질적으로 환영하며 심지어 요구까지 하지만 양립 불가한 철학적 가정이나 관점문제에 신경을 쓰지 않는 대안적이며 더 '발현적(emergent)' 패러다임을 상정함으로써 연구방법을 혼합하면서 패러다임을 혼합하는 것과 관련된 어려움에 대응하고자 한다. 즉 대안적 패러다임은 고유한 내적 일관성과 충실성을 갖고 있기 때문에 더 오래된 전통을 가진 패러다임을 두 가지 이상(예 : 후기실증주의와 사회적 구성주의 또는 실재론과 비판적 페미니즘 등) 함께 활용하는 것에 수반될 수 있는 갈등과 어려움을 배제한다.

　사회과학 혼합연구방법에서 지지하는 대안적 패러다임 중에서 가장 인기 있는 것은 실용주의(pragmatism: Datta, 1997b; Howe, 1985, 1988, 2003; Johnson & Onwuegbuzie, 2004; Tashakkori & Teddlie, 1998; Teddlie & Tashakkori, 2003 등에 의해 발전)라 할 수 있다. 또한 혼합연구방법의 대안적 관점으로 관심을 끌고 있는 것으로는 과학적 실재론(scientific realism: House, 1994; Maxwell, 2004a; Niglas, 2004; Pawson & Tilly, 1997), 변형적 혹은 해방적(emancipatory) 사회과학 패러다임이 있다. 다음에서는 이러한 대안적 패러다임 각각을 간단하게 소개하면서 혼합연구방법과 연관하여 강조하고자 한다.

실용주의

실용주의는 확연하게 미국적인 철학적 전통으로, "자연과학자이자 철학자인 Charles Sanders Pierce(1839~1914), 심리학자이자 철학자인 William James(1842~1910), 철학자, 심리학자 그리고 교육학자인 John Dewey(1859~1952)라는 세 명의 위대한 미국인의 업적"(Biesta & Burbules, 2003, pp. 3-4)에 뿌리를 두고 있다. George Herbert Mead 그리고 보다 최근에는 Richard Rorty 등의 신실용주의자들도 중요한 기여를 하였다. 실용주의에 대해 논할 때 특히 어려운 점은 실용주의가 하나가 아니라 많이 존재한다는 사실인데, 이것은 원래의 세 실용주의자들의 서로 다른 학문영역, 이들이 연구에서 다루었던 상이한 주제로부터 유래한 것이다.

　Johnson과 Onwuegbuzie(2004)는 실용주의를 혼합연구방법의 패러다임으로 삼을 것을 주장하면서, 이 실용주의의 철학적 전통이 갖는 일반적, 종합적 특징을 제시한 바 있다. 이들은 실용주의의 역할은 철학에서 독단적 교조주의와 극단적 회의론 간에 중간 지점을 찾고, 역사적으로 어느 주장이 옳지 않은가에 대해 이원론적으로 바라보던 전통적인 여러 철학사조들에 대하여 가능한 해결책(때로는 직설적인 반대를 포함하여)을 찾는 것이라고 본다.

　이들이 제시하는 실용주의의 특징에는 다음이 포함된다.

- 자연적 혹은 물리적 세계의 존재와 중요성을 인정하면서 언어, 문화, 인류가 세운 기관, 주관적 사고 등을 포함하는 사회적, 심리학적 세계도 인정한다.
- 인간이 실제로 경험하는 내적 세계의 실재 및 영향력을 중요하게 생각한다.
- 지식이란 구성되는 것이기도 하며 또한 우리가 경험하며 살고 있는 세계의 실재에 토대하는 것이기도 하다[고 본다].
- 역사적으로 널리 받아들여졌던 주체와 외부 객체 간의 인식론적 구분 대신에 자연주의적, 과정중심적인 유기체-환경 교류를 강조한다.
- 정당화는 Dewey의 '주장 가능성 확보(warranted assertability)[3]'의 형태로 이루어진다.
- 이론이란 도구적이다[라고 본다](현재 얼마나 잘 작동되는가에 따라 진리가 되며 여기에는 정도의 차이가 있다. 작동 가능성[workability]의 판단 준거는 특히 예측 가능성과 적용 가능성이다).
- 현재의 진리, 의미, 지식은 잠정적이며 시간이 지나면서 변하는 것이라고 본다. 우리가 연구를 통해 일상적으로 얻는 것은 임시적 진리로 보아야 한다.
- 대문자 'T'로 시작하는 진리(Truth)[4]는 인류 역사가 끝날 때의 '마지막 의견'일 것이다.
- 철학자인 체하는 사색보다는 실천을 중시한다.
- 연구에 있어 문화적 가치에 토대하는 가치지향성을 분명하게 드러낸다. 특히 민주주의, 자유, 평등, 진보와 같은 공공의 가치를 중시한다.(표 1, p. 18)

따라서 실용주의는 '철학적으로, 방법론적으로 즉각적이며 유용한 중간자적 입장'을 제공한다. 방법에 관한 원칙이 연구 실제로 옮겨지는데 "연구문제에 가장 잘 답할 수 있는 방법과 절차의 결합 또는 혼합을 선택하는 것이다."(p. 17)

철학자 Gert Biesta와 Nicholas Burbules(2003)는 Dewey의 실용주의(특히 교육연구에 연관된 실용주의)에 대해 더 자세하게(그리고 매우 사려 깊고 유용하게) 그려 낸 바 있다. 사회과학 연구에 대한 John Dewey의 생각은 지식이나 앎에 있어서 교류

---

3) 역주 : Dewey는 진리가 고정되거나 불변하는 것이 아니라 잠정적인 것으로 문제해결 과정 속에서 지속적으로 재검토해야 하는 것, 즉 경험을 토대로 한 탐구의 산물로 보았다. 또한 Dewey는 진리가 개인적인 과정이 아니라 사람들과의 소통과 상호작용을 통해 구성되는 과정을 통해 정련된다고 하였다.

4) 역주 : 대문자 T로 시작되는 Truth는 형이상학적 실재의 불변성을 가정하는 진리인 반면, 소문자 t로 시작되는 truth는 진리의 맥락성, 가변성, 상호주관성을 내포하는 것으로 구분된다.

(transaction) 혹은 관계를 중시하는 관점에 그 뿌리를 두고 있다. 즉 인간 경험의 의미는 객관적인 실재 세계에 존재하는 것도 아니고, 사람의 내적 정신세계에만 있는 것도 아니며, 오히려 이들의 상호작용 혹은 교류에 있다는 것이다. 더 나아가 이러한 의미의 진리는 상호작용 자체의 결과에서 나타난다. 따라서 진리 혹은 지식은 맥락이나 시간에 따라 다르며 행위에 관계된다. 다르게 표현하면, 행위가 진리, 의미, 지식을 구성한다는 것이다. 연구는 어려움을 느낄 때, 애매하다고 지각할 때, 유기체와 환경 간에 불균형이 있을 때 실시된다. 일상생활 속의 연구는 더 학문적이고 잘 계획된 과학적 연구와 마찬가지로 이러한 불확실성이나 불편함에 대해 알아보거나 해결하고자 할 때 이루어진다. 반면 과학적 연구는 행위와 추론이 총체적인 개념 틀 속에서 이루어진다는 점에서 구분된다. 더 나아가 Dewey는 사실-가치 간의 구분을 거부하였으며, 자유민주주의의 주요 의제들을 사회과학의 필수조건으로 받아들였다. 마지막으로 Dewey도 연구방법은 제기된 문제에 적합한 것이어야 한다고 생각했지만, 더 근본적으로 문제가 방법을 결정하듯이 방법 또한 문제를 결정하며 방법과 문제는 상호보완적이라고 주장하였다(Burbules, 개인면담, 2006년 3월).

그리고 프로그램 평가 분야에서는 Datta(1997b)가 혼합연구방법 평가연구의 실용주의적 토대를 구축하였다.

> 우리 분야에서 '실용주의적(pragmatic)'이란 프로그램 평가를 설계할 때의 중요한 준거가 실제적이며 맥락에 맞는, 결과주의적인 것임을 의미한다고 본다. 여기서 '실제적(practical)'이란 무엇이 제대로 작용하고 무엇이 그렇지 못한가가 각자의 경험에 기초함을 의미한다. '맥락에 반응하는(contextually responsive)'의 의미에는 평가가 이루어지는 상황에서의 요구, 기회, 제한을 이해하는 것이 포함된다. 여기에서 의미하는 '결과주의적(consequential)'이란 실용주의 이론에서 정의되는 바와 같이 (중략) 진리 진술이 그 실제적 결과, 특히 그 진술과 이후의 경험 간의 일치로 이루어짐을 의미한다.(p. 34, 원전에서의 강조)

사회과학 혼합연구방법 패러다임으로서 실용주의가 갖는 매력은 오래된 이원주의를 거부한다는 점, 지식에 대한 실재론과 구성주의 관점 모두를 수용한다는 점 그리고 실제적, 결과주의적 성격을 가진다는 점에 있다. 그렇지만 이 패러다임이 혼합연구에서 어떻게 실체화될 수 있는지는 여전히 어려우면서 중요한 문제이다. 혼합연구방법을 실용주의적으로 접근하는 것이 실제로 연구방법에 대한 결정을 내릴 때 철학적 가정이나 관점을 무시하거나 제쳐 둔다는 것을 의미하는 것은 아니다. 실용주의 패러다임은 교류와 상호작용 그리고 지식의 결과적 · 맥락적 · 역동적 본질, 행위로서의 지식, 연구에서 밀접하게 관계되는 가치 등에 관심을 둔다. 이러한 철학적 신념이 방법론적 결정이나 해석적 추론에서 어떻게 구현되는지는 더 정교한 개념적, 실제적 발전을 요구하는 문제이다.

과학적 실재론

> 실재론은 질적 연구와 양적 연구 모두의 주요 특성에 부합되는 철학적 관점으로, 이 둘 간의 소통과 협력을 조성할 수 있다.(Maxwell, 2004a, p. 1)

혼합연구방법을 위해서 실재론을 지지하면서 Maxwell은 먼저 이 책에서 제시되는 주장(제4장)과 상당히 유사하게 철학과 실제 간의 상호작용적 관계를 주장한다. 그러고서 Maxwell은 실용주의처럼 철학적 관점으로서의 실재론에도 역시 다양한 유형과 명칭이 있지만 이들 모두는 실재 세계가 우리 인간들이 어떻게 지각하거나 아는가와 상관없이 독립적으로 존재한다는 관점을 공유한다고 지적한다.

Maxwell이 논하는 실재론의 주요 특징은 다음을 포함한다.

- 이론적 개념이 관찰자료로부터의 논리적 구성이라고 보는 실증주의 관점과 달리 실재 세계의 실제 특징과 속성을 의미한다고 본다.
- 사회과학자는 이러한 실재 세계에 대하여 완전하게 '객관적인' 지식을 구할 수 없는데, 모든 이론은 특정한 시각과 세계관에 기초하기 때문이다. 따라서 "다양한 사물이나 사물 범주에 대한 개념적 도식 측면에서 실재를 이해하는 데는 과학적으로 정확한 방법이 한 가지 이상 존재할 수 있다."(Lakoff, 1987, p. 265: Maxwell, 2004a, p. 2에서 재인용)
- 정서, 신념, 가치와 같은 정신적 현상도 실재에서 분리되는 것이 아니라 그 일부이며, 따라서 관찰 현상에 대한 인과적 설명에 포함될 수 있다.

■ 인과성은 세계 또는 세계에 대한 우리의 이해에 본질적으로 내재되어 있다. 그렇지만 인과성은 반복되는 정규성이나 일반법칙이 아니라, 특정한 맥락에서 구현되어 (원칙상) 직접적으로 관찰할 수 있는 실재적, 인과적 메커니즘과 과정으로 이루어진다. 즉 인과성은 맥락의존적(context-dependent)이다.

이러한 특징을 가진 실재론은 사고 및 이해에서 전통적으로 질적인 방식과 양적인 방식 모두에게 문을 열어 준다고 Maxwell은 주장한다. 예컨대 정신적 현상을 실재하는 것으로 간주하는 것은 "인과성에 대한 과정지향적 접근과 더불어서, 물리적 현상과 행동뿐만 아니라 의미도 설명력을 가진 것으로 그 중요성을 인정하는 것이다."(p. 5, 원전에서의 강조)

실용주의와 마찬가지로, 과학적 실재론은 전통적으로 질적 방법론과 양적 방법론 모두의 주요 의제들을 수용하는 관점이다. 특히 이러한 관점은 실재 세계로서의 지식과 함께 맥락적이고 조망적인, 구성된 지식 역시 수용한다.

해방적 패러다임

혼합연구의 '변형적-해방적' 패러다임은 청력 손실이나 손상을 가진 이들의 삶에 대해 연구하고 평가하는 Donna Mertens에 의해 강력하게 옹호되고 있는 이론이다. Mertens(1999, 2003)는 사회에서 소외된 이들에게 도움이 되는 형태의 사회과학 연구를 열정적으로 주창하며 이러한 관점을 지지하는 연구에 내재된 가치 측면을 강조한다.

> 변형주의자들은 지식이 중립적인 것이 아니라 인간의 이해관계에 영향을 받는다는 것, 모든 지식이 사회 내부의 권력과 사회적 관계를 반영한다는 것, 그리고 지식구성의 중요한 목적 중 하나는 사람들이 사회를 더 나은 곳으로 만들도록 돕는 데 있다는 것을 가정한다.(Mertens, 1999, p. 4)

Mertens는 연구에 관한 의사결정에서의 핵심이 연구방법이 아니며, 연구방법보다는 특정한 연구 관점, 가정, 문제, 방법에 관련된 가치와 정치적 요소가 중요하다고 본다. 따라서 Mertens의 연구는 사회 속에서 사회과학 연구가 갖는 사회정치적 위치에 관심을 기울이게 한다(Greene, 2005b). 혼합연구방법의 맥락에서 Mertens의 관점은 연구에서 가치 의식이 전면에 부각되게 해 준다(이 개념은 다음 장에서 다시 다룰 것임).

요약

사회과학 혼합연구방법에서 방법을 혼합하면서 과연 패러다임을 혼합할지의 여부와 어떻게 혼합할지에 대한 생각들이 서로 다르다. 다른 요소들도 관계되겠지만, 사회과학의 철학적 패러다임의 본질에 대한 개념, 특히 실제 연구에 대한 의사결정에서 패러다임의 역할에 대한 다양한 관점에 따라 주요하게 구분된다. 후자의 경우 철학적 가정이나 관점이 실제 연구관련 의사결정에 영향을 미친다고 보는지 그리고 어느 정도로 미친다고 보는지가 결정적인 차이다. 연구의 방향을 정하는 데 있어서 패러다임의 역할이 미미하다고 보는 관점에는 탈패러다임 관점과 내용이론 관점이 포함된다. 이들의 경우 연구방법 선택 등의 실제를 결정하는 데 가장 중요한 영향을 미치는 것은 연구하는 맥락, 혹은 개념의 특징과 요구이다. 패러다임이 실제 연구관련 의사결정에 실제로 중요한 영향을 미친다고 보는 관점에는 양립 불가한 가정들로 인해 혼합 패러다임 연구를 피하는 순수주의자 관점, 방법들을 구분함으로써 각 패러다임의 충실도를 유지하고자 하는 강점 상호보완 관점, 다양한 가정과 관점이 서로를 존중하며 대화하는 것이 중요하다고 보는 변증론 관점 그리고 이러한 패러다임 문제를 떠안을 필요가 없다고 보는 대안적 패러다임 관점이 있다.

혼합연구 실제에서 이루어지는 첫 번째 단계는 이러한 쟁점들에 대한 자신의 관점을 파악하는 것이다. 현재 하려는 연구에서 무엇을 혼합할 것인지, 왜 그렇게 하며 정당화 논리는 무엇인가? 이 관점은 사회과학 혼합연구방법을 계획하고 실시하는 데 관련되는 나머지 실제적 의사결정에 결정적으로는 아니더라도 상당한 영향을 주게 된다. 이제 이러한 실제적 의사결정을 살펴보고자 한다.

혼합연구방법 사고양식의 예

John Sydenstricker-Neto의 박사학위논문인 "브라질 아마조니아의 삼림 및 토지 변화와 사회조직"(2004)과 학술논문 "브라질 아마조니아의 인구와 삼림파괴"(2006)는 혼합연구방법의 사고양식으로 사회과학 연구를 실시한 모범적인 사례를 보여 준다. 지역사회학(rural sociology) 분야를 토대로 이루어진 이 야심찬 연구는 다원적이고 다양한 인식론적 전통이나 학문적 관점, 연구방법론, 연구도구 및 분석방법을 통합하였다. 더구나 이러한 다양한 차원들이 서로 간의 상호작용을 통해 생성적인 분석과 통찰을 반복하여 보여 주었다. 저자의 글을 (동의하에) 활용하여 이 연구에 대해 간략하게 기술하고자 한다. 관심 있는 독자는 논문 원문을 찾아 세부적인 내용을 참조하기 바란다.

연구 목적

Sydenstricker-Neto의 박사학위논문의 주목적은 열대의 삼림파괴 현상을 단순히 인구 증가로 설명하는 것을 넘어서 브라질 아마존의 삼림을 파괴하는 인간의 사회경제적 · 생물물리학적 원인 그리고 그 원인들 간의 상호작용을 이해해 보고자 하는 것이었다. 브라질의 아마존강 서쪽에 위치한 로도니아 주의 Machadinho D'Oeste에서 연구가 이루어졌다. Machadinho D'Oeste는 브라질 아마존 유역에서 1980년대 정부의 주도하에 통제된 개발(controlled colonization)이 이루어졌던 지역 중 하나다. 통제된 개발이란 의무적인 삼림보존을 지켜 내면서 동시에 정착을 유도하며 모든 토지구획과 기초 공공 서비스에 연결된 지선 도로를 포함하는 인프라를 구축할 수 있도록, 비교적 작게 토지를 구획하면서 지형에 맞게 토지경계를 짓는 것이다. 연구대상 지역으로 Machadinho D'Oeste를 선정한 것은 아마존의 다른 개발 지역에 비해 이 지역의 토지 활용에 대한 기존 자료에서 특징적인 변화 패턴을 보였기 때문이다. 즉 초기에는 환경을 보호하는 토지사용을 향해 나아가다가 다시 농지로 사용하기 위해 삼림을 상당히 훼손하는 용지전환으로 되돌아갔던 것이다. Sydenstricker-Neto(2004)는 다음과 같이 설명하고 있다.

> 나의 주된 목적은 역사적인 토대를 가진 지역 사회관계와 자연자원 시스템의 특정 상황들의 복합적인 작용이 정착민들이 농지구획과 공공 삼림보호지역을 사용하는 방식에 어느 정도로 영향을 주는지를 알아내는 것이었다. 방법론적으로 나는 사회인구학적 정보와 지리정보시스템(Geographical Information Systems: GIS) 분석을 지역기관(구체적으로 지역의 농민단체들)에 대한 질적 연구에 연계시킴으로써 토지의 변화를 수량화하고 인류의 인구-환경 관계를 중재하는 기관 및 조직의 중요성을 부각시키는 데 관심이 있었다. (중략) 이 연구에서 서로 다른 분야(인구학 연구와 환경 사회학)와 쟁점(토지사용과 지표면 변화, 농업 의사결정 과정) 간의 대화가 이루어지도록 개념화하였다. (중략) [이에 따라] 단일한 학문 분야에서 얻을 수 있는 것보다 더 강력한 관점을 제공하고자 하였다.(pp. 5-7, 강조 첨가)

연구의도에 대한 이러한 설명은 다원주의에 대한 신념 그리고 관점의 다름에 대화로 관여하고자 하는 태도를 분명하게 보여 준다.

혼합연구 설계

이 연구에서의 혼합연구 설계는 20세기 지식발전의 특징이었던, 전체를 무시하고 잘게 나누는 환원주의를 의도적으로 지양하고 다음과 같은 다원적 개념에 토대하였다.

- 환경과학의 관점 : 생물물리학, 사회과학, 인문학이라는 학문분야의 교차점에 위치하고 있는 본질적으로 간학문적인 분야라 할 수 있다.

- 자연과 사회가 서로에게 영향을 주며 구성한다는 '공동 구성'이라는 근본적 가정 : "비록 인간의 행위를 제한하는 생물물리학적 실재가 있다는 것을 인정하지만 이러한 생물물리학적 실재는 사회적으로 정의되거나 진정한 행위자들에 의해 구성되기 전에는 아무런 의미가 없다."(Sydenstricker-Neto, 2004, p. 94)

- 과학적 지식을 포함한 모든 형태의 지식이 부분적이며 따라서 그러한 지역적 (local), 실제적 지식은 정당화되어야만 한다는 가정 : "서구사회에서 추상적 지식 (예 : 과학 지식, 경영 지식)과 실제적 지식을 구분한 데서 온 간격을 극복함으로써만이 환경에 대하여 충실하게 설명할 수 있다."(Sydenstricker-Neto, 2004, p. 92) 이 연구에서 오랫동안 아마존에서 거주하던 고무 채취자, 견과류 채취자, 생계형 농부 등이 갖고 있던 토지에 대한 지역적 지식이 특히 가치 있게 다루어졌다.

- 강력한 혼합연구방법 사고양식 : "혼합연구 접근법은 복잡한 문제에 대해 더 잘 이해하기[이해를 생성하기]에 좋은 방법이다. 또한 연구대상자와 다른 지역 관계자들을 포함하여 더 넓은 청중에게 더 의미 있는 결과를 도출해 줄 경로를 더 많이 제공해 주는 잠재력을 갖고 있다."(Sydenstricker-Neto, 2004, pp. 92-93, 강조 첨가)

이러한 다원적인 개념적 관점에 토대한 Sydenstricker-Neto의 혼합연구 설계는 의식적으로 다원적이며, 의도적으로 통합적이었다.

- 이 연구 설계는 실재론과 구성주의적 인식론을 모두 수용하였다. "사회-환경 관계가 **공동 구성**됨을 가정할 때, (중략) 나는 이러한 관계의 인간적 측면과 물리적

측면을 밝히는 데 관심이 있다."(Sydenstricker-Neto, 2004, p. 94)

- 지적한 바와 같이 Sydenstricker-Neto의 설계는 사회학, 인구학, 작물 및 토양과학, 환경정보과학 등 다양한 학문영역의 관점과 개념도 통합하였다.

- 질적 연구방법과 양적 연구방법 양쪽의 전제와 관점이 이 연구 설계에 포함되었다. 특히 Sydenstricker-Neto는 사회적 구성뿐만 아니라 물리적 영향도 연구하며, 의미뿐만 아니라 인과성, 지역적 의미의 맥락화된 이해뿐만 아니라 정규성에 대한 냉철한 분석(Greene and Caracelli, 1997a에 기초)을 포괄하는 것이 중요하다고 보았다.

- 연구 설계에 다원적이고 다양한 자료수집 방법이 포함되었는데, 특히 인공위성 촬영을 통한 지표면 지도, 지리정보시스템(GIS), 가계조사, 거주자들과의 질적 면담이 대표적이었다.

출발부터 이 연구 설계는 상호작용과 대화를 추구하도록 구성되었는데, 즉 다원적이고 다양한 관점을 포함할 뿐만 아니라 이들 간의 대화를 적극적으로 추구하였다. "대화는 고립된 사고보다 훨씬 나으며, 대화가 튼튼한 결과와 흥미로운 통찰을 제공할 가능성이 더 크다."(Sydenstricker-Neto, 2004, p. 96)는 것이다. Sydenstricker-Neto는 혼합연구방법 관점에서 혼합연구 설계는 삼각측정과 상호보완을 목적으로 한다고 말하였지만, 나는 이 목록에 **착안**(initiation)을 첨가한다(제6장 참조).

혼합연구방법 분석

Sydenstricker-Neto의 연구 목적은 다원적인 연구자료에 대한 퍼지 집합분석을 활용함으로써 상당히 힘을 얻게 되었다. 퍼지 집합 이론은 군집유형(clustering-type) 분석을 활용한 통계방법이다. 이 방법은 여러 차원을 가진 복잡한 개념을 나타내는 자료, 형태가 이질적인 자료를 분석할 때 특히 유용하다. 초원과 삼림 간의 경계는 명료하게 구분되는 것이 아니라 대체로 불분명하다. 유사하게 농부의 역할은 그의 가족, 사회, 정치관계에 따라 복잡해진다. 퍼지 집합분석은 이러한 복합성을 중시한다(Sydenstricker-

Neto, 2004, p. 115).

Sydenstricker-Neto는 박사학위논문에서 퍼지 집합분석의 '구성원 등급' 형태를 활용하여 연구에 사용되는 모든 개념 간의 복잡하고 상황적이고 역동적인 관계 그리고 Machadinho D'Oeste에서의 시간 경과에 따른 삼림파괴의 본질과 정도에 대해 더 잘 이해하고자 하였다. 분석을 통해 크게 네 유형의 농부, 즉 삼림 농부, 임시 농부, 다각화된 농부, 목장/커피 농부를 확인하였다.

대표적 연구결과

다시 말하건대, 이 연구를 이끈 주된 연구문제는 누가 삼림을 훼손시키게 되며 왜 그러는가이다. Machadinho D'Oeste는 1986년~1999년 사이에 지역 토지 활용에 많은 변화가 있었다는 바로 그 이유로 인해 연구대상으로 선정되었다. 이 지역은 "이주 과정 초기에는 삼림지역이 지배적이었으나, 지금은 파괴되고 목장과 커피나무가 지배적인 농림업 체제가 되었다."(2006, p. 10)

시간의 경과에 따른 토지 변화의 인구통계에 대한 퍼지 집합분석을 통해 누가 삼림을 파괴할 가능성이 높은가라는 복잡한 관계를 이해할 수 있었으며, 이는 삼림파괴에 대하여 단순하게 인구 증가로 설명하던 것을 훨씬 더 넘어서는 것이었다. 그 일부로, 노동력이 요구되는 정도와 목장 대 농작물을 위한 토지 활용 간의 다양한 관계를 들 수 있다. 구체적으로 설명하자면 가축을 위한 목장은 초기 투자 이후에는 농작물을 기르는 것보다 노동력이 훨씬 덜 요구된다. 그리고 농작물의 종류와 토양에 따라 노동력 요구가 근본적으로 달라진다. 농장 이외의 수입원이라는 요인 또한 이러한 관계에서 중요성을 가진다.

이를 비롯하여 많은 복잡하게 관련된 연구결과로부터 이 모범적인 연구는 다음과 같은 결론을 도출하였다.

- 토지 활용의 역동성은 (중략) 이 연구대상 지역에서 두고 볼 때 복잡하지만, 일반적으로 농부들은 초기에는 자급용 작물들을 경작하다가 커피 단일경작과 목장 운영으로 바꾸었다.
- 인구는 주민 수의 측면에서만 중요한 것이 아니라 어떻게 개인들이 특정한 맥락 안

에서 자연환경이나 자신이 수행하는 활동과 관계를 맺는가의 측면에서 더 중요성을 가진다. 이런 의미에서 인간이 어떻게 의식적으로 생물물리학적 환경과의 관계를 조절하고 조정할 수 있는가를 평가함에 있어서 문화적 배경, 농촌 경험, 운영 기술, 지역 문화로의 통합 등과 같은 중재요인들이 중요하다.(2004, pp. 313-314)

질적으로 우수하면서 사회적으로도 의미를 가지는 이 박사학위논문의 가장 큰 특징은 혼합연구 양식으로 사고하는 것이다.

2

사회과학 혼합연구방법의 실제

제2부에서는 혼합연구에 있어서의 실제적인 주제들을 다룬다. 여기에는 연구방법 혼합의 목적, 혼합연구 설계, 혼합연구 자료분석, 혼합연구의 수준을 판단하는 준거, 혼합연구 결과물의 작성과 보고 등이 포함된다. 혼합연구의 발전에 기여한 다른 이론가들의 관점과 더불어 저자의 혼합연구에 대한 관점이 여기에서 제시될 것이다. 이러한 관점들을 더 잘 설명하고 구체화하기 위해 여러 실례들을 활용할 것이다. 혼합연구의 실제 활용에 대한 지침은 아직 개발 단계에 있기 때문에, 사려 깊고 창의적인 연구자들이 공헌할 수 있는 다양한 기회가 남아 있다.

6

연구방법 혼합의 목적

이 장에서 여러분은 사회과학 실제에서의 철학의 본질과 역할에 대한 연구자의 반성적 관점과 함께 혼합연구방법 실제라는 영역으로 여행하게 된다. 실제적 측면의 이 여행은 연구자가 연구방법을 혼합하는 다양한 목적으로부터 출발한다. 즉 사회과학 연구 실제가 연구의 목적 및 연구문제에 토대를 두는 것처럼, 혼합연구 설계 및 실제도 혼합의 구체적 목적에 따라 달라진다. 혼합이 이루어지는 다섯 가지 주요 목적은 삼각측정, 상호보완, 개발, 착안 그리고 확장이다. 여러분은 각각에 대하여 이해하고, 나아가 자신의 혼합연구 도구를 만들어 가기 시작할 것이다.

■ ■ ■

사회과학 연구의 형태와 특성은 내용적인 목적을 강하게 반영한다. 오늘날의 사회과학 연구는 일반화될 수 있는 이론을 개발하거나, 맥락적인 이해를 만들어 가거나, 조직 발달을 불러오거나, 사회 비판에 목소리를 내는 등의 다양하고 타당한 목적을 가지고 있다

(제2장 참조). Newman, Ridenour, Newman 및 DeMarco는 사회과학 연구에 있어서 혼합연구 접근법의 중요성에 기반하여, "대략적이고 잠정적이고 유동적이며 융통성 있는"(p. 169) 사회과학 연구 목적의 목록을 만들었는데 이는 표 6.1과 같다.

> 한 연구의 목적을 이해하는 것과 그 목적에서 비롯된 연구문제들을 조사하기 위하여 적절한 연구방법을 선택하는 것 사이에는 연관성이 있다. 연구 목적에 대한 고려와 연구문제를 고려하는 과정은 반복적이다. 이러한 반복적인 과정에 기반하여 (중략) 연구방법이 결정된다. 그리고 (대부분의 경우에서 그렇듯이) 연구 목적이 복잡할 경우, 여러 개의 연구문제가 필요해지고, 이것은 대부분의 경우에 혼합연구방법이 필수적으로 사용되어야 하는 이유가 된다.(p. 169)

나 역시 연구의 목적과 연구문제의 근본적인 중요성에 대한 이러한 견해에 전적으로 동의한다. 연구는 연구 설계나 연구방법으로부터 시작되는 것이 아니라, 명확하게 정의되고 검증된 목적과 명확하게 진술된 연구문제들로부터 시작된다(Chelimsky, 2007). 연구는 '난 문화인류학적 접근을 하고 싶어.', '나는 무선화 실험을 하고 싶어.' 혹은 '난 혼합연구를 하고 싶어.'라고 주장함으로써 시작되는 것은 아니다. 사회과학 연구는 내용 근거에 따른 의도나 목적 그리고 내용적인 연구문제들로부터 비롯되는 것이다. 연구방법은 언제든 연구 목적에 종속되는 것이며, 결코 지배권을 가질 수 없다. 그리고 혼합연구의 목적은 **연구방법**에 관한 것이기 때문에, 연구에서 추구하는 더 전반적인 목적과 질문에 **부합하도록** 연구방법을 혼합하는(혹은 혼합연구 목적을 혼합하는) 이유를 확인하고 선택하는 것이 매우 중요하다. 혼합연구의 목적을 추구하는 데 있어서 중요한 문제는, 어떠한 형태로 '더 잘 이해하는 것'이 전체 연구의 내용 측면의 목적과 문제에 가장 적절할 것인가이다.

더 잘 이해하기를 위한 연구방법의 혼합

제2장에서 기술한 것처럼, 사회과학에서 연구방법을 혼합하는 것은 연구하는 현상을 더 잘 이해하기 위한 것이다. 여기에서 이루어지는 가정은 하나의 연구방법을 사용하는 것보

표 6.1 '대략적으로' 분류한 연구 목적

일반적 목적	실례
예측	일반적 법칙 만들기
지식 기반에의 추가	연구결과를 확증하기 타인의 연구결과를 반복검증하기 기존에 수집된 자료를 재해석하기 중요한 사회적 과정들 간의 구조적 · 이념적 연관성 밝히기
개인, 사회, 기관 혹은 조직에의 영향	권력구조를 해체하고 재구성하기 주장에 대해 반박하기 우선순위 정하기 권력에 저항하기 변화에 영향주기 실제 개선하기
변화의 측정	실제에 따른 결과 측정하기 처치효과 검증하기
복잡한 현상의 이해	문화 이해하기 변화 이해하기 인간 이해하기
새로운 아이디어의 검증	혁신적 아이디어 검증하기 가설 검증하기 새로운 해결책 검증하기
새로운 아이디어의 생성	가설 생성하기 이론 생성하기 관계 파악하기 문화 밝히기
국민에게 정보 제공	공공에게 정보 제공하기 의식 고양하기 프로그램이나 처치에 의해 영향받는 이들의 의견 듣기
과거의 조사	과거의 오해를 인정하기 암묵적인 이해를 재검토하기 현 사회의 문제들이 갖는 사회적 · 역사적 근원 조사하기

출처: Newman et al., 2003

다 연구방법을 혼합하는 것이 더 깊은 이해를 가져올 수 있다는 것이다. 물론, 이러한 주장은 실증적인 연구에 기반을 두어야 한다. Tom Weisner의 아동기 중기에 대한 연구물들은 혼합연구에 대한 이러한 가설을 뒷받침해 준다(Weisner, 2005). 반면 Lois-Ellin Datta(1997b)는 연구의 목적에 비추어 볼 때 단일한 연구방법을 사용한 연구가 혼합연구를 사용한 연구와 동등하거나 더 우수한 경우도 있으며, 비용도 적게 든다고 경고한다. 단일연구방법에 비하여 혼합연구방법이 어떤 맥락, 실체, 정치적인 배경 아래에서 전체 연구 목적에 가장 부합하는지에 대한 계속적인 연구와 반성이 필요하다.

제2장에서 설명했듯이 혼합연구의 틀 내에서 더 잘 이해한다는 것은 다음과 같이 다양한 형태로 나타난다.

1. 제대로 연구하여 연구결과의 타당도나 신뢰성을 높이는 것
2. 연구를 더 잘하여 더 넓고 깊고 포괄적인 이해, 인간 현상의 복합성과 수반성 (contingency)을 더 중점적으로 존중하는 이해를 생성하는 것
3. 안정된 것을 불안정하게 하는 것, 논쟁점을 깊게 탐사하는 것, 당연시되는 것에 도전하는 것, 다원적이며 때로 조화되지 않는 관점에 관여하는 것
4. 연구의 정치적 측면과 가치 측면을 전면에 부각함으로써, 이를 조명할 뿐만 아니라 인간 상호 간의 다름에 대하여 서로 관여하며 대화를 진전시키기 위한 것

각각의 혼합연구 목적, 즉 '더 잘 이해하기 위한' 다양한 방법들은 각각 서로 다른 연구문제, 다양한 조합의 연구방법 그리고 상이한 혼합연구 분석방법에 연결되어 있다. 이러한 연결점들은 다음에 이어지는 장들에서 더 자세히 설명할 것이다. 이 장에서는 다양한 예와 함께 연구방법 혼합의 구체적 목적들을 제시할 것이다. 그런 다음 연구방법의 혼합이 이루어지는 목적을 확인하는 실제 과정을 설명하고 묘사하며, 마지막으로 혼합연구의 패러다임 관점(제5장)과 혼합연구의 목적을 연관 지어 설명할 것이다.

연구방법 혼합의 목적

내가 사회과학에 있어서 혼합연구방법이라는 새로운 분야에 대해 지속적인 관심을 갖게 된 것은 1980년대에 두 명의 동료인 Valerie Caracelli와 Wendy Graham과 함께 혼합연구방법을 활용한 프로그램 평가연구를 검토하면서부터이다. 연구방법의 혼합이라는 개념은 질적-양적 연구방법 간의 거대한 논쟁이 진정되던 시기에 지평선 위의 미미한 자국에 지나지 않았다. 우리는 연구방법의 혼합에 관한 이론적인 문헌을 가능한 한 찾아

읽었고, 여기에는 삼각측정에 관한 고전적인 문헌이나 제2장에서 설명한 Thomas Cook의 명쾌한 논문인 "후기실증주의의 비판적 다원주의"(1985) 등이 포함되었다. 그 다음 단계로 우리는 실제를 간절히 알아보고 싶었다. 우리는 전공 분야인 프로그램 평가에서 혼합연구방법의 실제에 대하여 기술하고 분석하고 배우고자 하였다. 그래서 혼합연구방법을 활용한 프로그램 평가연구의 표본을 57개 선택하였는데, 이들은 사회현상을 수치적으로 나타내기 위한 양적 연구방법과 사회현상을 텍스트적으로 표현하기 위한 질적 연구방법을 최소한 하나씩 포함한 연구들로, 각 연구를 혼합연구의 목적, 설계, 자료분석, 활용뿐만 아니라 연구의 맥락, 관리, 자원 등의 측면에서 체계적으로 분석하였다. 이 문헌분석에서 우리는 이론적인 문헌에 기초하여 주로 혼합연구의 목적과 설계에 주안점을 두었지만, 다른 분석요소들에 대해서도 기록하였다. 이 연구에 대한 자세한 설명은 Greene, Caracelli 및 Graham(1989)의 논문에 제시되어 있다.

이 연구에서 드러난 연구방법 혼합의 다섯 가지 목적은 이론적 문헌들과 실증적인 평가 실제 두 가지에 그 기반을 두고 있다. 즉, 이론적 문헌에서 제기된 혼합연구 목적들을 프로그램 평가연구의 분석과정에서 확인할 수 있었다. 더욱이, 이러한 혼합연구 목적들은 하나의 사회과학 연구에서 다른 종류의 연구방법들을 혼합하는 이유와 그 가능성의 근거로 사용되며, 이후 수십 년간 유용한 것으로 나타났다. 이러한 다섯 가지 혼합연구의 목적을 다음 예를 통해 설명하고자 한다.

한 도시지역 교육청에 소속된 모든 중학교를 대상으로 실시하는 가상의 영양교육 프로그램 평가를 예로 들고자 한다. 이 교육청이 관할하는 지역은 사회경제적, 인종적, 문화적 배경 등에서 다양한 지역사회 구성원들로 구성되어 있다. 'Eat Right!'라고 불리는 이 프로그램은 최근 10년 동안 미국 내의 비만아동 증가에 대응하기 위해 이루어진 종합적인 프로그램 및 정책의 일부이다(Institute of Medicine, 2005, 2006). 'Eat Right!' 프로그램은 (1) 청소년에게 좋은 영양소에 대한 정보와 튀긴 음식, 탄산음료, 지방, 설탕 등과 같은 해로운 음식이 주는 위험에 관한 정보를 제공하고, (2) 중학교 학생들에게 학교식당을 통해 더 건강한 음식을 제공한다. 프로그램의 교육방법은 주로 유색 인종 중 유명한 운동선수, 힙합 가수, 작가 등이 나오는 비디오나 인쇄물 등으로 구성된다. 이러한 교육방법은 보건, 과학, 체육 교과 등을 통해 이루어진다. 학교식당에서 탄산음료 대신 과일 주스(설탕이 최소한으로 포함된 것), 우유, 물 등을 제공하고, 점심마다 튀긴 음식은 한 가지로 제한하며, 저칼로리 · 저지방 드레싱을 구비한 샐러드바를 추가하는 등의 변화가 있었다. 'Eat Right!' 프로그램은 중학교 학생들에게 건강식과 해로운 음식에 대한 지식을 높여 주고, 점심시간에 건강식을 선택할 수 있도록 돕는 데 그 목표를 둔다.

이제 Greene 등(1989)에서 소개되었던 다섯 가지 목적을 제시하고, 각각을 위의 가상적인 프로그램 평가 시나리오에 적용하면서 논의를 전개할 것이다.

삼각측정 목적의 연구방법 혼합

전통적인 관점에서 삼각측정은 여러 연구방법에서 얻은 결과를 수렴(convergence), 확증(corroboration), 조화(correspondence)시키는 것에 목적을 둔다. 삼각측정의 전통적인 목표는 편견을 상쇄하는 연구방법을 사용함으로써 구인(construct) 및 연구 추론의 타당성을 높이고, 그럼으로써 부적절한 종류의 편차, 잘못된 정보, 오류 등에 대해 대응한다. 삼각측정을 의도한 혼합연구에서는 서로 다른 연구방법들이 **동일한 현상**을 평가하기 위해 사용된다. 결과가 일관성 있거나 한 방향으로 수렴되는 정보를 보여 준다면, 연구 추론에 대한 신뢰도는 높아질 것이다. 따라서 삼각측정을 위한 연구방법의 혼합은 특정 맥락에서 높은 지렛대 효과나 중요성을 가진 구인을 연구할 때 특히 의미가 있다.

'Eat Right!' 평가 맥락에서 프로그램의 결과는 특히 현재 책무성을 중시하는 분위기에서 높은 비중을 가질 가능성이 높고, 그렇기 때문에 다중 측정이 이루어지기에 좋은 대상이 된다. 영양에 관한 지식이 높아졌는지 알아보기 위해서, 평가자는 구조화된 사전-사후 지식 검사뿐만 아니라, 반구조화된 개인 혹은 집단면담을 실시할 수 있다. 검사결과 자료는 학생이 영양 지식의 특정 부분에 대한 이해도를 보여 주고, 면담자료는 학생이 건강한 식습관에 대해 가지고 있는 다양한 개념과 지식을 수집하는 데 사용될 수 있다. (면담은 완전하게 개방적이거나 비구조적일 수 없는데, 이는 평가자들이 영양 지식 검사와 **동일한 영양 지식 개념**을 측정해야 하기 때문이다. 삼각측정은 서로 다른 구인을 평가하는 데에는 사용할 수 없다.) 그리고 학교식당에서 건강한 음식의 선택이라는 목표 달성여부를 조사하기 위하여 평가자는 직접적인 관찰, 자기보고식(self-report) 설문지 또는 점심시간에 남겨지거나 버려진 음식 표본분석 등의 방법을 혼합할 수 있다. 각각의 연구방법들은 건강한 식습관이라는 핵심현상에 대하여 서로 다른 시각을 제공한다.

여기서 제2장에서 소개된 Trend의 주택수당 연구에서처럼 두 가지 질문이 제기된다.

만약 누군가가 삼각측정을 목적으로 연구방법을 혼합하였는데, 결과가 수렴되지 않는다면? 이것은 Thomas Cook의 표현을 빌리면, '실증적인 퍼즐'을 갖게 되는 것이며, 이는 더 깊은 조사, 탐구, 분석을 필요로 한다. **착안** 목적을 가진 혼합연구방법에서는 실제로 이러한 흥미로운 실증적인 퍼즐을 추구하는데, 이는 앞에서 설명한 바와 같이 예상하지 않았던 매우 중요한 통찰력과 연결될 수 있기 때문이다. 다시 말하면, 한 연구의 운영자료와 관찰자료 사이의 모순된 결과에 대해 Trend가 실시한 추가적인 연구와 분석에 의하여 이루어진 통찰력은 혼합연구의 생성적 잠재력을 잘 보여 준다.

삼각측정의 개념과 매력은 혼합연구방법에 대한 논의에서 과거와 현재에 걸쳐 많은 관심을 끌었다(제3장 참조). 삼각측정에 대한 심도 깊은 논의 중 삼각측정의 틀 내에서 결과의 비수렴성 가능성을 논한 것도 있다. 예를 들어, Mathison(1998)은 삼각측정 연구에서 사용된 연구방법 혼합결과의 가능한 패턴을 세 가지로 분류하였다. 즉 수렴되는 결과, 부분적으로만 일치하는 결과 그리고 실질적으로 모순되는 결과들이다. 혼합연구방법에 관한 새로운 이론에서는 이러한 다양한 패턴의 결과들이 삼각측정 이외의 다른 혼합연구 목적에 유용하게 연결될 수 있다. 더욱이, 다음 장에서 논하는 바와 같이 다양한 혼합연구 목적은 다양한 혼합연구 설계를 요구한다. 그래서 나는 추론의 타당성과 신뢰성을 높이는 목적을 가진, 전통적인 수렴으로서의 삼각측정 개념을 유지하는 것이 이론적으로 중요하다고 생각하며, 이 책 전반에서 그렇게 다룰 것이다.

상호보완 목적을 위한 연구방법 혼합

연구방법 혼합의 두 번째 목적은 실제에서 가장 일반적인 것으로, 상호보완 목적을 위한 연구방법 혼합이다. 혼합연구방법을 사용한 57개의 프로그램 평가연구 분석에서, 1/3의 연구가 상호보완을 목적으로 연구방법을 혼합하였다. 이 목적에 의하면 혼합연구는 동일한 복합 현상에 대하여 서로 다른 측면이나 관점으로 접근하는 연구방법들을 사용함으로써 더 넓고 깊고 종합적인 사회적 이해를 추구하게 된다. 상호보완을 위한 혼합연구에서 다양한 연구방법들은 연구의 전반적인 해석과 추론을 더 자세하게 하고 향상하고 깊이와 폭을 더해 주는 역할을 한다. 대부분의 사회현상들은 복합적이고 다면적이기 때문에 상호보완 목적의 혼합연구는 여러 가지 연구 맥락에 잘 맞는다.

'Eat Right!' 프로그램 평가에서 상호보완을 위한 연구방법의 혼합은 여러 가지 현상에 도움을 줄 수 있다. 평가자는 프로그램의 교육적 요소의 실시 수준과 의의를 설문지, 면담 혹은 두 방법 모두를 통해 학생 및 교사의 관점에서 측정할 수 있다. 학생과 교사들이 프로그램에서 어떤 경험을 했는지에 대한 자료는 이 프로그램을 더 완전하고 종합적으로 이해하는 데 도움을 준다. 평가자는 또한 직접적 관찰과 학생 집단면담을 조합하여 점심에 건강한 음식을 섭취하는 이 프로그램의 결과를 평가할 수 있다. 만약 연구방법의 혼합이 앞에서 설명한 것처럼 삼각측정을 목적으로 한 것이었다면, 두 가지 연구방법들은 관심 현상의 **동일한** 개념(점심에 건강한 음식을 먹는 것)을 측정해야 할 것이다. 그러나 상호보완 목적에서는 연구방법들이 동일한 복합 현상의 다른 측면을 측정하도록 의도되어 있다. 위의 경우에서, 직접적 관찰을 통해 학생들이 어떤 음식을 선택하는지 기록할 수 있고, 학생 면담을 통해 그러한 음식 선택에 대한 동료의 영향에 대하여 조사할 수 있다. 이 두 가지 형식의 연구자료가 조합될 때, 의도한 프로그램 성과에 대한 더 완전하고 종합적인 설명을 제공할 수 있다.

　　연구 실제에서 상호보완 목적의 연구방법 혼합을 통한 연구결과 패턴은, 비록 중복되거나 상호결합된 패턴을 의도한다 하여도, 수렴(삼각측정에서처럼)에서 발산(착안에서처럼)에 걸쳐 다양하게 나타날 수 있다. 이러한 결과들의 다양한 패턴은 본질적으로 문제가 있는 것이 아니며, 상호보완 목적에 어긋나는 것도 아니다. 혼합연구 실제는 혼합연구 이론보다 더욱더 복잡하고 어렵다. 그렇기 때문에 혼합연구 목적은 실제의 다른 부분들처럼 연구 진행 중에도 발전되고 변화될 수 있다. 이러한 변화는 예상하지 못했던 통찰력과 인식을 통해 현상에 대해 더 잘 이해하도록 도울 수 있다.

개발 목적의 혼합연구

사회학자 Sam Sieber(1973)와 평가연구자 Doren Madey(1982)의 고전적인 아이디어(제3장 참조)에 기반하는 연구방법 혼합의 세 번째 목표는 개발이다. 개발을 목적으로 하는 혼합연구에서는 한 가지 연구방법의 결과가 나머지 연구방법의 개발에 유용한 정보를 주기 위하여 사용되는데, 이러한 개발에는 실제적인 도구개발뿐 아니라 표본과 실행 등 넓은 범위의 개발이 포함된다. 정의에 따르면, 개발을 위한 혼합연구에서 각각의 연구방법들은 순차적으로 실행된다. 일반적으로 특정 현상이나 구인(예 : 이민 정책과 실제에 관한 태도와 신념)을 두 가지 연구방법으로 평가한다. 이때 두 번째 연구방법은 첫 번째 연구방법이 평가한 모든 구인 혹은 그 일부분(예 : 가상적인 이민 시나리오에 대한 반응)을 평가한다. 개발을 위한 혼합연구의 근거는 연구방법에 내재된 장점을 활용함으로써 더 잘 이해하는 데 있다.

'Eat Right!' 프로그램 평가의 맥락에서, 개발을 위하여 처음에는 평가자가 학생이 인식하는 프로그램의 가치와 의의를 조사하는 설문지를 사용하는 것으로 시작할 수 있다. 그리고 설문지의 결과를 바탕으로 극단적인 표본, 즉 프로그램에 대하여 매우 낮거나 매우 높은 평가를 한 학생을 의도적으로 선정하여, 이 학생들을 대상으로 프로그램 경험에 대한 상세한 정보를 구하기 위한 개별 면담을 실시할 수 있다. 설문지 결과는 면담에서 사용된 질문을 이해하는 데에도 도움이 될 수 있다. 예를 들어, 학생들의 응답에 상당한 차이가 있었는지 아니면 일괄적으로 부정적이었는지를 파악하는 경우이다. 어떤 개발 목적의 혼합연구에서는 두 번째 연구방법을 실행한 후에 다시 처음의 연구방법에서 나온 결과로 돌아가 양쪽의 자료를 통합하여 분석함으로써 전체 결과와 해석을 더 풍부하게 한다.

개발의 기본 아이디어, 즉 하나의 연구방법의 결과를 다른 연구방법의 개발에 활용하는 것은 사회과학 혼합연구방법에서만 유일한 것도, 혁신적인 것도 아니다. 사실 다양한 분야의 사회과학자들이 맥락, 예컨대 특별한 사건, 관계적 규범, 언어적인 특징 등에 대하여 더 자세히 알아보고 설문지를 특정 맥락에 맞도록 개발, 수정하는 데 질적 연구방법을 통상적으로 사용하고 있다. 또한 질적 연구를 실시할 사람이나 사례를 찾기 위해 양적 분석의 결과를 사용하는 것도 사회과학 여러 분야에서 널리 사용되고 있다. 이와 유사하게, 혼합연구방법에 대한 최신 이론 중 일부 개념은 사회과학의 오랜 전통을 나타내는데, 대표적인 것이 삼각측정이다. 여기에서 이러한 최신 혼합연구방법은 혼합의 특징과 가능성에 맞추어진 개념적 틀 안에서, 이러한 아이디어들을 수집, 통합, 조율하고, 더 나아가 새로운 아이디어를 창안하는 데 도움을 준다(Caracelli & Greene, 1993, 1997).

착안 목적의 혼합연구

네 번째, 혼합연구의 착안 목적은 혼합의 여러 목적 중에서 가장 생성적이며, 역설, 모순, 발산을 통해 새로운 통찰력, 새로운 관점, 독창적인 이해를 불러온다(Greene, 2005c).

착안의 경우 상호보완 목적과 유사하게 서로 다른 연구방법들을 동일한 복합적 현상의 다양한 측면을 평가하기 위해 사용하지만, 확산과 부조화를 의도한다는 데에서 차이가 있다. 착안은 의도적으로 Tom Cook의 '실증적인 퍼즐'이 나타나도록 하는 것이다. 이 퍼즐은 탐구적인 분석을 불러오게 되고, 이 분석은 중요한 통찰력과 새로운 깨달음으로 이끌어 갈 수 있다. 더욱이 퍼즐에 대하여 혼합의 다른 목적, 예컨대 삼각측정이나 상호보완 등의 목적을 위한 연구에서처럼 수렴이나 조화를 이루지 못하고 실패했다고 해석하는 대신, 이 퍼즐을 더 능동적으로 추구하게 될 것이며 이는 **혼합연구방법의 사고양식**(제2장)과 완전히 일치한다. 혼합연구방법에서 몇 가지 고전적인 실증연구들이 혼합연구 착안의 생성적인 가치에 대해 잘 보여 준다.

착안 목적의 혼합연구가 가지는 생성적인 잠재성은 서로 다른 시각, 형태, 관점 등을 가지는 연구방법을 찾음으로써 더 커질 수 있다. 예를 들어, 'Eat Right!' 프로그램의 평가자는 교내와 교외 각각의 환경에서 중학생들이 음식 선택을 하는 맥락을 더 잘 이해하기 위하여 노력할 수 있다. 평가자는 학생들이 학교식당에서 무슨 음식을 선택하는지 그리고 나머지 일과 중 어떤 음식을 선택하거나 제공받는지에 대한 자기보고서와 학생들의 주위 환경에 있는 식료품점, 패스트푸드 음식점, 기타 음식점의 수와 형태에 대한 지역사회 평가를 혼합할 수 있다. 이렇게 확장된 관점을 통해 조화와 부조화에 대한 부침을 포함하여 학생들의 음식 환경에 대한 복잡한 그림을 그릴 수 있다. 착안에 대한 다른 예로, 평가자는 미국의 주류 문화를 대상으로 하는 연구방법과 멕시코계, 아프리카계, 아시아계 미국인 등을 포함하는 현대 미국의 하위문화를 대상으로 하는 연구방법을 사용함으로써 건강한 음식에 대한 다양한 인종적, 문화적인 전통을 조사할 수 있다. 건강한 음식에 대한 서로 다른 문화적인 신념과 실제를 병치하는 과정을 통해 수렴과 확산에 대한 흥미로운 관점들이 나타날 수 있다.

확장 목적의 혼합연구

마지막으로, 사회과학에서 연구의 범위를 확장하기 위하여 연구방법을 혼합할 수 있다. 확장 목적의 혼합연구에서는 각각의 다른 연구방법들을 서로 다른 현상을 평가하기 위해 사용한다. 그래서 하나 이상의 방법론적인 전통을 선택할 수 있도록 하는 과정에서 연구의 범위가 확장되며, 확장된 연구 초점들 내에서 각각의 구인에 가장 적절한 연구방법을 선택할 수 있도록 돕는다.

　우리가 실시했던 57개의 혼합연구방법을 활용한 평가연구 분석에서 확장 목적이 모든 목적들 중에서 가장 현저하게, 즉 절반 가까이 나타났다. 이는 당시의 일반적인 프로그램 평가가 프로그램 결과를 평가하는 데에는 양적 연구방법을 사용하고, 프로그램 실시를 평가하는 데에는 질적 연구방법을 사용하는 식으로 설계되었던 점에 비추어 보면 놀라운 것은 아니다. 이것은 프로그램 평가영역에 있어서 고전적인 초기 확장 설계였고, 당시의 평가자들이 새로이 습득한 질적 연구방법을 자신들의 연구에 포함하고자 했던 열의를 보여 주는 것이다. 더 복잡한 확장 설계는 프로그램 결과와 실행 모두의 추가적인 특성들을 평가하기 위하여 다양한 연구방법들을 혼합하는 형태가 될 것이다.

　'Eat Right!' 프로그램 평가에서 평가자는 영양지식에 관한 표준화된 사전-사후 검사, 문화기술적 연구요소를 통한 학교식당 규칙의 수정 그리고 무선표집된 가족들에 대한 전화 면담을 통한 프로그램에 대한 부모의 인지도 파악 등의 방법을 통해 학생들의 프로그램 참여를 통한 지식 증가를 평가할 수 있다. 여기서 각 연구방법은 각기 다른 현상을 평가하지만 총괄적으로는 연구의 범위를 단일연구방법이나 방법론적인 전통이 도달할 수 있는 것보다 넓게 확장시킨다.

실제에서 혼합연구의 목적

Mark Waysman과 Riki Savaya(1997)에 의한 프로그램 평가연구는 연구방법 혼합의 다양한 목적들을 잘 보여 준다. 이 연구는 혼합연구 설계의 다양한 차원들도 잘 보여 주기 때문에 제7장에서 다시 다룰 것이다.

　1990년대에 Waysman과 Savaya(1997)는 이스라엘에서 다른 비영리 지역사회기관들을 대상으로 기술적인 지원을 제공하던 한 비영리기관(SHATIL)의 활동에 대하여 평가를 실시했다. SHATIL은 1982년에 이스라엘 쇄신기금(New Israel Fund: NIF)[1]에 의

---

1) 역주 : New Israel Fund는 1979년 미국에 설립된 비영리기구로 이스라엘의 민주주의, 인권, 사회정의, 평등을 촉진하는 데 기금을 지원하고 있다. 더 자세한 내용은 http://www.nif.org/를 참조하기 바란다.

해 세워졌으며, 역시 이 기금으로 운영되는 약 400개에 달하는 기관들에 기술적인 지원을 제공하였다. 당시, 이러한 기관들은 다양한 분야의 사회 변화를 위해 활동하였고, 여기에는 인권, 저소득층 사회 및 경제 개발, 유대-아랍 관계, 종교의 다원성과 관용에 대한 것들이 포함된다. 여기에 종사하는 이들은 매우 다양한 인종적, 문화적, 종교적 배경을 가진 사람들로 구성되었다. SHATIL은 다섯 영역에 걸쳐 직접적인 지원을 하였는데 바로 조직 자문, 기금마련과 재정, 권리주창, 미디어와 홍보 그리고 자원봉사자 모집과 관리다. SHATIL은 이러한 기관의 전문성 발달 프로그램과 워크숍, 조직의 공동작업 지원, 의뢰기관에 도움이 되는 특화된 도서관과 자료관리 등과 같은 형태의 간접적인 지원도 실시하였다.

프로그램 평가는 10년간의 활동이 이루어진 후 SHATIL의 요청에 의해 실시되었다. SHATIL은 자신들이 지원하는 기관들로부터 피드백을 받아 미래를 내다보고 장래 계획을 세우고자 하였다. SHATIL은 미국의 포드 재단을 통해 프로그램 평가를 실시할 수 있는 재원을 마련하였다. 평가에는 네 가지 목표가 있었다.

1. SHATIL에 지원을 신청하는 기관들의 특성을 찾아내기
2. 이러한 기관들에 제공되는 서비스들을 파악하기
3. 이러한 기관들의 발전과 목표 달성에 대한 SHATIL의 공헌도 진단하기
4. SHATIL이 제공한 서비스에 대한 이러한 기관들의 만족도 평가하기(Waysman and Savaya, 1997, p. 229)

프로그램 평가를 실시하는 데 어려움을 준 요소는 대상 기관의 다양성 그리고 특히 SHATIL에서 이 기관들에 제공하는 서비스의 다양성 등이었다. 또한, SHATIL은 "의뢰인들이 SHATIL과의 경험을 어떻게 인식하는지에 대한 서술적 묘사뿐만 아니라 결과에 대한 '양적 자료(hard data)'도 요구하였다."(p. 229)

평가는 "수집된 정보의 출처뿐만 아니라 정보의 유형에서도"(p. 229) 일반적인 것에서 특정한 것으로 진행되는 3단계로 설계되었다.

첫 번째 단계는 SHATIL과 의뢰기관들 그리고 그들의 관심사에 관한 일반적인 정보를 끌어내기 위하여 개방된 방식의 [질적] 접근(포커스 집단 및 개별 면담)을 사용하였다.

두 번째 단계는 설문지를 중심으로 하였으며, 그 문항들은 더 구체적이고 집중적이었다. 마지막 단계(포커스 집단의 2회차)는 하나의 쟁점(만족과 불만족의 근본 원인)에 대해 더 자세하고 집중적인 자료를 수집하였다. 각 단계에서의 자료는 바로 다음 단계를 구상하는 데 사용되었다.(pp. 229-230)

각 단계에서 사용된 연구방법들은 제7장의 혼합연구 설계 차원에 관한 토의에서 더 자세하게 다룰 것이다. 이 장에서는 연구자들의 말을 인용하여, 이 평가연구에서 활용된 다양한 혼합연구 목적에 주의를 돌려보자.

이 연구에서 혼합연구방법이 사용된 주된 목적은 **확장**이었는데, 이는 연구자가 연구의 폭, 넓이, 범위를 확장시키고자 연구방법을 혼합할 때 일어난다. (중략) 한 연구에서 다양한 현상들에 대해 알아보기 위하여 다양한 연구방법들이 사용되어 그 범위를 확장시킨다. (중략) 이 연구에서 사용된 혼합연구방법은 프로그램의 다양성과 풍부함을 파악할 수 있도록 도왔고 SHATIL이 필요로 하는 다양한 형태의 정보(내러티브 기술과 통계 분석)를 제공하였고, 이는 단일한 연구방법으로는 불가능한 것이다.

여기에서 주목해야 할 점은 다양한 연구방법들이 연구의 각각 다른 요소들을 평가하기 위해 사용된 것뿐만 아니라 (중략) 하나의 요소 안의 다른 측면들을 조사하기 위해 활용되었다는 것이다. 예를 들어, 우리는 두 가지 과정 변인을 조사하였는데 바로 제공된 서비스의 양과 상담과정에서의 주요 전환점이었다. 서비스의 양은 SHATIL의 경영정보 시스템에 있는 기존 자료를 활용하여 양적 연구방법으로, 즉 시간을 계산하는 것으로 측정하였다. (중략) 반면, 상담과정에서의 주요 전환점을 가장 효과적으로 조사할 수 있는 방법은 개방적 질문을 포커스 집단과 설문지에 포함하는 것이라고 생각하였다. 이러한 연구방법의 혼합은 연구에서 다룰 수 있는 과정 변인의 수를 확장시키는 데 도움을 주었다.

이 연구에서 혼합연구방법을 사용한 두 번째 주요한 이유는 **개발**이었다. 이는 한 연구방법에서 사용한 자료를 다른 연구방법을 계획하고 고안하기 위해 순차적으로 사용하는 것을 포함한다. (중략) 예를 들어, 포커스 집단의 1회차 참여자들에게 자신의 경험에서 상담자의 어떤 행동이나 특성이 상담과정을 돕거나 방해했는지를 구체적으로 설명하도록 했다. 그들은 몇 가지 특성을 이야기했는데, 예를 들어 과제 지향 대 과정 지향, 상담자가 개방적인 토의를 가로막거나 격려하는지의 정도, 자율성 혹은 의존성을 불러일으키는 정도에 대해 지적하였다. 뒤에 이어진 설문조사에서는 질적 접근의 집단면담에서 나온 이러한 생각들을 다룰 수 있도록 구성된 의미분별 척도를 활용하였다.

또한 우리는 이 평가에서 **상호보완** (중략) 목적의 혼합연구를 사용하였고 (중략) 이는 연구방법을 혼합하는 데서 오는 추가적인 복잡성과 상세함을 의미한다. (중략) 만족도가 가장 높거나 낮던 의뢰기관들을 대상으로 한 2회차의 포커스 집단을 통해 만족이나 불만족의 근원에 대한 서술적인 정보를 알 수 있었고, 이는 설문조사의 통계분석에서 얻은 결과를 해석하는 데 도움을 주었다.

혼합연구가 확증[삼각측정]이나 착안 목적을 위해서 계획된 것은 아니었지만, 뒤돌아보면 이러한 점들도 어느 정도는 구현되었던 것으로 생각된다. (중략) 예를 들어 [확증 목적에서는] SHATIL의 서비스에 대한 의뢰기관들의 만족도를 알아내는 것이 주요한 목적 중의 하나였다. 1회차 포커스 집단에서, 의뢰기관들은 SHATIL의 직원과 서비스에 대하여 높은 만족도를 보였다. 그들은 SHATIL의 직원이 제공하는 정서적인 지지와 일관된 서비스 제공, SHATIL이 제공하는 주요한 도움에 의한 혜택의 중요성을 강조하였다. 양적인 설문지의 결과도 이러한 경향을 뒷받침하였는데 72%의 [참여]의뢰기관들이 SHATIL에 대한 만족감을 높게 평가하였다.

반면, [1회차] 포커스 집단 참여자 중 일부는 SHATIL 직원들이 자신들을 깔보는 느낌을 경험했다고 하였다. (중략) 그러나 양적 조사에 의하면 대상자 중 소수(15%)만이 이러한 감정을 공유하는 것으로 나타났다. 질적인 요소만을 포함했다면, 이러한 결과를 과대평가했을 수도 있다.

[착안 목적의 연구방법 혼합과 관련하여] 1회차의 포커스 집단 (중략) 참여자들은 연구자들이나 SHATIL 직원들이 연구에서 짚어 내지 못한 쟁점들에 관하여 이야기했다. 예상하지 못했던 주요한 쟁점들 중의 하나는 (중략) 서비스를 받을 수 있는 자격에 대한 모호함이었다. (중략) 따라서 연구자들은 이러한 쟁점을 더 깊이 조사하기 위하여 설문지에 관련 항목을 추가하였고, 그 결과는 이 측면에서 문제점이 있음을 곧바로 보여 주었다. 이러한 결과는 문제점을 인식하고 있지 못했던 SHATIL 직원들에게 큰 반향을 불러일으켰으며, 이 문제를 해결하기 위한 절차를 개발하기 위하여 여러 차례 회의를 했다. (중략) 우리가 양적 연구만 하였다면, SHATIL에 있어서 매우 중요한 이러한 주요 쟁점들을 놓쳤을 것이다.

[또한] 앞에서 지적한 것처럼, 이 연구의 질적인 요소와 양적인 요소는 일부 SHATIL 직원들의 온정주의적 행동에 관해 상반된 결과를 보여 주었다. (중략) 이러한 부조화는 우리로 하여금 이 명백한 모순을 해결하기 위하여 새로운 연구문제를 만들어 내도록 하였다. 즉 이 쟁점에 대하여 문제의식을 느끼는 기관들의 특징은 무엇인가? 추가적인 자료분석에 의하면, 사실, 이 문제는 주로 소수민족(아랍인과 에티오피아인) 기관이나 단체에 의하여 제기된 것으로 나타났다. 이 결과에 대응하여, SHATIL은 서비스 제공에 있어서 문화적 민감성을 증가시킬 수 있는 방안을 찾기 시작하였다.(pp. 233-235, 원전에서의 강조)

Wayman과 Savaya는 자신들의 프로그램 평가연구에서 혼합연구의 목적에 관해 반성적으로 논하면서 혼합연구의 의도적 목적과, 의도되지는 않았지만 실현된 목적 두 가지 모두에 주의를 기울이고 있다. 이는 효과적인 혼합연구방법의 사고양식을 잘 보여 준다고 할 수 있다. 응용사회과학 연구에서는 계획은 종종 빗나가게 되며 실제로 일어나는 사건들을 모두 예상하지는 못한다. Wayman과 Savaya의 논의는 SHATIL 서비스에 대한 의뢰기관의 만족도처럼 그들이 이해하고자 의도했던 구인과 쟁점 그리고 이러한 구인과 쟁점을 더 잘 이해하기 위하여 왜 그리고 어떻게 연구방법들을 혼합할 것인가에 대해 주목한다. 또한 이 논의는 혼합연구의 목적과 이에 따른 연구방법 선택에 대한 중요하고 유용한 실제적 사고에 대한 좋은 모형이 된다. 이 점은 다음 절에서 다룰 것이다.

혼합연구의 목적에 대해 생각하고 찾아가는 실제 과정

사회과학 연구의 실제는 어떠한 방법론이 규정할 수 있는 것보다 더 복잡하고 여러 상황에 수반하여 좌우되며 유기적이다. 그리고 이것은 특히 사회과학에서의 혼합연구방법에 대한 이론에 있어서 더욱 그러하다. 대부분의 실제 사회과학 연구는 하나 이상의 연구문제나 가설을 가지고 있고, 각각은 다수의 구인이나 변인, 쟁점이나 관심사 등과 관련된다. 그렇다면 연구방법의 혼합은 서로 다른 연구문제, 가설, 구인 혹은 쟁점을 위해서 이루어지는가? 그리고 설문조사, 준실험연구, 실행연구 혹은 사례연구와 같은 전체적인 연구 설계는 어떻게 되어야 하는가? 연구방법의 혼합은 방법론 수준에서 이루어지는가, 아니면 특정한 구인이나 쟁점, 관심사를 이해하고 평가하는 데 중점을 두어야 하는가?

이러한 질문에는 아직 명확한 답이 없으며, 다음 장의 혼합연구 설계 부분에서 더 자세하게 다룬다. 이 시점에서는 이론가에 따라 혼합연구에서 무엇이 혼합되는지에 대해서뿐만 아니라 삼각측정을 위한 혼합연구에서는 무엇이 수렴되는지, 확장 목적에서는 무엇이 확장되는지에 대하여 서로 다르고 특이한 관점이 제시되고 있다.

이 책에서 제공되는 혼합연구방법에 관한 설명은 특정 구인이나 변수, 쟁점이나 관심사 그리고 어떤 경우에는 연구문제 자체를 평가하고 측정하는 데 중점을 두고 있다. 여기에는 몇 가지 근거가 있다. 첫째, 이 관점은 연구방법의 선택은 내용을 따른다는 것, 즉 연구방법이 주어진 맥락에서 연구관심사인 내용적 문제들을 지원한다는 것을 의미한다. 연구자는 연구의 전반적인 목적(예 : 'Eat Right!' 프로그램 실시 후 학생들의 점심 식단 변화에 대한 설명)이 확인되고 난 후, 그리고 연구관심사인 특정 구인이나 변인(예 : 학생들이 점심 식단에서 어떤 음식을 선택하는 이유와 선택된 음식의 칼로리와 영양분)이 확인되고 난 후에 어떤 연구방법을 선택할지 고민하게 된다. 이러한 맥락에서 연구자는 비참여적 관찰과 면담을 생성적으로 혼합할 수 있다. 둘째, 혼합연구의 가장 생성적인 가능성 중 하나는 하나의 구인에서 당연시 여기는 것(예 : 아동과 청소년에게 건강한 음식은 무엇인가?)을 다른 관점이나 출처로부터 나온, 조화되지 않는 자료를 가지고 상충시키는 것이다. 영양전문가가 생각하는 건강한 음식은 청소년들이 건강에 좋다고 생각하는 것과는 매우 다를 수 있고 또한 현재 미국에 존재하는 다양한 민족 집단별로 다르게 나타날 수 있다. 이러한 부조화는 더 깊은 이해를 위한 생성적이고 의미 있는 중요한 기회를 만들어 낼 수 있고, 이에 따라 해당 맥락에서 더 사려 깊고 효과적인 행동을 취할 수 있게 한다.

셋째, 연구하고자 하는 주요 구인을 중심으로 연구방법을 혼합할 때, 각각의 연구방법 선택에 수반될 수 있는 정신적 · 패러다임적 모형에 개념적으로 주의를 돌리게 되고, 제5장에서 설명한 혼합연구 패러다임 관점의 쟁점에까지 관심을 가지게 된다. 따라서 주어진 구인 평가를 위해 어떤 목적으로 연구방법을 혼합할지 결정하고 이에 따라 혼합에 적절한 연구방법을 결정하면서, 연구자는 연구방법의 혼합뿐만 아니라 더 추상적인 패러다임의 혼합에도 관련되게 된다. 이와 더불어, 연구방법의 혼합을 주요 구인에 초점을 맞춤으로써 표집, 분석, 질적 기준 등의 구체적인 쟁점에 실질적으로 더 주의를 기울이게 된다. 연구관심사가 되는 구인을 어떻게 측정할 수 있는지에 대하여 중점을 두는 것은 결국 철학적인 가정과 개념적인 관점과 같은 추상적인 질문과 실제적인 자료수집 및 분석에 관한 구체적인 결정에 동시적으로 관심을 갖게 한다.

마지막으로, 이러한 개념적인 이유 외에 혼합연구를 고려하고 결정을 내리는 데에는 현실적 측면이 있다. 사회과학 혼합연구방법의 이 단계에서는 주어진 맥락 내에서 연구되는 주요 구인과 쟁점의 평가를 위한 혼합에 초점을 두는 것이 가장 명확하고 용이하다. 이는 연구의 다른 단계에서 혼합이 가치가 없다는 의미가 아니다. 제7장에서 더 자세히 논의되겠지만, 여러 연구자들은 연구 설계의 혼합 그리고 자료수집, 분석, 해석을 넘어서는 연구 목적의 혼합(그리고 수반되는 정신모형)에 대해 중요한 관점을 제시하였다. 나는 실천적 관점에서 연구의 구인과 관심사인 쟁점을 알아보기 위하여 연구방법 그리고 관련된 표집, 분석, 해석방법을 혼합하는 것이 가장 기본적이고 단순하면서 가장 생성적인 접근법이라고 생각한다.

이러한 생각은 SHATIL 평가의 예를 통해 잘 알 수 있다. Wayman과 Savaya는 SHATIL이 제공하는 서비스에 대한 의뢰기관들의 만족도에 대해 특히 깊은 관심을 가지고 있었다. 이 만족도라는 구인은 평가의 3단계 모두에서 평가되었다. 첫째 단계에서는, 의뢰기관 대표들을 유목적적으로 표집(다양성을 목적으로 함)하여 질적인 포커스 집단 면담을 실시함으로써 "SHATIL의 다양한 의뢰기관들이 지각하고 경험하는 서비스 제공, 충족되지 못한 요구, 우려 사항"(p. 231)에 대한 정보를 얻었다. 이 정보는 해당 평가의 맥락에서 의뢰기관의 만족도라는 구인을 이해하고 맥락적인 정의를 내리는 데 도움을 주었다. 1단계에서 질적인 연구방법을 사용한 것은 연구자가 확장 목적으로 혼합연구를 선택하였음을 보여 준다. 그리고 1단계에서 사용한 정보를 바탕으로 2단계에서 사용할 설문지를 개발한 것은 개발이라는 혼합연구 목적을 보여 준다. 이 설문지는 모든 의뢰기관에 제시되었고, 의뢰기관 만족도에 대한 더 구조적인 평가결과를 산출해 내었다. 그리고 3단계는 다시 개발 목적의 혼합연구로, 설문 참여자 중 극단적으로 높거나 낮은 만족도 점수를 보인 의뢰기관들을 선택하여, 특히 이 두 집단이 가지고 있는 만족 혹은 불만족의 요인을 중심으로 2개의 추가적인 포커스 집단을 실시하였다.

혼합연구의 목적과 연구방법 혼합에서의 패러다임 혼합에 관한 관점

제6장의 혼합연구의 목적에 관한 마지막 내용은 제5장에서 제시한 연구방법 혼합에 있어서 패러다임이나 정신모형의 혼합에 대한 관점과 혼합연구의 목적 사이의 연관성에 관한 것이다. 이러한 연관성에 대해 고민하는 것은 연구방법 이론을 발달시키는 데 있어서 중요하다. 더 강하고, 일관성 있고, 유용한 방법론적 이론은 상호 연결되고 결합된 요소들로 구성되어 있다(Greene, 2006).

비록 혼합연구의 목적과 패러다임 혼합이나 정신모형 혼합 사이에 일대일 대응이 이루어지는 것은 아니지만, 어느 정도의 논리적인 연관성은 있다. 이는 표 6.2에 제시되어 있다. 이 표는 몇 가지 중요한 생각들을 불러일으킨다. 첫째, 표 6.2에 제시된 내용은 아직 기본적인 수준이기 때문에, 패러다임 관점과 혼합연구 목적 사이의 연관성에 대한 더 많은 연구가 필요하다. 둘째, 착안 목적의 혼합연구에서는 강한 생성적인 잠재력을 구현하기 위하여 근본적인 패러다임 가정이나, 개념적인 생각이나 관점 혹은 양쪽 모두에 대한 혼합이 이루어질 필요가 있다. 이러한 혼합이 없이는, 착안을 목적으로 하는 혼합이 불만족스러운 것이 되기 쉽다. 셋째, 양립성과 조화는 이 표에서 설명하는 것처럼 맥락에 의해 상당한 영향을 받는다.

이제는 혼합연구 설계로 논점을 바꾸어 보고자 한다. 제7장에서 설명하겠지만, 혼합연구의 계획은 다른 대부분의 사회과학 연구 계획 및 설계와 마찬가지로 반복적이다. 연구방법 혼합의 목적을 인식하는 것 그리고 그 목적에 적합한 설계를 하는 것(특정 연구방법의 선택, 표본집단, 분석, 질적 수준을 판단하는 준거, 해석과 보고방법 등을 포함)은 양쪽 모두 조정, 검토, 개선의 반복적인 과정을 거친다.

표 6.2 혼합연구방법 패러다임 관점과 목적 간의 연관성

혼합연구 패러다임 관점	논리적으로 연계되는 혼합연구 목적
순수주의자 관점 • 서로 다른 패러다임들은 완전히 다른 가정들을 갖고 있다. • 패러다임은 실제적인 결정을 인도하고 안내한다.	**하나의 패러다임 내에서,** 착안을 제외한 모든 목적들이 가능하다. 연구방법을 혼합하면서 패러다임을 혼합하는 것이 불가능하기 때문에, 착안은 순수주의자 관점에는 맞지 않는다.
탈패러다임 관점 • 패러다임 속성들은 쉽게 혼합되고 맞출 수 있다. • 패러다임이 아니라 맥락이 실제적인 결정을 안내한다.	모든 목적들이 양립 가능하고 맥락에 따라서 잘 맞을 수 있다.
내용이론 관점 • 패러다임은 중요한 부분에서 서로들 다르지만 완전히 다른 것은 아니다 • 그러나 패러다임이 아니라 내용이론이 실제적인 결정을 안내한다.	**하나의 내용이론 내에서,** 착안을 제외한 모든 목적들은 잘 맞을 수 있다.
강점 상호보완 관점 • 패러다임은 중요한 부분에서 다르지만 완전히 다른 것은 아니다. • 패러다임, 맥락, 이론 모두가 실제적인 결정을 인도하지만, 패러다임은 분리되어야 한다.	연구방법 그리고 수반되는 패러다임은 서로 분리되어야 하기 때문에, 삼각측정과 확장이 가장 잘 맞다. 상호보완과 개발 역시 양립될 수 있다.
변증론 관점 • 패러다임은 중요한 부분에서 서로들 다르지만 완전히 다른 것은 아니다. • 패러다임, 맥락, 이론 모두가 실제적인 결정을 안내하며, 패러다임들 간에 대화가 이루어져야 한다.	착안이 가장 잘 맞다. 상호보완과 개발 또한 양립될 수 있다.
대안적 패러다임 관점 • 오래된 패러다임은 다중 연구방법을 포함하는 새로운 패러다임과 바뀌어야 한다 • 새 패러다임, 맥락, 이론이 모두 실제적인 결정을 안내한다.	이 경우 사용되는 대안적 패러다임의 특성에 좌우된다.

7

혼합연구방법의 설계

혼합연구방법의 **실제적** 내용에 관한 여정은 계속된다. 이 장에서 여러분들은 상대적으로 잘 개발된 영역인 혼합연구 설계영역에 발을 들일 것이다. 이 영역은 다양한 혼합연구 설계를 위한 여러 가지 아이디어들로 차 있으며, 각각의 아이디어들은 유용한 사고의 틀을 제공한다. 여러분은 다양한 설계의 틀을 알아보고, 각각의 고유한 특징에 대한 이해뿐만 아니라, 공통점과 차이점에 대해서도 알게 될 것이다. 이해를 돕기 위하여, 설계에 대한 적절한 예시를 제공할 것이다. 이러한 혼합연구 설계영역을 거치면서 여러분의 탐구를 위한 도구는 더욱더 확장될 것이다.

■ ■ ■

혼합연구의 설계는 혼합 목적에 의해 직접적인 영향을 받는데, 목적에 따라 연구방법 혼합, 우선순위나 가중치의 배분, 연구방법 간의 상호작용 정도, 실행 순서가 달라져야 하기 때문이다. 이는 지금까지 전개되어 온 사회과학 혼합연구방법 이론에서 중요한 것으로 밝혀진 혼합연구 설계의 주요 차원(dimension)이기도 하다.

이 장에서 나는 이러한 혼합연구 설계의 제 측면에 관해 논하고, 혼합연구 목적과 패러다임 관점과의 연관성을 설명하며, 이것이 연구 실제에서 어떻게 적용되는지 예시하고자 한다. 혼합연구 설계의 유형은 혼합의 목적에서 나온다고 믿기에, 여기에서 다양한 혼합연구 설계를 각각의 혼합연구 목적과 밀접하게 관련된 것으로 그릴 것이다. 아울러, 혼합연구 분야의 다른 이론가들이 주장하는 혼합연구 설계의 대안에 대해서도 간략하게 설명할 것이다.

혼합연구의 다양한 설계에 관한 이러한 논의 이전에, 혼합연구 설계의 본질과 잠재력에 관한 두 가지 서로 다른 관점과 생각을 먼저 제시할 것이다. 이 관점은 더 넓고 거시적인 설계 쟁점들과 관련이 있고 이 분야에서 지속적으로 제기되는 문제들이다. 구체적으로, (1) Abbas Tashakkori와 Charles Teddlie가 심도 있게 논한 바와 같이, 연구과정의 서로 다른 단계에서 연구방법을 혼합하는 것의 어려움, (2) Janice Morse 등이 제시하는 바와 같이 단일한 연구나 결합된 형식의 연구 프로그램 내의 여러 연구들 간에 연구방법을 혼합하는 것의 가치와 실행 가능성에 관한 것이다.

연구 단계별 연구방법의 혼합 : 혼합연구방법과 혼합모형 설계

여기서는 Abbas Tashakkori와 Charles Teddlie가 제시한 혼합연구 설계의 유형분류 체계 그리고 그와 관련하여 혼합연구 설계에서 핵심은 무엇이며 혼합연구 설계를 의미 있게 변경할 수 있는 방안은 무엇인지에 대한 이들의 생각이 어떻게 변화해 왔는지를 소개하고자 한다. 이 이야기는 연구의 여러 단계에서 이루어지는 혼합에 대한 중요한 정보를 줄 뿐만 아니라, 이 분야가 최근에 급속도로 변화해 온 과정을 간명하게 보여 준다.

1998년에 『혼합연구방법론 : 질적 접근과 양적 접근의 결합(Mixed Methodology: Combining Qualitative and Quantitative Approaches)』을 출판한 이래로 Tashakkori와 Teddlie는 연구과정의 서로 다른 단계에서 연구방법과 방법론을 혼합시키는 것과 관련된 중요한 개념을 발전시켜 왔다. 이 이론가들은 패러다임 전쟁의 종결에 대한 수용과 사회과학에 있어서 자신들의 실용주의 성향을 바탕으로 하여, 사회과학 연구 설계라는 큰 영역으로 관심의 초점을 돌렸고, 그 초점은 전통적인 양적 및 질적 연구방법 모두에 접하고 있다. 그들은 이러한 두 가지 폭넓은 연구방법을 혼합할 때, 전반적인 설계 수준에서의 혼합(예 : 설문조사, 준실험, 사례연구)과 특징적으로 양적 혹은 질적 연구방법과 연계되지만 근본적으로 특정한 연구방법에 속하지는 않는 자료수집 및 분석기법에서의 혼합(예 : 구조적이고, 표준화되고, 이론에 기초한, 양적 기법과 이와 대조되는 비구조적이고, 맥락적이고, 발현적인 질적 기법)을 구분하였다. 전반적인 설계 수준에서 혼합이 이루어지는 것은 최근까지 Tashakkori와 Teddie에 의해 **사회과학 혼합 모형 연구**(mixed model social inquiry)라고 불렸다. 이 전반적인 설계 수준이란 연구 목적과 연구문제를 주로 지칭하며 연구의 전체 방향을 탐색(exploration)에 두느냐 확증 (confirmation)에 두느냐와 같은 차이점을 말한다. 자료수집과 분석기법 수준에서의 혼합은 최근까지 Tashakkori와 Teddie가 **혼합연구방법 연구**(mixed methods inquiry)라고 불렀으며 이는 다양한 종류의 자료수집 및 분석방법(양적 접근과 질적 접근)을 혼합하는 것에 한정된다.

다음에 논하겠지만 Tashakkori와 Teddie의 관점은 연구방법이 철학적 패러다임이나 정신모형에서 분리된 것 혹은 최소한 분리 가능한 것으로 개념화한다. 그렇기 때문에 그들은 **연구방법을 혼합**하는 설계 외에, 패러다임과 폭넓은 연구 방향 및 목적의 혼합을 특징으로 하는 혼합모형 설계에 대하여 논해야 할 필요성을 느꼈던 것이다. 이 책에서 나는 연구방법은 연구자의 세계관과 지식, 연구자의 이론적 성향, 전문적 경험 등에서 분리될 수 없다는 입장을 가진다. 오히려, 나는 연구방법이 항상 특정한 가정 체계 내에서 실행된다고 믿는다. 그렇기 때문에, 연구방법을 혼합할 때, 연구방법론의 폭넓은 특징뿐만 아니라 패러다임과 정신모형의 관점 또한 혼합할 수 있다. 이렇듯 우리의 관점이 서로 다름에도 불구하고, Tashakkori와 Teddie의 연구 단계에 따른 강조는 여전히 주목해 볼 만하다.

저자들은 1998년 저서에서 혼합모형 설계의 유형분류체계를 제시하였는데, 여기에는 연구의 특징적인 세 단계와 각 단계에서의 혼합 가능성이 포함된다. 프로그램 평가 이론가 Michael Patton(1980)의 혼합연구방법론에 관한 초기 아이디어에 기반을 둔 세 단계는 다음과 같다.

1. 연구문제나 가설 형성을 포함한 연구유형으로, 연구가 탐색 혹은 확증을 위한 것인 지에 따라 나뉜다. 탐색을 위한 연구는 문제를 제기하기 위한 것으로, 일반적으로 가설을 검증하는 확증 연구보다 먼저 이루어진다.
2. 설계, 측정방법, 표집, 자료의 질적 수준 및 절차를 포함하여 자료수집이 질적인가 양적인가에 따라 나뉜다.
3. 자료분석과 추론이 질적인가 통계적인가로 나뉜다.

> 이 [3단계]에 의한 2×2×2 형태의 교차분류는 연구 실행을 위한 여덟 가지 연구모형 을 만들어 낸다. (중략) 여덟 가지 중 두 가지 연구 유형은 전통적인 질적 모형과 양적 모형이다. 나머지 여섯 가지 범주는 혼합모형 연구로, 연구과정에서 서로 다른 단계에 걸쳐 질적-양적 접근 요소들을 결합한다.(Tashakkori & Teddie, 1998, p. 56)

예를 들어, 한 혼합모형은 확증이라는 연구 의도와 질적 자료 처리 및 분석을 특징으로 한다. '드물다는' 평가를 받는 또 다른 모형은 탐색 의도와 양적 자료의 질적 분석(사전에 양적 자료를 질적 자료 형태로 바꿈)이라는 특징을 갖고 있다.

마지막으로, Tashakkori와 Teddie가 제시한 더 복잡한 혼합모형 설계는 다중 혼합모형 설계(multiple mixed model design)라 불리며, 연구의 하나 혹은 그 이상의 단계 내에서 혼합이 이루어진다. 즉 이러한 연구에서는 탐색과 확증이라는 의도 모두, 질적 자료와 양적 자료 모두의 수집, 질적·통계적 분석과 추론 모두를 결합하는 것이 가능하다. 나의 관심이 수집, 분석, 글쓰기 그리고 궁극적으로 인간 현상을 이해하는 방식을 다양하게 혼합하는 데 있기 때문에, 여러모로 이 책에서 주로 논의되고 있는 것은 이러한 더 복잡한 혼합모형 연구들이다. Tashakkori와 Teddie가 연구 목적의 중요성을 강조한 것, 예컨대 "연구문제가 패러다임이나 연구방법에 대한 고려보다 압도적으로 중요하다."(p. 167)라고 한 것은 방법론적인 결정은 항상 내용을 위한 것이어야 한다는 나의 생각(제6장)과 일치한다.

『혼합연구방법 핸드북』의 처음(Tashakkori & Teddie, 2003)과 마지막 장 (Tashakkori & Teddie, 2003b)에서, 저자들은 혼합연구방법과 특히 혼합모형 설계에 대한 자신들의 기존 생각을 개선하고 확장하였다. 이들은 단일구조(monostrand)와 다중구조(multistrand)의 혼합모형 연구를 구분하였다. 단일구조 연구들은 1998년에 연구의 3단계에 따라 구성된 여덟 가지 모형 매트릭스를 의미한다. 이러한 연구들에서 혼합은 연구의 단계에 걸쳐 일어나기에, 한 단계가 다른 두 단계와 연구 장르가 다르다. 다중구조 혼합모형 연구는 Tashakkori와 Teddie에 의하면 단일구조 연구보다 이론적으로나 실제적으로 더 흔하며, 이 책의 주요 내용이기도 한데, "복합적인 유형의 문제들 (중략) 그리고 양적 · 질적 유형의 자료와 자료분석 방법을 포함한다. 연구결과로 얻은 추론은 접근방법에 있어서 (중략) 동시에 주관주의적 · 구성주의적이며 (중략) [그리고] 객관주의적이기도 하다. 이러한 유형의 설계는 순차적이나 병렬적일 수 있는데", 즉 연구방법이 순서대로 진행되거나 동시에 진행될 수 있다는 의미이다(Teddie & Tashakkori, 2003, p. 30).

Teddie와 Tashakkori(2003)는 다중구조 혼합모형 설계의 더 구체적인 하위유형을 다음과 같은 기준으로 판별하였다. 즉 (1) 연구의 전반적인 방향, 목적, 문제가 혼합되었는지, (2) 자료수집, 분석, 추론방법이 혼합되었는지, (3) 어떠한 혼합 절차가 사용되었는지, 즉 동시적 실행, 순차적 실행 혹은 한 가지 형태의 자료유형에서 다른 형태로의 전환이 이루어졌는지에 따라서 세부적으로 나뉜다. 그리고 그들은 혼합연구방법 설계가 연구방법 단계에서만 혼합이 이루어지는데 반해, 혼합모형 설계에서는 혼합이 하나 이상의 연구 단계에서 일어나야 한다는 점을 강조한다. 예를 들어, 순차적인 혼합모형 설계에서, 한 유형의 연구가 첫 부분(예 : 설문지)에서 실행된다. 그리고 그 부분의 결과들은 두 번째 부분의 목적과 문제를 만들어 내는 데 사용되고, 이를 통해 다른 유형의 연구(예 : 사례연구)가 실시된다. 두 부분 모두에서 얻은 추론은 연구에서 얻은 전반적인 메타 추론에 복합적으로 도움을 준다. 마지막으로, "완전한 통합적(integrated) 혼합모형 설계는 모든 혼합모형 설계 중에서 가장 진보되고 가장 역동적이다. (중략) 이러한 유형의 연구에서는 질적 및 양적 자료의 수집과 분석을 통해 복합적으로 접근된 연구문제를 제기하고 대답한다."(p. 689) 이 핸드북의 마지막 장에서 다이어그램을 통해 이러한 설계 아이디어들을 자세하게 설명하고 독자가 각각을 구분할 수 있도록 돕고 있다.

혼합연구방법과 혼합모형 설계에 대한 최근 논문(Teddie & Tashakkori, 2006)을 통해 이론을 더욱더 정교하게 만들었고, 혼합연구를 '연구 설계의 일반적인 유형분류체계(typology)'에 포함하고 있음을 알 수 있다. 특히, 자신들의 기존 이론인 혼합연구방법 연구와 혼합모형 연구 사이의 구분을 포기하고, "혼합연구에 대한 더 새로운 개념화 작업에서는 단계 사이의 통합이 없이는 연구에서의 혼합이 이루어질 수 없다는 사실을 인식하게 된다."(p. 14)라고 하였다. 또한 그들은 새로운 「Journal of Mixed Methods Research」라는 전문학술지에서 채택된 혼합연구의 정의 또한 통합의 중요성을 강조하고 있다는 점을 지적한다. 이 학술지에서, "혼합연구는 연구자가 단일한 연구나 일련의 연구들로 이루어진 큰 연구 프로젝트에서 질적 및 양적 연구방법 모두를 사용하여 자료를 수집하고 분석하며 결과를 통합하여 추론하는 것을 의미한다."(p. 15)라고 정의한다. 이러한 관점에서, Teddie와 Tashakkori는 연구 단계 사이에 중요한 통합이 이루어지지 않은 연구에 대하여 **준혼합 설계**(quasi-mixed design)라는 개념을 만들어 적용한다. 둘째, Teddie와 Tashakkori는 자신들의 가장 최근의 설계 유형분류체계에서 네 가지 주요 차원을 다룬다.

1. 사용된 방법론적인 접근법의 수 — 단일연구방법과 혼합연구방법 설계를 구분함(따라서 혼합연구방법을 사용한 연구를 더 일반적인 연구 설계의 틀 속에 포함함)
2. 연구 설계에서의 하위 구조나 단계의 수 — 단일구조와 다중구조 설계를 구분함
3. 실행 절차의 유형 — 동시적, 순차적, 전환적 유형으로 구분함
4. 통합이 이루어지는 단계

이러한 유형분류체계에 속하는 혼합연구 설계의 예로 **동시적 혼합 설계**(concurrent mixed design)가 있다. 이는 "최소한 2개의 상대적으로 독립된 구조를 가지는데, 한 가지는 '질적'인 연구문제, 자료수집 및 분석기법을 갖고 있고, 다른 하나는 '양적'인 연구문제, 자료수집 및 분석기법을 갖고 있다. 각각의 구조에서 나온 결과를 바탕으로 이루어진 추론은 연구 마지막 단계에서 통합되어 메타 추론을 구성한다."(p. 20) 이들의 논문에 이 유형을 포함한 혼합연구 설계유형들이 실례와 함께 제시되어 있다.

Tashakkori와 Teddie의 연구는 혼합연구를 설계하는 데 의미 있고 유용한 **유형분류체계**를 개발하였다. 이들은 혼합연구 설계의 유형분류체계가 연구 실제를 안내하고, 혼합연구 분야를 정당화하고, 가능성을 생성하고, 유용한 교육적 도구 역할을 하는 가치가 있다고 대체로 설득력 있게 주장하였다(Tashakkori & Teddie, 2003b; Teddie & Tashakkori, 2006). 유형분류체계는 관심대상인 핵심 차원을 교차하면서 생길 수 있는

개념적 범주를 조직화한 것이다. 내 관점에서 유형분류체계에서 가장 중요한 특징은 이를 만드는 데 사용된 차원(dimensions)이다. 그리고 그 점에 있어서는 Tashakkori와 Teddie 가 혼합연구방법 분야에 생성적인 아이디어와 가능성을 제공하는 공헌을 했다고 본다. 이 들은 혼합연구에 있어서 서로 차이를 보이는 핵심 차원을 찾아내고 그러한 차원들을 다양 한 혼합연구 설계의 유형분류체계를 만드는 데 창의적으로 활용하였다. 더 나아가 이들은 혼합연구 설계의 완전한 유형분류체계를 만들기란 불가능하다고 하였는데 계획했던 설계 가 다른 다양한 형태로 변화해 가기 쉽기 때문이다. 예를 들어, 앞 장에서 설명한 것처럼, 상호보완 목적을 위해 계획된 혼합연구에서는 연구하는 현상의 특정부분에 수렴되는 결 과들을 통해 복잡한 현상에 대해 상호보완적으로 더 깊게 이해할 수 있을 뿐만 아니라(의 도됨), 부조화와 확산적인를 통해서도 더 깊게 이해할 수 있다(의도되지 않음). Maxwell과 Loomis가 관찰한 바와 같이, "실제 혼합연구의 다양성은 어떠한 유형분류체계가 적절하 게 포괄할 수 있는 범위보다 훨씬 더 크다."(2003, p. 244) 이러한 관찰에도 불구하고 Tashakkori와 Teddie가 개발한 유형분류체계는 혼합연구방법의 개념과 실제에 중요한 공헌을 하였다.

앞으로 더 자세히 논하겠지만 혼합연구 설계에 대한 나의 생각은 Tashakkori와 Teddie와 많은 부분을 공유하지만, 차이점 또한 존재한다. 앞에서 설명한 것처럼, 연구 방법은 항상 특정한 기본가정 구조(assumptive frameworks) 내에서부터 실행된다. 이 는 어떤 연구방법이 특정 패러다임 혹은 연구 전통에 결합되었다는 의미가 아니라(제4 장과 제5장 참조), 연구자가 사회적 세계 그리고 연구의 이론적·실제적 의도에 대해 이 해하는 방향이 연구방법이 실시되고 자료가 이해되는 방식에 필연적으로 영향을 끼치게 된다는 것이다. 이러한 기본가정 구조(패러다임, 정신모형)에 대한 의식적인 집중은 혼 합연구 초기에 연구자가 어떤 패러다임 관점이 해당 연구에 가장 적절한지에 대한 결정 을 내릴 때부터 시작한다(제5장 참조). 이러한 패러다임 관점에 대한 아이디어는 Tashakkori와 Teddie의 '사용된 방법론적인 접근법의 수'라는 설계 차원과 연관되지 만, 혼합연구를 실행할 때 방법론적인 접근법이나 패러다임, 정신모형을 혼합한다는 것 이 어떤 의미일지에 대해 더 정교하게 개념화해 나간다. 나 자신과 Tashakkori와 Teddie가 가지는 설계에 대한 생각의 차이점 중 두 번째는 내가 다양한 패러다임과 방법 론적 접근법을 위한 공간을 의도적으로 제공하려 하는데 비해, 이들은 양적 및 질적 연구의 전통에 집중한다는 점이다. 마지막으로, 연구방법에 대한 결정이 내용적 목적에 따라 이루어진다는 데에는 모두 동의하지만, 나는 의도하는 혼합의 목적과 혼합연구 설계 결정 사이에 더 강한 연관성이 있다고 본다. 현재의 혼합연구에 관한 논의에서 이러한 상보적이지만 뚜렷이 구분되는 아이디어들을 위한 공간은 충분하다.

단일연구 내 혹은 연구 프로젝트에 속하는 연구들 간의 연구방법 혼합

우리가 일찍이 실시한 57개의 혼합연구방법을 활용한 평가연구 분석(Greene et al., 1989)을 통해 실제에서 이루어지고 있던 다양한 혼합연구 설계를 구분할 수 있는 핵심 차원이 많이 나왔는데, 그중 한 가지는 연구방법들이 단일연구 내에서 혼합되었는지 아니면 체계적으로 계획된 큰 연구 프로젝트 내의 연구들 사이에서 이루어졌는지에 관한 것이었다(여기에서 드러났던 다른 차원들은 제7장의 후반부에서 더 깊게 논의될 것임). 이 설계 차원은 특성상 그리고 근본적인 근거에서 다른 차원들과 분명히 다르다.

제5장에서 설명된 혼합연구의 '강점 상호보완 패러다임 관점(complementary strengths paradigm stance)'의 논의에서처럼, 일부 이론가들은 연구방법의 혼합 그리고 연관된 철학적 가정들을 혼합하는 것은 어떤 연구방법의 경우든 완전성을 훼손할 수 있고, 따라서 그 연구방법으로 얻은 자료의 질에도 악영향을 미칠 수 있다고 주장한다(Brewer & Hunter, 1989). 이들은 연구방법은 각각의 특징적인 장점을 유지하기 위해 각각 서로로부터 주의 깊게 분리되어야 한다고 주장한다.

Janice Morse(2003) 역시 방법론적인 완전성에 대해 이러한 우려를 하면서, 완전성을 유지하기 위하여 하나의 연구는 오직 하나의 '이론적인 동인(theoretical drive)'을 가져야 하는데, 이는 "원래의 문제나 목적으로부터 결정된 프로젝트의 전반적인 방향이며 주로 귀납적 혹은 연역적인 것"(p. 190)으로 정의된다. 그러므로 귀납적 동인을 가진 연구에서는 질적인 자료가 주가 되고 양적인 자료는 보조가 되어, 얻어진 귀납적인 추론을 뒷받침하고 설명하는 데에만 쓰인다. 연역적 동인을 가진 연구는 그 반대일 것이다. 이 경우에 동일한 연구 프로젝트 내의 연구들 사이에 서로 다른 동인이 사용될 수 있고, 그들로부터 메타 추론이 전체적으로 형성될 수 있다. 그러나 하나의 연구에서는 주요 동인이나 목적을 혼합할 수 없다는 것이다. 구체적으로 설명하면, 한 연구의 의도가 귀납적이면서 동시에 연역적일 수는 없다고 Morse는 주장한다. 이러한 관점은 이 책이나 Tashakkori와 Teddie(Yin, 2006 참조)의 관점과도 중요한 차이가 난다. 후자의 이론가들은 주요 혼합연구 설계 차원을 '사용된 방법론적인 접근의 수'에서 구분한다. 그리고 이 책의 주요 논지는 혼합연구의 가장 큰 잠재력은 생성적인 가능성이고, 이는 서로 다른 방식의 알기, 인식하기, 이해하기를 혼합하는 과정에서 나타난다는 것이다. 이렇듯 이러한 연구 내 혹은 연구 간 혼합에 관한 설계 차원은 여전히 이 분야에서 크게 논란이 되는 것이다. 혼합연구 설계에 관한 나머지 논의는 이 책의 전제에 더 부합되도록, 특정한 연구 내에서 이루어지는 혼합에 중점을 둘 것이다.

혼합연구 설계의 차원

제6장에서 설명한 혼합연구방법의 다섯 가지 목적 이외에도, 혼합연구를 사용한 평가연구에 대한 실증적 분석(Greene et al., 1989)을 통해 표본 조사되었던 연구들로부터 이들을 구분 짓는 일곱 가지 설계 차원이 산출되었다. 우리는 이 차원들을 특질 또는 요소라고 지칭하였지만, 실제적으로 연속체 혹은 차원으로 이해하였고, 여기에서는 우리의 기존 설명에 따라 제시한다. 당시 우리의 관심은 질적 및 양적 접근 및 전통을 혼합하는 데 있었는데, 이는 사전에 이론적으로 이루어졌다기보다는 연구 실제로부터 더 많은 영향을 받은 것이다.

> 1. **패러다임** — 패러다임이라는 설계 특질은 다양한 유형의 연구방법이 동일하거나 서로 다른 패러다임 내에서 실시되는 정도를 의미한다. 연구방법들은 동일한 패러다임 내에서 실행되거나 아니면 실행되지 않거나 두 가지 경우만 있기 때문에, 이 설계 특질은 이분법적 형태가 된다. 하지만 프로그램 평가 실제에서는 흔히 두 유형의 연구방법들이 다수 포함되어 있다. [그래서 이 특질은] 전반적으로 봤을 때 동일 혹은 서로 다른 인식론적인 구조에서 전체적인 연구방법들이 개념화되고 설계되고 실시되는 정도를 나타내는 것으로 이해해야 한다.

2. **현상** — 현상은 질적 및 양적 연구방법들이 완전히 동일하거나 완전히 다른 현상을 평가하도록 의도된 정도를 의미한다.

3. **연구방법** — 연구방법 특질은 어떤 연구를 위해 선택된 질적 및 양적 연구방법들이 형태, 기본가정, 강점, 한계 혹은 편향 등의 측면에서 유사한지 혹은 차이가 있는 정도를 의미한다.

4. **상대적 중요성** — 이 특질은 한 연구에 사용된 양적 및 질적 연구방법들이 연구의 전반적인 목적에 관하여 동등하게 중요하거나 더 핵심적인 역할을 하는 정도를 의미한다. [즉, 상대적 중요성이라는 특질은] 질적 및 양적 연구방법들이 연구 목적에 비추어 중심적인지, 빈번하게 사용되는지에 따른 상대적 무게와 영향력을 가리킨다.

5. **실시 : 독립성** — 질적 및 양적 연구방법들이 개념화되고, 설계, 실시되는 과정에서 상호 영향을 주는지 혹은 독립적으로 이루어지는지의 정도를 연속적인 선상에서 볼 수 있다.

6. **실시 : 타이밍** [이 차원은 다양한 연구방법들이 동시에 혹은 순차적으로 실행되는지를 의미한다.] — 우리가 이 특질을 연속적인 것으로 보지만, 일반적으로 한 쌍의 연구방법은 동시적 혹은 순차적으로 실시되지, 그 중간 형태로 실시되지는 않는다는 점을 인식하고 있다. 그러나 실시기간이 짧은 양적 연구방법이 상대적으로 긴 질적 연구방법과 조합될 수도 있고, 사전-사후 검사가 참여관찰 이전 및 이후에 실시될 수도 있다. (중략) 이 설계요소는 혼합된 조합에서 여러 가지 연구방법을 사용할 때 다양하게 변화된다.

7. **연구** — 연구라고 명명된 이 마지막 설계 특질은 본질적으로 범주적이다. 실증연구는 (중략) 하나 혹은 하나 이상의 연구를 포함한다.(pp. 262-264)

혼합연구의 목적과 마찬가지로, 이 설계 차원은 현재에도 혼합연구 논의에서 중요하다. 논의에 참여하는 여러 이론가들은 이러한 차원을 다른 식으로 명명하며 각각의 중요성도 다르게 본다. 이러한 설계 차원들 중 일부는 혼합연구방법 이론의 다른 분야로 옮겨져 사용되기도 한다. 그리고 혼합연구 설계의 몇몇 중요한 차원이 시간이 흐르면서 첨가되었는데, 특히 Teddie와 Tashakkori의 가장 최근의 설계 유형분류체계(2006)에 포함된 '구조와 단계의 수' 개념이 대표적이다. 그러나 대부분의 경우 앞에서 설명한 최초의 설계 차원 구분이 혼합연구 설계를 구분하는 데 여전히 상당히 유용하다.

나의 관점에서 혼합연구 설계들은 (1) 연구과정에서 서로 다른 연구방법들 간의 의도된 독립성 혹은 상호작용, (2) 상대적 중요성(John Creswell의 설계유형에서는 **지배성**

[dominance]이라고 불림)이라는 두 가지 설계 차원에서 가장 명확하게 서로 구분된다. 다양한 연구방법들이 독립적으로 유지된 혼합연구는 다양한 연구방법들이 실시 과정에서 의도적으로 상호작용할 수 있도록 구성된 연구와는 매우 다르다. 그리고 하나의 주된 연구방법과 하나의 보조적인 연구방법(혹은 일련의 연구방법들)으로 구성된 혼합연구는 다양한 연구방법들이 비교적 동등한 무게와 지위를 가진 혼합연구와는 크게 다르다. 그리고 내 생각으로는 우리의 실증적 분석에서 나왔던 나머지 다섯 가지 설계 차원 중, 패러다임 차원은 현재 제5장에서 설명한 다양한 혼합연구 패러다임 관점에 통합되고, 현상 차원은 사실 제6장에서 논한 여러 가지 혼합연구 목적에서 잘 다루어지는 것으로 보인다. 서로 다른 연구방법의 실시 타이밍은 종종 목적과 직결되거나 실제적인 측면에서 결정되거나 혹은 전반적인 연구에 큰 영향을 주지 않기도 한다. 예를 들어, 개발 목적의 혼합연구에서 타이밍은 필연적으로 순차적이며, 삼각측정 목적의 혼합연구에서는 필연적으로 동시적으로 이루어진다. 그러므로 이 설계 차원은 다양한 혼합연구 설계를 설명하는 데 여전히 유용하지만 연구자가 주요 설계 대안을 사려 깊게 선택하는 데에는 상대적으로 덜 유용하다. 그리고 앞에서 설명한 것처럼, 하나의 **연구** 내에서 혹은 일련의 연구들 사이에서의 혼합도 특징적인 설계요소이지만 논란이 계속되고 있다.

그러면 **연구방법** 차원이 남게 되는데 이는 "어떤 연구를 위해 선택된 질적 및 양적 연구방법들이 형태, 기본가정, 강점, 한계 혹은 편향 등의 측면에서 유사한지 혹은 차이가 있는지에 대한 정도"(Greene et al., 1989, p. 262)를 말한다. 이 설계 차원은 각 연구방법의 내재적 약점을 보충하고, 다른 연구방법의 내재적 장점을 활용하며, 필연적으로 발생하는 연구방법의 편향을 상쇄한다는 점에서 사회과학 연구방법의 혼합에 대한 설득력 있는 근거가 되지만, 초기에는 중요한 측면에서 저평가되어 왔으며(Cook, 1985; Mark & Shotland, 1987b), 일부 이론가들은 현재도 유사한 평가를 하고 있다(Onwuegbuzie & Johnson, 2006). 혼합연구 설계의 이 차원은 특정한 연구 맥락에서 어떠한 특정 종류의 연구방법을 사용해야 하는지에 관한 판단을 내리는 데 큰 도움을 줄 수 있다. 그러나 방법론적인 강점과 단점, 성향과 편향이 충분히 알려져 있지 않다. 그리고 이것은 사회적 바람직성 편향이 설문지 응답에 미치는 영향이나 사전-사후 검사가 평균으로의 회귀 현상에 의해 과대 추정되는 것에서 볼 수 있는 단순한 기술적인 문제가 아니다. 이것은 맥락적이고 정치적인 문제이기도 하며, 이는 사회과학 연구를 받아들이는 다양한 사회 구성원들이 특정 자료를 더 혹은 덜 신뢰하는 문제나, 연구방법에 따라 사회적 맥락에서 다양한 구성원들의 관심사와 관점을 효과적으로 포착하고 나타낼 수 있는 역량의 차이 등에서 나타난다. 특히 이러한 쟁점에 대한 수준 높은 실증적 연구가 매우 부족하다. 나는 혼합연구방법을 다루는 사람들이 여기에 도전하여, 실증적 연구뿐만 아니라 개념적인 분석을 통해 방법론적인 강점과 단점에 대하여 알 수 있게 되기를 바란다.

다음 부분에서는 혼합연구의 설계에 관한 나의 생각을 제시하는데, 주로 상호작용-독립과 상대적 중요성이라는 두 주요 설계 차원을 중점적으로 다룰 것이며, 널리 받아들여지고 있는 순서 차원 또한 관심 있게 다룰 것이다. 또한 이러한 설계 아이디어들을 혼합연구 목적에 직접적으로 연결할 것이다. 몇 가지 중요한 관점에서 나의 혼합연구 목적에 관한 개념은 폭넓고 거시적인 수준에서의 설계 의도와 근거를 나타낸다.

구성요소 및 통합적 혼합연구 설계

앞에서 설명한 것처럼, 나의 관점에서 혼합연구 설계의 가장 핵심적인 차원은 (1) 사용된 연구방법들이 각자로부터 비교적 독립적으로 실시되어 추론 단계에서 연결 혹은 혼합이 되는지, 아니면 연구방법들이 연구 실시과정 전반에 걸쳐 의도적으로 서로 상호작용하도록 구성되어 있는지, (2) 연구방법들이 연구에서 상대적으로 동일한 중요성을 가지고 있는지, 아니면 한쪽이 주가 되고 다른 한쪽이 보조가 되도록 의도되었는지 등 두 가지이다. 연구방법의 순서(동시적인지 순차적인지)는 혼합연구 설계의 분류와도 관련이 있지만, 혼합의 의도적 목적과 더 밀접하게 관련된다. 나의 관점에서 이러한 주요 설계 차원은 의미 있거나 실제로 유용한 분류체계를 구성하기에는 부족하며, 두 가지 광범위한 집단을 형성하는 단계인데, 독립-상호작용 설계 차원을 기반으로 나와 나의 동료인 Valerie Caracelli는 이를 구성요소 설계(component designs)와 통합적 설계(integrated designs)로 각각 명명하였다(Caracelli & Greene, 1997).

구성요소 설계에서 연구방법은 전체 연구에서 서로 별개의 부분으로 실시되며 연구 전반에 걸쳐서 그 구분이 지속된다. 서로 다른 연구방법 구성요소의 혼합은 자료수집이나 분석 단계보다는 해석과 결론 수준에서 이루어진다. (생략)

[통합적 설계는] 특징적으로 서로 다른 연구방법 유형들 간에 더 높은 수준의 통합을 이끌어 낼 수 있다. 연구방법들은 서로 전혀 다른 패러다임들의 요소들을 통합시키는 방식으로 혼합되고, 연구대상이 되는 현상에 대한 더 심층적이고 변증론적으로 변형된 이해를 할 수 있는 가능성을 갖는다.(Caracelli & Greene, 1997, pp. 22-23)

은유적으로 표현하면 구성요소 설계는 서로 다른 연구방법들을 조화시키지만 각 연구방법은 연구 내에서 계속적으로 분명하게 구분이 되는 반면에, 통합적 설계에서는 서로 다른 연구방법들이 섞이고 통합되어 하나의 전체를 이룬다. 구성요소 설계가 고등학교 밴드라면, 통합적 설계는 뛰어난 심포니 오케스트라다. 구성요소 설계가 샐러드라면, 통합적 설계는 크림수프다. 구성요소 설계가 개 종류 중에 표준 푸들이나 래브라도 리트리버 같은 순종을 선호한다면, 통합적 설계는 의도적으로 래브라두들(http://labradoodle-dogs.net)이나 요키푸(http://www.mixedbreedpups.com/yorkiepoo.htm)와 같은 혼혈종을 선호한다.

각 혼합연구 설계유형은 다음 절에서 실제 사례를 통해 더 자세히 설명된다. 각 유형별로 가능한 모든 설계들을 포함하는 완벽한 리스트를 만드는 것은 불가능하다. 이 장에서나 제6장에서 이미 설명했던 바와 같이, 혼합연구 실제는 어떠한 설계유형 틀로도 완전히 설명할 수 없을 정도로 다양하기 때문이다. 특히, 혼합연구 이론에서 설계유형이나 그 분류체계는 하나 혹은 그 이상의 구인을 평가하는 목적으로 주로 2개의 서로 다른 연구방법(혹은 연구방법 세트)을 혼합하는 데 초점을 맞춘다. 그러나 많은 사회과학 연구들이 그러하듯이, 대부분의 혼합연구 실제는 여러 가지 연구방법들을 포함하며 각각은 다수의 구인들을 평가하게 된다. 혼합연구 이론의 단순함과 사회과학 실제의 복잡성 사이의 괴리는 사례를 통해 더 심층적으로 설명될 것이다.

구성요소 설계

혼합연구 중에서 연구방법, 자료, 추론이 의도적으로 혼합되고 통합되는 혼합연구보다 서로 다른 연구방법들이 분리되어 있고 연구 전반에 걸쳐 계속 별개로 구분되는 경우, 즉 구성요소 설계의 경우가 실제에서는 더 일반적이다. 오늘날의 사회과학자들이 실증적 연구에서 다양한 연구방법들을 사용하여, 각각으로부터 독립적으로 자료를 분석하고, 각각의 연구방법과 자료로부터 결론이나 추론을 추출해 내고, 연구의 마지막 단계에서 다양한 결과들 중에 연결고리를 찾아내는 일은 흔하게 이루어진다. 연결고리의 종류는 대체로 혼합의 목적을 반영한다. 그러나 그러한 연결고리를 효과적이고 타당하게 만들어 내는 것은 중요한 과제이며, 혼합연구 분야에 있어서 더 많은 노력이 필요한 부분이다.

예를 들어, 질적 자료는 양적 자료를 '설명'하기 위해 의도적으로 사용되는 경우가 많다. 학업성취 격차와 상관관계를 가지는 조직 요인을 연구하는 교육학자가 교실 단위에서 있을 수 있는 새로운 중요 요인을 찾기 위하여, 의도적으로 선택된 학생들 간 혹은 교사와 학생 간의 상호작용에 대한 문화기술적인 교실 관찰을 하는 경우를 생각해 보자. 연구자는 교육청, 학교, 학급 단위에서의 다중 조직 요인이 학생 성취도에 미치는 영향을 조사한 회귀분석에 대한 설명을 돕기 위하여 이러한 질적 자료를 사용하고자 한다. 자료가 각각 다른 표본에서 산출되고 다른 시각을 나타낼 때 어떻게 설득력 있는 설명을 할 수 있는가? 또 하나의 일반적인 예로, 프로그램 평가자들은 프로그램 실시 수준을 평가하기 위해서는 질적 연구방법을, 프로그램 성과를 평가하기 위해서는 양적 연구방법을 사용하곤 하는데, 성과에 관한 결과를 이해하고 설명하는 데 도움이 되도록 실시과정 자료를 활용하는 것이다. 자료가 서로 다른 형태를 가지고 다른 현상에 관한 것일 때, 평가자들은 어떻게 실시 및 성과 자료를 효과적이고 설득력 있게 연결할 수 있을 것인가?

서로 다른 연구방법에서 얻은 결과를 연결하는 것은 보통 분석적 문제와 해석적 문제 모두를 포함한다. 분석적으로 제8장에서 설명되는 혼합연구 자료분석에 관한 아이디어들이 유용할 것이다. 해석적으로 설득력과 추론의 근거에 대한 문제는 남아 있지만, 제9장의 혼합연구의 질적 수준 준거에서 부분적으로 설명될 것이다.

다시 구성요소 설계로 돌아가 보자. 여기에는 두 가지 잘 확립된 구성요소 혼합연구 설계의 사례와 나머지 덜 확립된 경우들이 있다. 후자의 경우 표 7.1에서 제시된 잘 확립된 두 설계의 핵심적인 특징 범주에 맞추되, 나머지는 창의적으로 변형하는 것이다. 이러한 가능성이 유형분류체계의 장점 중 하나이다.

수렴

수렴(convergence)의 목적으로 동일한 현상을 측정하는 데 둘 이상의 서로 다른 연구방법을 사용하는 것은 고전적인 혼합연구 목적인 삼각측정이 대표적이다. 이 설계는 연구가 거의 완전한 수준의 추론을 필요로 하는 핵심적인 구인이나 현상을 다룰 때 가장 유용

표 7.1 구성요소 혼합연구 설계의 예

구성요소 설계의 예	혼합연구의 목적	서로 다른 연구방법으로 측정되는 현상	연구방법의 상대적 중요성	실시 순서	연결 과제
수렴	삼각측정	동일	동등	동시적	결과의 비교
확장	확대	다름	가변적	가변적	없거나 혹은 결과의 연계

하다. 단지 이 이유만으로도 프로그램 평가연구에서 핵심성과들에 대한 다중측정을 요구할 수 있다. 가장 높은 수준의 수렴 설계는 연구방법의 단순한 분리뿐만 아니라 연구방법들이 서로로부터 독립성을 가질 것 또한 필요로 한다. 독립성을 가진다면, 결과에서의 수렴은 연구과정에서 하나의 연구방법이 다른 연구방법에 영향을 미친 결과라고 볼 수 없는 것이다. 또한 가장 높은 수준의 수렴 설계에서는 비교적 동등한 중요성을 가지는 연구방법들을, 측정하는 현상이 변하지 않도록 시간상으로 가깝게 실시한다. 삼각측정 목적의 설계에서 연결 과제는 비교이다. 즉, 한 연구방법의 결과를 다른 연구방법의 결과와 비교하고 수렴의 본질과 정도를 측정하는 것을 의미한다. Todd Jick는 고전적인 혼합연구 논문에서 현재 널리 인용되는 다음과 같은 논평을 하였다.

> 결과들이 수렴되었는지 판단하는 것은 섬세함을 요하는 과제이다. 이론상으로는 결과에 대한 다중적 확증이 일상적인 것이다. 합치가 된다면 아마도 명백할 것이다. 그러나 실제에서는 타당성이나 합치도를 판단하기 위해 다양한 자료를 체계적으로 정리하는 방법에 대한 지침이 거의 없다. 예를 들어, 다중연구방법 접근의 모든 구성요소들이 동등하게 다루어진다면, 모든 증거들 또한 동일하게 유용한가? 그렇지 않다면, 자료의 중요도가 개인적 선호도를 떠나서, 어떤 근거에 의해 판단되어야 하는지 확실하지 않다. 다중연구방법 결과들이 가지는 이질적인 본질을 고려하면, [수렴 여부의] 판단은 주관적일 가능성이 높다.(Jick, 1983, p. 142)

Gretchen Rossman과 Bruce Wilson(1985)의 혼합연구방법을 활용한 고전적 연구는 수렴과 삼각측정의 명확한 실례이다. 이 연구는 다수의 지역교육서비스기관(RESA)에 대한 3년간의 평가였는데, 이 기관들은 각 교육청별로 개별적으로 실행하기 어려운 서비스를 제공하기 위해 몇몇 교육청을 묶어서 지역적으로 운용되었다. 자료수집은 학교 및 RESA 직원을 대상으로 한 설문과 면담 그리고 문서분석으로 이루어졌다. 연구방법은 비교적 동등한 중요성을 가진 것으로 보였고 동시에 실시되었다. 연구자들은 '수렴논의'를 위해 실시한 두 가지 분석방법을 설명하였다. 첫째 '질적 자료의 양적 자료와의 수렴'은 지역 학교 관리자들이 인지한 유용성에 중점을 두었다. 학교 관리자들로부터 얻은 양적 자료를 활용하여 RESA 중 유용성의 양 극단에 있는 기관을 찾았고, 그다음 이 관리자들로부터 얻은 질적 면담자료로 수렴 여부를 검토하였다. '낙농지역'은 설문에서 가장 긍정적인 반응을 얻었고 면담자들로부터 "매우 큰 도움이 되며, 획기적이며, 기업가적이다."(p. 635)라는 평가를 얻었다. '농촌-산업지역'은 설문에서 가장 부정적인 반응을 얻었고 면담자들로부터 "그다지 도움이 되지 않으며 어떤 교육과정 서비스도 가지고 있지 않다."(p. 635)라고 평가받았다.

> 그러므로 면담자료는 두 RESA가 매우 다르게 인식됨을 확증하기 위해 사용되었다. 이 사례에서 양적 자료는 [후속 질적 분석을 위한] 기관 선정을 주도했고, 제공되는 서비스에 다양성이 있다는 최초 주장을 도출해 냈다. 그런 다음 질적 자료는 처음의 양적 자료와의 수렴을 보여 주는 데 사용되었는데, 이는 다른 연구방법을 통해 다양성이 존재함을 확증하기 위함이었다.(p. 635)

이 연구에서 두 번째 수렴분석은 '양적 자료의 질적 자료와의 수렴' 결과를 잘 보여 준다. 이 분석은 평가대상인 RESA들에서 중점을 두고 있는 역할을 중심으로 이루어졌다. 운영철학에 대한 문서분석 결과, 두 유형의 지원과 한 유형의 집행을 포함하는 역할들이 도출되었는데 바로 다중 서비스를 통한 일반적인 보조, 교육과 지식보급을 통한 집중적인 보조 그리고 법규나 주 정책의 집행이었다. 이러한 질적 범주는 각 기관의 직원들로부터 나온 설문 자료분석을 통해 확증되었다. 설문지는 "[직원들이] (지원과 집행 사이의 차이를 나타내기 위하여 설계된) 11가지 역할을 각각 어느 정도 담당하는지를 조사"(p. 636)하였다. 이러한 자료에 대한 요인분석과 여기서 나온 두 요인에 대한 각 기관의 이변량 분포는 "질적 연구방법에 의해 생성된 결과들을 확증해 주는 자료를 산출해 내었다."(p. 636)고 할 수 있다. Rossman과 Wilson의 창의적이고 사려 깊은 혼합연구 분석은 오늘날에도 여전히 모범사례로 꼽힌다.

확장

확장 목적의 혼합연구에서는 각기 다른 현상을 평가하기 위하여 다양한 연구방법을 사용한다. 이 목적에서는 혼합연구의 시각이 연구방법 선택에서 하나 이상의 방법론적 전통을 택하는 것으로 확장되며, 이에 따라 확장된 연구 초점들 중에서 각 구인에 가장 적절한 선택이 이루어지도록 한다. 이 설계의 구체적인 내용은 연구방법의 혼합에 관한 방법론적인 고려에 영향을 받기보다는 맥락적 그리고 실제적인 측면에서 결정된다. 앞에서 설명한 것처럼 이 설계에서 연결에 관하여 흥미로운 분석적 문제가 제기될 수 있다. 즉 한 연구방법의 결과들을 다른 연구방법의 결과들과 연결하는 방법을 찾기 어렵다는 것이다. 그래서 실제에서는 일반적이지만, 확장 혼합연구는 혼합연구적인 사고를 할 수 있는 기회를 제시하거나 제공하지 않는다.

통합적 설계

연구과정에서 연구방법들이 의도적으로 서로 상호작용을 하는 통합적 혼합연구 설계는 더 다양하고 차별화되는 설계의 가능성을 제공한다. 구성요소 설계에서의 연결문제처럼, 통합적 설계에서의 상호작용 문제는 아직 연구나 이론화가 부족하다. 그러나 연구과정 중에서 표본, 도구, 자료, 분석이 서로 특정한 방식으로 '상호작용'하거나 '대화'하는 것이 통합적 혼합연구의 핵심이다. 그러므로 고전적인 혼합연구 이론이나 혼합연구의 방법론적 논의와 실질적 논의에서 나타나고 있는 뛰어난 실증적 연구들에 더하여, 이 문제에 대한 계속적인 개념화 작업이 필요하다.

통합적 혼합연구 설계의 예가 다음에서 설명되고, 표 7.2에 요약되어 있다. 통합적 설계에서는 연구방법들이 동일한 현상(동일한 현상의 다르거나 겹치는 측면 모두)을 평가하기 때문에 이에 해당하는 열은 표 7.2에서 제외되었다.

반복

한 연구방법의 결과가 나머지 다른 연구방법의 개발(도구개발, 표본집단 선택, 실시 등)을 위해 사용되는 혼합연구는 다중방법론 전통에서 오랫동안 이루어져 온 대표적인 연구 실제로, 이제는 혼합연구방법이라는 큰 영역 속에 들어왔다. 반복 설계의 정의에 따르면, 연구방법들은 순차적으로 실시되며, 반드시는 아니더라도 가능하면 동등한 중요

표 7.2 통합적 혼합연구 설계의 예

통합적 설계의 예	혼합연구의 목적	연구방법의 상대적 중요성	실시 순서	통합 과제
반복(iteration)	개발	가급적 동등	순차적	자료 나타내기
결합(blending)	상호보완 착안	가급적 동등	동시적	분석 중 공동분석 혹은 연계
포섭(nesting) 혹은 포함(embedding)	상호보완 착안	한 연구방법이 주	동시적	분석 중 공동분석 혹은 연계
내용적 근거나 가치에 따른 혼합	상호보완 착안	가급적 동등	가변적	분석 중 공동분석, 비교 혹은 연계

성을 가진다. 연구방법 동등성의 선호는 혼합연구에 있어서 생성적이고 대화적인 가능성에 대한 나의 선호도를 반영하며, 이는 관점이나 목소리가 평등하게 다루어질 때 가장 잘 이루어진다. 그러나 반복 설계는 하나의 주된 연구방법과 하나의 보조적인 연구방법으로도 효과적으로 특정 맥락에서의 요구를 충족시킬 수도 있다. 제5장에서 설명된 Eckert(1987)의 호텔방에 장기 투숙하던 저소득층 노인들의 주택고급화에 따른 강제 퇴거에 대한 연구가 반복 설계의 좋은 실례인데, 이 연구는 몇 년에 걸쳐 3단계로 진행되었다. 즉 4년간의 문화기술 단계로 시작되어, 강제 퇴거된 노인들과 근처 호텔에 거주하면서 강제 퇴거되지 않은 경우를 비교하는 준실험이 두 단계로 이어졌다.

반복 설계에서 통합 과제는 하나의 연구방법에서 나온 결과를 다른 하나의 연구방법 개발을 효과적으로 도울 수 있는 방식으로 나타내는 것이다. 예를 들어, Eckert 연구에서, 문화기술적인 연구에서 나온 광범위한 결과들을 퇴거조치에 따라 이사하면서 삶이 위협받을 수 있는 노인들의 중요하거나 취약한 면을 정확히 포착하는 주제와 관련된 방식으로 나타내야 했다. 영양가 높은 음식 섭취가 그 예이다. 이러한 주제들은 더 구조적인 연구도구를 개발하는 데 있어 출발점이 되었고, 이 도구들은 이어진 준실험 단계(사전-사후 및 더 장기적 추후 검사)에서 노인들의 삶의 여러 측면을 측정할 수 있었다.

결합

매우 흔하게 사용되는 혼합연구 설계로, 복잡한 현상의 다양한 측면을 측정하기 위하여 둘 이상의 서로 다른 연구방법들을 사용하는 것이며, 혼합연구의 상호보완 목적이나 착안 목적에 적합하다. 연구방법들은 연구에서 (나의 시각으로는) 가급적 동등한 중요성을 가지며, 관심 현상이 연구방법들을 실시하는 사이에 변하지 않도록 동시적으로 실시된다. 그리고 통합 과제는 분석과정에서 서로 다른 유형의 자료들 사이의 공동분석 혹은 연계이다.

앞에서 인용한 Rossman과 Wilson(1985)의 RESA 평가연구는 학교 직원들을 대상으로 한 설문지와 면담을 통해 상호보완 목적의 혼합 설계에 대한 흥미로운 실례를 보여 준다. 설문과 면담이라는 두 연구방법이 상대적으로 동등한 위치를 가졌으며 동시에 실시되었다는 점을 떠올려 보자. 이 연구방법 혼합에서 결합된 부분들은 여러 RESA가 지역 교육자들에게 어떻게 서비스를 제공했는지의 평가를 포함한다.

> 지역 학교 관리자들과의 면담을 분석한 결과, 다섯 가지 서비스 유형이 확인되었다. 즉 장기 프로젝트 지원, 워크숍, 간단한 상호작용, 전화 연락 그리고 자원센터의 활용이다. 서비스 기관에게는 연락이 **어떻게** 이루어지는지가 중요하다. 그러나 서비스가 **어떤** 집단을 목표로 삼아야 하는지를 이해하기 위해서는 더 많은 조사가 필요하다. 이에 답하기 위해 우리는 양적 자료를 활용했다.(Rossman and Wilson, 1985, p. 637, 강조 첨가)

설문 자료분석에서 교사와 관리자들이 제공되는 각각의 서비스 유형을 얼마나 자주 이용했는지 조사되었다.

> 우리는 교사들보다 관리자들이 RESA로부터 더 많은 서비스를 계속 제공받았다는 사실을 발견했다. 가장 극적인 차이로 관리자들이 RESA 직원들과 전화로 연락을 하는 비율이 교사의 10배에 달하였다. (중략) 연구자들은 교사들이 워크숍이나 자원센터를 더 많이 이용할 것이라고 예상했지만 교사들이 동일한 정보 요구를 가지고 있지 않음이 명백하였다.(p. 637)

이 실례에서 면담은 제공되는 다양한 서비스 유형을 확인하였고, 설문은 관리자와 교사의 각 서비스 유형별 사용빈도를 파악해 주었다. 두 자료를 함께 활용함으로써 RESA 서비스 전달과 사용에 대해 한 가지의 자료만으로 그릴 수 있는 것보다 더 완전한 그림을 그릴 수 있었다. 더 나아가 이 연구는 Rossman과 Wilson이 "생각을 바꿔 주는 분석적 기능"(p. 637)이라고 기술한 혼합연구의 착안 목적을 위해 실시된 결합 설계를 잘 보여 준다.

　나는 Rossman과 Wilson의 평가연구를 수렴과 결합 설계 둘 다를 설명하기 위하여 사용하고 있다. 그리고 둘 모두 동일한 연구방법들로, 즉 문헌분석뿐만 아니라 면접과 설문(RESA 직원 및 학교 교직원 모두 포함)으로 설명되었다. 이 연구는 혼합연구 실제 가 전형적으로 어떻게 일어나는지 보여 주는 좋은 예이며, 특히 일련의 연구방법들이 사 실상 하나 이상의 목적을 위해 혼합될 수 있음을 보여 준다. 이것은 주로 각 연구방법이 여러 구인을 측정하며, 구인이나 현상 수준에서 혼합이 이루어지기 때문이다. 수렴의 경 우는 지역 교육자들이 인지한 RESA의 유용성과 각 RESA에서 한 주된 역할(보조적 지 원 혹은 직접 실시)이라는 두 가지 구인에 초점을 맞추었다. 결합 설계의 경우는 RESA 서비스 전달에 초점을 두었다. 따라서 활용된 연구방법들을 통해 이러한 구인 모두와 그 이외의 것을 평가함으로써 혼합의 다중 목적과 다중 설계유형이 가능했으며, 이 모든 것 이 동일한 연구방법들을 통해 이루어졌다. 물론 모든 혼합연구의 목적이 동일한 연구방 법 혼합을 통해 실현될 수는 없는데, 이는 어떤 목적은 연구방법의 독립성을 필요로 하 는 반면 어떤 목적은 상호작용을 필요로 하며, 연구방법 실시에서도 어떤 경우는 순차적 인 실시가 필요하고 어떤 경우는 동시적 실시가 요구되기 때문이다. 많은 경우에 여러 혼합연구의 목적이 동일한 연구방법 혼합을 통해 이루어질 수 있다. 마지막으로, 이 프 로그램 평가연구는 대부분의 혼합연구 개념을 10년 이상 앞서고 있다. 그러므로 이 평가 자들은 의도적으로 설계한 것은 아니더라도, 사려 깊고 창의적인 분석을 통해 이러한 다 양한 혼합연구의 목적을 사용해 왔다고 생각된다. 이 연구의 교육적 가치는 아직도 유용 하다.

포섭 혹은 포함

흔하지 않지만 생성적인 잠재력을 가진 통합적 혼합연구 설계 중 하나는 연구의 주된 한 연구방법이나 연구방법 세트의 설계 및 실시 속에 보조적이거나 이차적인 연구방법을 포섭하거나 포함하여 이루어진다. 이 설계에서는 이차적인 연구방법은 자체적인 연구방법의 특징보다는 주된 연구방법의 특징(예: 표집방법이나 통제 계획)을 그대로 따르거나 최대한 고수 한다는 점이 독특하다. 이 설계는 혼합연구의 상호보완 목적이나 착안 목적에 기여할 수 있 다. 그리고 결합 설계와 마찬가지로, 분석과정 중에 서로 다른 자료군을 연계하거나 공동으로 분석하는 것이 통합 과제이다.

또 하나의 고전적인 혼합연구가 혼합연구 착안 목적을 가진, 이러한 포섭 또는 포함 설계의 예를 잘 보여 준다. Maxwell, Bashook 그리고 Sandlow(1986)는 한 병원의 의료 서비스 평가(Medical Care Evaluation: MCE) 위원회들에 의사들을 참가시키는 효과에 대한 실험 평가에 문화기술적인 관찰방법을 포함하였다. 이 위원회들은 특정 질병의 치료에 대한 명시적 기준에 비추어 환자 기록을 정기적으로 검토하는 책임을 지고 있었다. 위원회는 병원에서 제공하는 의료 서비스가 개선될 수 있는 점을 찾아내는 것에 목표를 두었다.

준실험 설계에서 몇몇 MCE는 MCE 기능 개선을 위한 교육 프로그램에 참여하도록 선택되었다. 대응 통제 MCE들도 선택되었다. 다중적인 양적 도구(지식 검사, 임상사례 회상 면담, 환자 기록분석 등을 포함)를 활용하여 이 실험집단 및 통제집단 의사들의 지식과 수행결과를 평가하였다. 또한 실험집단과 통제집단의 MCE들에서 문화기술적 관찰을 실시했는데, 이때 문화기술적 연구방법의 특징인 유목적적(purposeful) 표집방법을 따르지 않고, 준실험 설계의 표집 절차를 따랐다. 관찰은 위원회의 기능과 학습을 기록하는 데 중점을 두었다. (Gibson-Davis & Duncan, 2005를 참조 바람 - 무선실험 평가 설계와 연계된 문화기술적 연구방법 실시에 관한 예, 그리고 문화기술적 연구방법이 실험의 표집 방법을 따르는 또 다른 예가 소개됨.) 양적 평가에 의하면 실험집단의 MCE들은 상당히 긍정적인 효과를 얻었는데, 이 결과는 문화기술적 자료에 의해 조명되고 강화되었다.

특히, 이 연구자들은 (문화기술적 연구방법의) 의미와 이해를 (준실험 설계의) 인과적 설명과 의도적으로 조합함으로써 착안 의도를 잘 보여 주었다. 그리고 문화기술적 자료는 양적 평가로부터 산출된 지식 및 수행에서의 변화가 예상치 못한 인과적 관계에 의해 일어났음을 나타냈다(이 또한 착안 목적의 혼합연구가 가진 생성적 잠재력을 잘 보여 준다). 이 연구 설계에서는 개선된 MCE들에 참여하는 것이 의사들의 진단과 치료에 관한 지식을 직접적으로 향상할 것으로 가정하였다. 그러나 문화기술적 자료에 의하면 이 프로그램은 의사들이 기존에 가지고 있던 지식을 적용하는 데 자신감을 키워 주는 간접적 효과만 있는 것으로 밝혀졌다.

내용적 근거나 가치에 따른 혼합

마지막으로, 특정한 형태의 '더 잘 이해하기'(연구방법을 혼합하는 전반적인 목적이나 근거)를 위하여 연구방법을 혼합할 때 연구에서 사용되는 내용적 근거나 관념적 구조에 직접적으로 연관되어 있는 통합적 혼합연구 설계들이 있다. 전자를 **총체론적**(holistic) 설계로 부르며, "[서로 다른 방법론적인 전통을 대표하는] 상이한 연구의 측면들을 병치함으로써 생기는 혼합연구의 긴장이 내용 틀로 전이되고, 다시 그 속에서 통합이 이루어지는 구조가 된다."(Caracelli & Greene, 1997, p. 27)라고 선행연구에서 설명하였다. 이러한 내용이론 구조의 예로 사회과학 이론, 프로그램 평가연구에서의 프로그램 이론, 개념도(concept map) 등이 포함된다.

가치에 기초한 혹은 관념적 이유로 인한 연구방법의 혼합은 일반적으로 **변형적**(transformative) 혼합연구 설계라고 불리며, 이는 Donna Mertens가 주창한 혼합연구인 '변형적 패러다임'을 따른다(Mertens, 2003). 이 설계에서 "연구방법 혼합의 근거는 연구방법보다는 가치나 관념과 관련된다. (중략) [예컨대 연구방법의 혼합이] 다원적 이해관계, 목소리, 관점 등을 표현하며, 이러한 표현을 통해 연구가 대화를 이끌어 내어 견고한 기존 이론들에 의문을 제기하고 변화시키기 위함이다."(Caracelli & Greene, 1997, p. 29)

요약

앞에서 설명한 바와 같이, 사려 깊고 적절하게 혼합연구를 설계한다는 것은 어떤 공식이나 미리 짜인 지침을 따르기보다는 당면한 자원과 맥락 안에서 의도한 목표를 최대한 충족시키는 예술적인 과정이라고 할 수 있다. 혼합연구의 설계에 있어서 핵심적인 차이점은 연구의 과정에서 연구방법 및 자료군들이 의도적으로 서로 독립되는지 아니면 상호작용하는지 그리고 각 연구방법이나 일련의 연구방법들이 서로 동등한 위치에 있는지 그렇지 않은지, 각각의 중요성이 어떠한지 등이 포함된다. 설계는 혼합연구 목적(이는 전반적인 연구 목적으로부터 비롯됨)과 밀접하게 관련되며, 아울러 맥락과 자원에 의하여 영향을 받는다. 혼합연구의 설계에서 중요한 다른 두 측면에 대해 다시 설명하면, 첫째, 특정 연구에서 선택한 혼합연구 목적 그리고 이와 연관된 연구방법 설계가 항상 충족될 수 있는 것은 아니라는 점이다. 예컨대 삼각측정 목적을 가지고 출발한 연구에서 결과가 수렴되지 않고 확산됨으로써, 상호보완이나 착안으로 변할 수 있다. 상호보완 연구 목적이 삼각측정(수렴의 경우)이나 착안(확산의 경우)으로 변하거나, 각기 다른 현상에 대해 두 가지 모두가 적용될 수도 있다. 이는 본질적으로 문젯거리가 아니라, 오히려 혼합연구의 생성적인 잠재력을 가져올 수 있다. 둘째, 혼합연구의 실제는 이론보다 훨씬 복잡하다는 점이다. 이론에서는 하나의 목적을 위해서 둘 이상의 연구방법을 단순하게 혼합시킨다. 그러나 연구방법은 다중적인 현상을 측정하기 때문에, 한 형태의 연구방법 혼합이 다양한 목적을 위해 설계될 수 있다. 이에 대해서는 제6장에서 설명된 SHATIL 평가와 제7장에서 다룬 RESA 평가의 예를 다시 활용하여 다음에서 논할 것이다. 그전에 다른 이론가들의 혼합연구 설계에 대한 관점을 간략하게 소개할 것이다.

혼합연구 설계에 대한 다른 관점

혼합연구 설계는 혼합연구 이론 문헌에서 창의적인 아이디어들이 가장 활발하게 전개되고 있는 영역이다. Tashakorri와 Teddie, Morse의 이론은 제7장의 처음 부분에서 설명하였다. 여기에 추가하여 잘 알려진 혼합연구 설계 세 가지를 간략하게 설명하면 다음과 같다.

상호작용적 설계 접근

Joseph Maxwell(Maxwell, 1996; Maxwell & Loomis, 2003)은 혼합연구 설계의 이론화 및 실시에 대한 대안적인 생각을 제시하였다. Maxwell은 혼합연구 설계의 '유형'이나 유형분류체계에 초점을 두기보다, 연구 설계의 모든 주요한 구성요소(연구 목적, 개념구조, 연구문제, 타당도의 고려, 연구방법 등)를 포함하는 상호작용적 접근을 제시하였는데, 이는 직선적이거나 순환적으로 이루어지기보다는 네트워크나 조직망 형식의 연관성을 가진다. 이 접근은 다음의 개념을 포함한다.

> 우리가 **변량이론**(variance theory)과 **과정이론**(process theory)이라 부르는, 설명을 위한 두 가지 접근법 사이의 구분이 이루어지고, 대부분의 기존 연구들에서 많이 사용

되는 두 가지 유형의 연구(각각 양적과 질적 접근)와는 차이가 나는 개념을 산출하고, 이를 통해 혼합연구를 구성하는 것에 대하여 다소 다른 생각을 도출하게 된 다.(Maxwell & Loomis, 2003, p. 243, 원전에서의 강조)

Maxwell은 자신의 생각을 혼합연구 분야의 다른 이론들과 경쟁하는 것으로 보기보 다는 상호보완적 의미로 사용한다.

Maxwell의 사회과학 연구(혼합연구 포함) 설계를 위한 상호작용적 접근의 핵심은 연 구문제다. 연구문제는 "나머지 네 요소에 가장 직접적으로 연결되어 있기 때문에 설계의 허브 혹은 중심으로 작용한다. [연구]문제는 설계의 모든 다른 요소에 영향을 미치고 반 응을 해야 한다."(p. 246) 그리고 설계의 과정은 전반적인 연구 목적과 개념구조 사이의 상호작용을 통해 그리고 계획된 자료수집 및 분석방법과 타당화 준거 및 전략 간의 상호 작용을 통해, 연구문제의 반복적 개발이 이루어진다. Maxwell과 Loomis는 혼합연구 설계에 대한 자신들의 이론을 통해 패러다임 쟁점에 관한 사려 깊은 논의를 제공할 뿐만 아니라, 상호작용적 구조로 기존의 설계를 매우 유용하게 분석한다. 이들은 혼합연구 설 계에 상호작용적 접근이 공헌할 수 있는 구체적인 장점 다섯 가지를 다음과 같이 설명하 였다.

- 우리가 제시한 상호작용적 설계모형은 질적·양적 접근의 통합 그리고 특정 연구에 서의 구성요소의 통합을 이해하는 데 유용한 도구가 될 수 있다.
- 질적·양적 연구방법들이 특정 연구에서 실제적으로 어떻게 통합되는지 자세하게 이해하는 것은 매우 중요한 의미를 가진다. 예를 들어, 연구의 개념구조, 분석 혹은 타당도에서의 질적·양적 요소들이 통합되는 정도는 자료수집 방법에서의 통합과 일치하지 않을 수도 있다.
- [마지막으로] 우리가 제시한 설계모형은 특정한 유형의 연구를 설계하는 템플릿이 아니라 실제 연구를 설계 혹은 분석하기 위한 도구이다. 우리는 어떤 의미에서는 혼 합연구방법 설계에서 범주화와 비교를 중심으로 하는 양적인 접근이 아니라 더 질 적인 혼합연구 접근을 제시하고 있는데, 특수성, 맥락, 총체론적인 이해 그리고 질 적·양적 구성요소들의 조합이 실제에서 작용하는 과정을 강조하는 점이 여기에 포 함된다. 일반적인 질적·양적 접근법과 마찬가지로 우리는 두 접근법의 통합을 지 지한다.(pp. 267-269, 원전에서의 강조)

연구방법 실시순서와 상대적 중요성에 중점을 둔 혼합연구 설계의 유형분류체계

John Creswell의 연구(Creswell, 2002; Creswell, Plano Clark, Gutmann, & Hanson, 2003)는 혼합연구 설계의 유형분류체계 개발에 중점을 두는데, 이는 (1) 실시순서, 즉 순차적 혹은 동시적으로 실시하는지, (2) 한 연구방법 혹은 일련의 연구방법들이 우선권을 갖는지 아니면 동등한 위치를 갖는지에 대한 설계요소에 기반을 두고 있다. 혼합이 일어나는 단계와 명백한 '이론적 관점'이 존재하는지에 대해서도 관심을 두고 있다. 이러한 관점에 따라 Creswell의 유형분류체계는 여섯 가지 유형으로 혼합연구 설계를 구분하며, 그 내용은 다음과 같다.

1. 순차적 설명 설계(sequential explanatory design) : "양적 자료의 수집 및 분석 후에 질적 자료의 수집 및 분석이 이루어지는 특징을 가진다. 우선순위는 보통 양적 자료에 있고, 두 가지 연구방법을 연구의 해석 단계에서 통합한다."(Creswell et al., 2003, p. 223) 이 설계에서 질적 자료는 주로 양적인 연구결과를 설명하고 추론하는 데 도움을 주는 역할을 한다.

2. 순차적 탐색 설계(sequential exploratory design) : "연구 첫 단계에서 질적 자료 수집 및 분석이 이루어지고, 그 이후에 양적 자료수집 및 분석이 이어지는 특징을 가진다. (중략) 연구의 질적인 관점과 결과에 우선순위가 주어지고 (중략) 해석 단계에서 통합된다. (중략) 이 설계의 주된 목적은 현상을 탐색하는 데 있다."(p. 227)

3. 순차적 변형 설계(sequential transformative design) : 하나의 연구방법이 다른 하나에 앞서며, 어느 쪽이 우선권을 가져도 상관이 없으며 결과는 해석 단계에서 통합된다. 이 설계는 "개념구조, 특정 이데올로기, 주창(advocacy) 등과 같은"(p. 228) 이론적인 관점에 의해 이루어진다.

4. 동시적 삼각측정 설계(concurrent triangulation design) : 앞에서 설명한 삼각측정 목적의 수렴 설계와 동일한 속성을 가지고 있다.

5. 동시적 포섭 설계(concurrent nested design) : 앞에서 설명한 포섭 혹은 포함 설계와 유사하며, 연구 내에서 한 연구방법이 다른 우세한 연구방법 내에 포함된다.

6. 동시적 변형 설계(concurrent transformative design) : 앞에서 설명한 순차적 변형 설계와 마찬가지로 연구자가 가진 특정한 이론적 관점의 영향을 주로 받는다.

중장기 혼합연구(ETMM) 설계

Madhabi와 Chatterji(2005)는 오늘날 연구자들이 실험연구를 통해 엄격한 근거를 산출하는 동시에, 에 대한 맥락적, 시간적 측면에도 주의를 기울이도록 요구받는 현실을 반영하여 평가연구 설계를 제안하였다. 이를 중장기 혼합연구(extended-term mixed-method: ETMM) 설계라고 부르는데, 이 대안적인 설계는 근본적으로 다음의 주요 가정을 바탕으로 한다.

> 프로그램들이 점차 조직 환경이나 지역사회 환경을 발전시키고 또한 그러한 환경 속에서 뿌리를 내리기에 이러한 프로그램을 이해하는 데 있어 시간이라는 요인이 큰 중요성을 갖는다. (중략) 맥락의 여러 변인을 깊이 있게 다루며 거기에 고유한 특징을 연구하는 것은 잠재적 중재 변인과 매개 요인으로서의 프로그램 입력과 과정에 대해 체계적으로 조사하는 것과 함께, 프로그램의 영향에 대한 인과적인 질문들에 대답할 수 있도록 충실하게 현장 실험을 설계하고 실행하는 데 **필수 전제조건이다.**(Chatterji, 2005, p. 15, 강조 첨가)

Chatterji는 ETMM 설계의 다섯 가지 원칙과 그 가치를 설득력 있게 제시하는데, 특히 정책중심의 평가연구에 대하여 강조한다.

혼합연구 설계 실제에 대한 예시

앞에서 설명한 두 연구를 혼합연구 설계의 특성에 중점을 두며 다시 살펴본다.

SHATIL 평가(계속)

Mark Waysman과 Riki Savaya(1997)가 실시한 SHATIL 평가 설계의 특징은 제7장의 핵심 아이디어들을 잘 보여 준다. 제6장에서 설명했던 이 프로그램 평가의 내용을 다시 반복하면, SHATIL은 1982년에 이스라엘 쇄신기금(New Israel Fund)으로 설립되어 이 기금의 지원을 받는 400여 기관에 기술적인 지원을 하는 것을 목적으로 한다. 당시, 지원을 받는 이러한 기관들은 인권, 저소득층을 위한 사회 및 경제개발, 유대-아랍 관계,

종교적 다원성과 관용 등과 같이 다양한 분야에서 사회 변화를 위해 일하고 있었다. SHATIL은 다섯 영역(조직 자문, 기금마련과 재정, 권리주창, 미디어와 홍보 그리고 자원봉사자 모집과 관리)에 걸쳐 직접적인 지원을 제공하였고, 전문성 개발과 정보 전달 같은 간접적인 지원도 이루어졌다.

평가는 SHATIL의 주도에 의해 설립 약 10년 후에 이루어졌고, 지원의뢰기관들로부터 피드백을 받아 장래 계획을 위한 자료로 활용하기 위해 실시되었다. 평가는 네 가지 목표를 갖고 있었다.

1. SHATIL에 지원을 신청하는 기관의 특성을 찾아내기
2. 이러한 기관에 제공되는 서비스를 파악하기
3. 이러한 기관의 발전과 목표 달성에 대한 SHATIL의 공헌도 진단하기
4. 이러한 기관의 SHATIL이 제공한 서비스에 대한 만족도 평가하기(Waysman and Savaya, 1997, p. 229)

3단계로 이루어진 평가는 일반적인 것에서 구체적인 것으로 진행되었고, 다음의 목표와 연구방법을 포함하였다.

1. 첫 번째 단계는 "프로그램의 목표, 의뢰기관의 특성, 요구와 경험을 조사하기 위해 개방된 방식의 질적 접근을 사용하였다. 이 단계는 두 부분으로 구성되었는데 ⑴ SHATIL 선임 직원과의 조직화된 개인 면담과, ⑵ SHATIL의 지원을 받는 기관들의 대표로 구성된 4개의 포커스 집단이다."(p. 230)
2. 두 번째 단계는 첫 번째 단계에서 얻은 정보를 바탕으로 모듈 설문지가 개발되어 모든 의뢰기관에 배포되었다. 설문지는 SHATIL의 일반적인 서비스에 대한 의뢰기관의 반응뿐만 아니라, 각 기관에서 제공받은 특정 서비스에 대한 반응도 조사하였다.
3. 세 번째 단계는 질적 연구방법으로 돌아와 SHATIL에 대한 의뢰기관의 만족도와 불만족도라는 특정한 근거를 평가하였다. 두 번째 단계의 설문조사에서 SHATIL에 대해 극단적으로 높거나 낮은 만족도를 보인 기관 직원들은 2개의 사후 포커스 집단 중 하나에 참여하도록 하였다(각 포커스 집단은 높은 만족도와 낮은 만족도를 대표함).

표 7.3 SHATIL 평가의 혼합연구 설계 특징

측정된 구인	1단계 직원 면담	1단계 의뢰기관 포커스 집단	2단계 의뢰기관 모듈 설문지	3단계 의뢰기관 포커스 집단
SHATIL 서비스의 구성요소와 목적	×			
의뢰기관의 SHATIL 지원에 대한 경험		×	×	
의뢰기관의 SHATIL 서비스 전달에 대한 만족		×	×	×
의뢰기관의 충족되지 못한 요구와 우려사항		×	×	

표 7.3은 이러한 3단계에 걸쳐 진행된 평가연구에서 측정된 구인과 연구방법을 매트릭스로 보여 준다.

표 7.3에서 연구방법의 혼합은 동일한 일련의 연구방법들(초기 의뢰기관 포커스 집단과 의뢰기관 설문)을 사용하는 몇몇 구인에서 분명하게 나타나는데, 특히 의뢰기관이 SHATIL의 지원에 대해 가진 경험, 의뢰기관의 충족되지 않은 요구 그리고 특히 SHATIL의 서비스에 대한 의뢰기관의 만족 등이 여기에 속한다. 이 장에서 제시된 설계 유형에 따르면 이러한 혼합은 한 세트의 연구방법(1단계의 직원 면담과 의뢰기관 대표 포커스 집단)에서 나온 결과가 다른 연구방법(2단계의 의뢰기관 설문지)의 개발에 영향을 미치는 통합적 **반복**(iteration) 설계와, 다른 연구방법들이 하나의 복합적인 현상의 다른 면들에 활용되는 **결합**(blending) 설계를 가장 잘 보여 준다. 이 평가연구에 관해 제6장에서 논한 것처럼, 설계의 추가적인 하위 특징들은 다른 혼합연구 목적들을 나타내는 의도로 사용되었다.

RESA 평가

Rossman과 Wilson(1985)에 의해 실시된 지역교육서비스기관(RESAs)에 대한 3년의 평가 또한 한 세트의 혼합연구방법들을 다양한 혼합연구 목적을 위해 다양한 설계 환경에서 활용하는 것을 잘 보여 준다. RESA들은 각 교육청별로 단독 실시하기 불가능한 서비스를 여러 교육청을 묶어서 제공하기 위하여 지역적으로 운용되었다. 표 7.4는 이 장

표 7.4 RESA 평가의 혼합연구 설계 특징

측정된 구인	문서분석	학교 직원 면담	학교 직원 설문조사	RESA 직원 면담	RESA 직원 설문조사
학교 구성원들이 인지한 RESA의 유용성		× (관리자)	× 관리자)		
RESA의 주요 역할(보조적 지원 혹은 직접 실시)	×				×
RESA 서비스 전달 유형		× (관리자)	× (관리자와 교사)		

에서 설명하였던 예들을 바탕으로, 이 평가에서 사용된 다양한 연구방법과 측정된 구인 중 일부를 보여 준다. 이 예에서 처음 두 구인은 수렴 설계로 측정되었고 세 번째 구인은 혼합 설계를 사용하였다.

혼합연구 설계와 혼합연구 패러다임 관점 및 혼합연구 목적 간의 연결

설계에 대한 내용 중 마지막으로, 혼합연구를 계획하고 실시하는 실제 과정을 다시 살펴보면서 [해당 맥락에서 패러다임이나 정신모형의 혼합에 관한 의미 있는 관점을 확인하고(제5장) 그 연구에 적절한 연구방법의 혼합 목적을 찾으며(제6장)], 표 7.5의 혼합연구 설계와의 논리적인 연결 관계를 알아본다. 제6장 마지막에서 지적한 것처럼, 이러한 유형의 연결에 대하여 고민하는 것은 어떠한 연구방법의 이론에 있어서도 중요하다. 더 강하고 일관되고 유용한 연구방법론 이론은 상호 연결되고 통합된 부분들로 이루어진다 (Greene, 2006).

그리고 제6장의 마지막 논의에서와 마찬가지로 사회과학 혼합연구의 서로 다른 과정들 간에 이루어지는 논리적 연결은 더 깊은 사고를 요구한다. 첫째, 몇몇 혼합연구 패러다임 관점 및 혼합연구 목적의 경우, 다양한 구성요소 및 결합적 설계들이 호환될 수 있다는 점이다. 그 나머지의 경우에는 다른 것에 비하여 하나의 넓은 혼합연구 설계 집단에 더 강하게 논리적으로 연관된다. 그러나 이는 논리적인 연계일 뿐이지, 실제를 규정하는 명령은 아니다. 둘째, 혼합연구 설계에 관한 결정은 수반되는 패러다임 가정의 영향을 받을 뿐만 아니라 전반적인 연구 목적, 연구되는 현상의 내용적 특징 그리고 맥락의 핵심적인 특색의 영향도 최소한 그만큼 받으며, 이는 철학적으로 강력한 패러다임 관

표 7.5 혼합연구 설계를 혼합연구 패러다임 및 혼합연구 목적과 연계하기

혼합연구 패러다임 관점	논리적으로 양립 가능한 혼합연구방법 목적	논리적으로 양립 가능한 혼합연구 설계
순수주의자 관점 • 서로 다른 패러다임들은 완전히 다른 가정 (assumptions)을 갖고 있다. • 패러다임은 실제적인 결정을 안내하고 통제한다.	**하나의 패러다임 내에서는** 착안을 제외한 모든 목적들이 호환된다. 연구방법을 혼합하면서 패러다임을 혼합하는 것이 불가능하기 때문에, 착안은 순수주의자 관점에 맞지 않는다.	하나의 패러다임 내에서는 대부분의 설계들이 양립 가능하다.
탈패러다임 관점 • 패러다임 속성은 쉽게 혼합되고 맞추어질 수 있다. • 패러다임이 아닌, 맥락이 실제적인 결정을 안내한다.	모든 목적들은 양립 가능하고 맥락에 따라서 잘 맞을 수 있다.	구성요소 설계 통합적 설계
내용이론 관점 • 패러다임들은 중요한 점에서 서로 다르지만 양립 불가한 것은 아니다. • 그렇지만 패러다임이 아닌, 내용이론이 실제적인 결정들을 안내한다.	**하나의 내용이론 내에서는** 착안을 제외한 모든 목적이 잘 맞을 수 있다.	구성요소 설계보다는 통합적 설계가 더 잘 맞다.
강점 상호보완 관점 • 패러다임들은 중요한 점에서 서로 다르지만 양립 불가한 것은 아니다. • 패러다임, 맥락, 이론 모두가 실제적인 결정을 안내하지만, 패러다임은 서로 분리되어야 한다.	연구방법이나 이에 수반되는 패러다임들은 서로 분리되어야 하기 때문에, 삼각측정과 확장이 가장 잘 맞는다. 상호보완과 개발은 양립될 수도 있다.	통합적 설계보다는 구성요소 설계가 더 잘 맞다.
변증론 관점 • 패러다임은 중요한 점에서 서로 다르지만 양립 불가한 것은 아니다. • 패러다임, 맥락, 이론 모두가 실제적인 결정을 안내하지만, 패러다임은 대화에 임해야 한다.	착안이 가장 잘 맞다. 상호보완과 개발은 양립될 수도 있다.	통합적 설계
대안적 패러다임 관점 • 오래된 패러다임은 다중 연구방법을 포함하는 새로운 패러다임으로 바뀌어야 한다. • 새로운 패러다임, 맥락, 이론 모두가 실제적인 결정을 안내한다.	사용되는 대안적 패러다임의 특성에 따라 달라진다.	구성요소 설계 통합적 설계

점이 존재하는 경우에도 마찬가지이다. 셋째, 이러한 논리적 연관은 사려 깊고 설득력 있는 혼합연구 설계를 정교하게 만드는 것이 불확실하고, 맥락에 달려 있으며, 예술적 특성을 가짐을 명확하게 보여 준다. 이 책에서 설명된 이론적 아이디어들은 혼합연구를 안내할 수 있는 개념적인 노를 제공하지만, 그 노를 젓는 것은 여전히 예술의 영역으로 남는다.

혼합연구의 목적 및
설계의 실제

MTO(Moving to Opportunity)는 극빈층 지역의 공공 주택에 주거하는 가족들을 대상으로 주택 임대 바우처를 제공함으로써 더 나은 지역으로 이주하도록 돕는 현재 진행 중인 연방 시범사업이다(1994년에 시작됨). 실험집단에게는 바우처를 빈곤율이 10% 이하인 동네에서만 사용할 수 있도록 하였다. 실험집단은 또한 주거 및 이사에 관한 상담을 제공받았다. 비교집단에게는 어느 곳에서나 사용할 수 있는 Section 8 바우처가 제공되었으며 상담은 제공되지 않았다. 통제집단은 기존에 받고 있던 형태의 주거 보조를 계속하여 받았다. 바우처와 상담은 무작위 추첨을 통해 일부 가정에게 제공되고 나머지 가정에게는 제공되지 않았기에 현장 실험이 가능했다. 이러한 "설계는 거주 환경의 변화가 저소득층 가정의 사회적 복지에 미치는 영향을 이해하고 정확하게 평가할 수 있는 특별한 기회를 제공한다."(http://www.nber.org/~kling/mto/) 5곳의 도시지역 연구 사이트 중 한 곳(보스턴)에서 진행되는 MTO 연구에서 인용한 내용은 혼합연구 목적 및 설계 실제의 복잡성과 다양성을 잘 보여 준다. 이 연구는 또한 하나의 연구 프로젝트에서 방법론적인 관점과 기법을 혼합하는 것이 중요한 공헌을 할 수 있다는 사실을 단적으로 보여 준다.

Jeffery Kling, Jeffery Liebman 그리고 Lawrence Katz(2005)는 「총알에는 이름이 없다 : 게토 지역에 만연한 두려움의 결과(Bullets don't got no name: Consequences of fear in the ghetto)」라는 도발적인 제목의 연구물에서 자신들의 혼합연구의 첫 몇 년 간 경험을 기술하였다. 이는 Tom Weisner(2005)의 아동발달 영역에서의 혼합연구 문헌에 관한 편저에도 포함되어 있다. 대략적으로 말해, 이 연구 프로젝트에서는 보스턴 지역의 MTO 프로그램 실시에 대한 직접적인 관찰과 주거 상담직원 및 실험집단과 통제집단 모두에서 표집된 이들을 대상으로 한 심층면접을 실시하였다. 주요 양적 연구방법은 모든 프로그램 참여자들에게 실시된 기저자료 조사 설문, 프로그램 참여 후 2년이 지난 가정을 대상으로 한 후속 설문 그리고 취업과 사회복지 상태에 대한 자료분석으로 구성되었다. 「총알에는 이름이 없다」에서 연구자들은 네 방향에서 "질적 현장연구가 MTO 연구에 지대한 영향을 미쳤다."(p. 244)라고 하였다. 제6장과 제7장에서 사용된 혼합연구의 목적 및 설계에 관련된 용어를 사용하여 이 연구를 소개하고 나서, 질적 현장연구방법이 이 연구에 어떠한 방식으로 '지대한' 영향을 미쳤는지 설명할 것이다.

전체적인 혼합연구의 목적 및 설계

현대의 사회과학 연구가 대체로 그러하듯이, Kling, Liebman 및 Katz도 이 중요한 실증연구를 이끌어 가는 정신모형이나 패러다임적인 신념에 대한 진술로 글을 시작하지는 않는다. 그렇지만 이 책에서 누차 강조한 것처럼, 사회과학 연구는 항상 연구자의 내재적 사고의 틀 안에서 이루어진다. 그리고 혼합연구의 맥락에서는 서로 다른 연구방법 진영의 기법뿐만 아니라 정신모형 내의 철학적인 가정이나 관점도 혼합되어 있는지를 평가하는 것이 중요하다. 혼합연구 내에서 무엇이 혼합되어 있는지는 혼합연구의 목적 및 설계와 관련된다. 다시 말해, 하나의 연구에서 사용된 혼합연구방법의 목적 및 설계를 이해하려면 내재된 혼합연구의 패러다임 관점을 이해해야 한다는 것이다.

그렇다면 보스턴 MTO 연구에서 사용된 혼합연구 패러다임 관점은 무엇인가? 이 연구에 대한 연구물 그리고 책임연구자가 초기에 발표했던 프레젠테이션을 세심하게 살펴보면, 이 연구자들이 양적 및 질적 연구방법의 독특한 특징들을 이해하고 존중하고 수용하였음을 알 수 있다. 특히, 질적 연구방법의 고유한 맥락성, 독특성, 경험적인 특성과 함께, 일반화 가능한 결과 및 결론을 이끌어 낼 수 있는 양적 자료의 잠재력을 이해하고 있음을 알 수 있다. 이는 질적 면담의 내러티브 및 인물을 통해 나온 이야기와 더불어 양적 자료에서 나온 실제 실험처치-통제집단 사이의 차이에 대한 면밀한 계량적인 추산에서 확연하게 드러난다. 그렇기는 하지만, 이 연구자들이 실제로 패러다임이나 정신모형을 혼합했는지를 확실하게 단언할 수는 없다. 나는 이 연구에서 사용된 혼합연구의 패러다임은 내용이론 관점이라고 생각한다. 이 관점에서 연구방법이나 자료분석에 대한 결정은 철학적 패러다임이나 정신모형의 내재적 관점보다는 연구하는 내용의 특징과 형태에 따라 이루어진다. 이 경우에는 저소득층 가정의 생활이 더 나은 지역으로 이사함에 따라 나타나는 변화이다. 이렇듯 연구자들의 연구방법 결정이 개념적인 의제의 영향을 주로 받았다는 생각은 "저소득층 지역을 벗어남으로써 올 수 있는 변화 기제에 대한 전반적인 개념구조"(p. 244)를 강조했던 점에서 뒷받침된다.

이 연구의 전반적인 설계는 **통합적 혼합연구 설계**로, 같은 비중을 가지는 서로 다른 연구방법들이 연구진행 중에 의도적으로 상호작용하는 것이다. 더 나아가 복합적인 상호보완, 착안, 개발이라는 혼합연구 목적을 위해 다양한 연구방법을 순차적이고 반복적으로 실행하는 것을 설계에 포함하였다. 설계의 **결합적**(상호작용적) 특성은 상호보완 및 착안 목적에 해당하고, **반복** 혼합연구 설계의 특성은 개발 목적에 부합한다. 다시 설명하면, 이 연구의 내재적인 추진 요인은 중요한 정책적인 함의와 함께 현상, 특히 거주지 이동의 결과에 대해 더 완전하고 정교하며 세밀한 개념적인 이해를 추구하는 것이었다.

더 구체적으로, 이 연구의 첫 단계로 보스턴 MTO 프로그램의 모든 참여자들을 대상으로 기저자료 파악을 위한 설문이 실시되었고, 현재 생활 환경과 고용상태, 거주지 이동을 희망하는 동기 그리고 이웃과의 관계 등에 관하여 평가하였다. 두 번째 단계로, 프로그램 실시의 맥락을 더 잘 이해하기 위하여 질적 현장연구가 실시되었는데, 이는 "기저자료 설문과 선행연구에서 강조된 마약이나 갱단 등과 같은 주요 쟁점들을 연구하고 (중략) [그리고] MTO에 참여한 가족들의 이야기를 주의 깊게 들으면서 우리가 사전에 예상하지 못했던 새로운 연구 논점들을 개발하는 데"(p. 284) 도움을 주었다. 질적인 현장연구에는 현장 관찰, 실험집단의 상담자와의 확대 면담 그리고 실험집단과 비교집단에서 층화 임의표집된 12명의 참여자들을 대상으로 한 개별 면담이 포함되었다. (여기에서 눈여겨보아야 할 점은 질적인 심층 면담을 위해 양적 연구방법의 표집방법을 사용한 것이다. 이처럼 표집이나 분석 같은 측면에서 한 연구방법의 체계나 논리를 다른 연구방법에 적용하는 혼합연구에 대해서는 제7장과 제8장에서 논의된 바 있다. 질적 면담의 주요 질문들을 개발하기 위하여 기저자료 설문을 사용했던 것은 이러한 방법론 설명에 잘 드러나 있다. 사전에 예상하지 못했던 새로운 논점들을 개발하기 위한 **착안** 의도도 마찬가지이다.

면담이 끝난 후 Kling 등은 이 연구의 양적 분석에서 핵심이라 할 수 있는 구조적 설문도구를 개발했다. 면담 결과는 연구자들로 하여금 초기에 계획했던 것과는 "매우 다르게 프로그램 결과에 대한 양적 자료수집 방법을 재조정하도록 하였고"(p. 244), 이는 역시 개발적인 측면을 잘 보여 준다. 초기에 예상했던 결과는 고용 패턴, MTO 성인의 소득, MTO 아동의 학교 경험 등과 같이 노동 경제학자가 중시하는 요소에 가까운 것이었다. 그러나 면담에 참여했던 MTO 부모들에게 가장 중요하게 느껴졌던 쟁점은 안전과 건강, 특히 일상적인 범죄와 폭력 가운데서 자녀의 안전에 대한 우려였다. 그 결과 연구의 중점적인 설문조사는 일상생활의 다른 측면들을 포함하도록 재조정되었고, 이는 상호보완 측면을 보여 준다.

MTO 연구에 혼합연구방법이 기여한 바

혼합연구방법을 통해 이 연구에서 얻을 수 있었던 이해에 대한 실례가 다음에서 설명된다. 독자가 직접 이 MTO 프로그램 연구결과물을 읽어 보고, 이야기(질적 연구방법)와 통계(양적 연구방법)의 큰 공헌에 대해 더 잘 이해하게 되기를 바란다.

더 광범위하고 종합적인 결과의 포함

앞에서 서술한 바와 같이, 이 연구는 거주지 이동이 주는 영향에 대하여 광범위하게 평가하였고, 경제학자들이 주로 주목하는 효과를 넘어서 프로그램 참여자에게 중요한 효과에 주목하였다(그리고 지역사회와 아동발달과 같은 여러 분야를 반영하였다). 흥미롭게도 프로그램의 가장 큰 효과는 건강과 안전에 관련된 결과 측면에서 나타났다. 이 관점이 연구에 포함되지 않았다면, MTO 프로그램을 통해 많은 가정의 복지가 급격하게 개선되고 있었음에도 불구하고 MTO 프로그램은 실패로 판명날 수도 있었다. 반면 설문조사 없이는 저소득 지역사회로부터 이주하는 가정의 건강과 안전에 대하여 일반화할 수 있는 주요 효과는 산출되지 못했을 것이다.

거주지 이동을 이해하기 위한 더 광범위하고 종합적인 개념구조 개발

'항상 경계하며' 살아야 한다는 것은 이 연구에서 저소득층 지역을 벗어날 수 있도록 거주지를 이동하는 것이 가져오는 주요 효과를 설명하기 위해 생성된 세밀한 개념구조의 핵심을 보여 준다. MTO 어머니들과의 면담은 저소득층 지역에서 일상적으로 느끼는 안전에 대한 두려움을 잘 보여 주었다. 이 어머니들은 지역사회에서의 폭력이 자신들을 대상으로 한 것은 아니라고 느꼈지만, 자녀들이 우연히 폭력에 휘말리게 될 것을 우려하고 있었다. 이러한 두려움은 어머니들에게 경계심을 불러일으켜 "그들의 일과는 자녀들을 안전하게 하는 데 집중되게 되었다."(p. 244) 확실히 폭력 사건의 비율이 낮은 지역으로 이사하면서 MTO 어머니들은 안심하게 되었고, 자녀의 안전을 매 순간 걱정하는 부담에서 벗어나, 자녀의 학교와 교육에 더 많이 참여하는 등의 다양한 가능성을 열어 주었다.

그리고 이러한 개념구조의 완전성, 복합성, 맥락성은 연구대상이 되는 인간 현상에 대하여 더 종합적인 이해와 설명을 하고자 하는 혼합연구 설계의 포부를 충분히 충족시킨다(이 연구에 대한 더 많은 정보를 원한다면 www.jcpr.org/wp/wpprofile.
cfm?id=247 참조).

8

혼합연구방법
자료분석

이 장에서 여행자들은 혼합연구방법의 자료분석이라는 영역을 둘러볼 것이다. 이 영역에는 서로 다른 유형의 실증자료 분석에 필요한 많은 창의적 생각들이 제시되어 있는데, 현장의 연구자들이 계속 발전시키고 있다. 따라서 혼합연구방법 자료분석에서 개념영역 자체는 아직 개발 중에 있다. 이 영역을 둘러볼 여행자들은 풍부한 혼합연구방법 분석의 실제 사례를 얻어 갈 수 있을 것이다. 이상적으로는 여행자들이 창의적으로 실천해 봄으로써 혼합연구방법 개발이라는 주목받고 있는 이 영역에 공헌할 수 있는 영감을 얻게 되기를 바란다.

■ ■ ■

사회과학 연구에서 자료분석은 탐구와 해석과정의 핵심이다. 통계모형이나 복잡한 소프트웨어에 의한 분석이든, 수집된 자료의 귀납적 재조직과 내러티브 내용분류에 의한 분석이든 간에 자료의 의미는 분석과정을 통해 엮어진다. 그러나 이 의미는 연구자가 자료분석을 하면서 추론하고 해석한 것으로, 분석결과에서 그렇게 쉽사리 부각되지는 않는다. 즉, 연구결론, 해석 혹은 검증된 주장의 진술은 연구자의 생각에서 나오는 것이지, 통계 혹은 주제분석에서 나오는 것은 아니다. 추론과 해석은 원래 인간의 인지과정에 속한다.

따라서 추론과 해석은 혼합연구방법의 자료분석을 통해, 특히 자료분석 단계에서의 혼합을 통해 이루어진다. 이 장 후반부에서 소개될 Pat Bazeley의 연구에서 잘 알 수 있듯이 그런 혼합과정은 절차, 기법, 소프트웨어, 분석체계의 도움을 받아 이루어질 수 있다. 그러나 혼합 자체는 연구자의 인지과정 속에 있다. 특히 혼합의 의미 해석은 더욱 그러하다. 그렇기에 사회과학 혼합연구에서 혼합이 이루어질 때는 언제나 완벽한 코딩이나 경직된 처방을 거부한다(Miles & Huberman, 1994).

그럼에도 불구하고 혼합연구방법 영역은 다양한 연구자료, 즉 서로 다른 형태, 내용, 특징을 갖고 있는 자료를 잘 계획하여 의미 있는 방식으로 분석하는 과정에서 마주치는 어려움들로 인해 심층적인 개념화 작업을 더 필요로 한다. 이런 어려움들은 특히 통합적 설계(integrated designs)에서 중요한데, 통합적 설계는 의도적으로 여러 연구방법과 자료 사이에서 왔다 갔다 하면서 조율을 시도한다. 또한 혼합연구방법 영역은 실증적인 혼합연구에서의 자료분석 실제 사례에서 여러 사회과학 연구자들이 보여준 창의적 생각들로부터 지속적으로 도움을 받을 수 있다. 매우 훌륭한 예들이 있으며 이 장에서 몇 가지가 제시될 것이다. 오랫동안 실례로부터 배워 온 전통의 견지에서 볼 때 이런 예들은 상당히 유익하다. 이 예들은 여러 독특한 분석이 나올 가능성과 잠재력을 제공해 준다. 더 나아가, 연구방법의 혼합이 단일연구방법에서는 불가능하던 이해와 추론을 어떻게 이끌어 내는지도 이런 사례를 통해 알게 된다.

이 장에서는 먼저 혼합연구방법에서의 자료분석에 관한 몇 가지 사고양식이 제시될 것인데, 이러한 사고양식들은 자료해석과 추론에 고유한 인지적 특성과 함께 이 책의 핵심 메시지인 혼합연구방법의 사고양식(제2장 참조)과 일맥상통한다. 그리고 나서 혼합연구방법에서 자료분석 방법에 대한 기존 연구를 제시하는데 특정한 분석 단계와 과정에 초점을 맞춘 구조체계 속에서 제시할 것이다. 이 분석 단계와 과정은 혼합에서 중요하다. 또한 다양한 혼합방식도 논의될 것이다. 혼합연구방법의 창의적 분석을 보여 주는 세 가지 아주 유익한 사례가 이 장의 결론 부분에 제시될 것이다.

이 장은 통합적 설계에서의 분석을 중점으로 다룬다. 이는 통합적 설계의 경우 분석이 이루어지는 동안 의미 있는 혼합이 이루어지기 때문이며, 아울러 통합분석 전략과 절차가 아직 개발 중에 있기 때문이기도 하다. 일반적 형태로 볼 때, 구성요소 설계 (component designs)에도 적합한데, 둘 이상의 다른 방법론으로부터 결과와 결론을 관련시켜야 하는 중요한 도전과제와 관련해서 특히 그러하다. 그러나 구성요소 설계에서는 결론과 추론 단계에서만 혼합이 이루어질 뿐이며 따라서 통합적 설계에 비하여 어려움이 적다.

혼합연구방법 자료분석에 대한 단상

다음 생각들은 혼합연구방법 자료분석에 대한 나의 생각 및 계획 그리고 실행을 도와주는 몇 가지 핵심 원리이다.

■ 혼합연구방법에서 분석방법과 절차의 결정은 앞선 방법론 결정과 관련되지만 그에 의해 구속되지는 않는다. 즉, 연구자가 찾은 혼합연구방법 패러다임에 대한 관점, 혼합의 목적, 특정 연구의 설계요소 등은 광범위한 분석 방향을 특징적으로 나타내 주지만, 그렇다고 해서 이것이 특정 분석과정이나 절차를 지정하지는 않는다.

■ 구성요소 설계에서는 혼합연구방법 분석이 각 방법론의 전통적 절차를 따르면서 각 방법이나 일련의 방법들에 대한 분석을 서로 **별개**로 진행한다. 따라서 혼합, 연결 혹은 관련짓기는 해석과 추론 단계에서 일어난다. 이와 대조적으로 통합적 혼합연구 설계는 연구를 수행하는 내내 그리고 특히 분석 단계에서 상이한 자료들 간에 의도적 **상호작용**이 이루어지도록 하는 특징을 갖는다. 이러한 상호작용이 이루어지는 방식은 창의적 생각과 상상력에 달려 있다.

■ 대화형 혼합연구 자료분석[1]은 상당히 반복적이다. 그리고 모험심을 갖고 할 때 가장 잘 이루어진다.

---

1) 역주 : interactive mixed method data analysis는 연구자료 간의 상호작용을 통해 진정한 대화와 조율이 이루어진다는 의미를 가지며, 본 역서에서는 '대화형 혼합연구 자료분석'으로 번역함을 밝힌다.

- 대화형 분석을 위한 창의적 생각들이 항상 사리에 맞고 의미 있는 결과를 도출하는 것은 아니다. 모든 사회과학 연구분석과 마찬가지로, 흥분되는 희망을 갖고 수행한 과제들이 별다른 성과 없이 끝나기도 한다.
- 대화형 분석에서는 반드시 미리 중지 지점(stopping points)을 계획해 두어야 하는데, 즉 연구자가 한 분석이 다른 분석에 도움을 줄 수 있는 방법을 의도적으로 찾아보는 지점이다. 이 지점은 혼합연구 분석 작업에 제일 적합한 분석 단계에 가장 필요하다.
- 수렴, 일관성, 확증은 사회과학 연구에서 과대평가되고 있다. 대화형 혼합연구 분석가들은 차이와 불협화음 사례에 대해서도 민감한데, 이는 이런 사례들이 더 심층적이고 생성적인 분석 작업이 일어나도록 해 줄 수 있기 때문이다.
- 대화형 혼합연구 자료분석에서는 자료 자체가 변하거나 심지어 다른 형태나 구조로 변형되기 때문에 자료의 질과 완성도가 논쟁의 대상이 될 수 있다. 제9장에서 이런 논쟁점들을 일부 다룰 것이나, 혼합연구방법에서 자료의 질에 대한 논의가 이제 막 시작되었기 때문에 충분하지는 않을 것이다.

혼합연구 자료분석 방법

모든 사회과학 연구에서 자료분석은 첫째 원자료(raw data)를 처리 가능한 형태로 줄이거나 조직해 주는데, 이를 통해 논리적으로 방어 가능한 후속분석뿐만 아니라 종합기술보고서를 작성할 수 있다. 둘째, 자료에서 차이뿐만 아니라 상호관계, 관련성 혹은 경향의 패턴을 평가해 준다. 셋째, 결론과 추론을 지원하고 입증한다. 자료분석의 주된 활동 혹은 분석 단계는 특성상 다음의 전부 혹은 일부를 포함한다.

1. 자료 정리하기(data cleaning) : 반응의 타당성, 방법론적 건전성 그리고 변이와 범위 지표 측면에서 자료를 검토한다. 연구도구 및 자료의 질에 대한 측정분석이 이 단계에서 이루어질 수도 있다. 의심되거나 논리적으로 방어될 수 없는 자료들은 제거되거나 후에 다시 검토할 요량으로 남겨진다.

2. 자료 줄이기 : 원자료를 기술적(descriptive) 형태로 분석하고 줄인다. 이러한 형태에는 빈도, 기술통계, 요인, 사례요약, 기술적 주제(themes) 혹은 기술적 정보의 여타 요약 표현 등이 해당된다.

3. 자료 변형하기 : 이 단계에서 양적 자료는 표준화, 척도화, 요인분석 혹은 로그 선형모형으로의 변형을 거친다. 질적 자료는 중요한 사건, 연대기별 이야기 또는 다른 표현 형태로 변형되며, 상징자료(예 : 사진)는 다른 계열이나 표현 형태로 변형된다. 변형은 자료 합병(data consolidation)의 형태로 이루어질 수도 있는데, 즉 다양한 연구도구, 시간, 장소, 사례 등에서 나온 자료를 하나의 전체 자료군으로 합하는 것이다. 다변인이나 다구인을 나타내는 색인의 개발은 인기 있는 자료 합병 형태 중 하나이다. 또한 한 자료 형태를 다른 형태로, 특히 양적 자료를 질적 자료로 혹은 그 반대로 변형시키고, 서로 다른 형태의 자료들을 하나의 통합된 자료군으로 바꾸는 것도 가능하다. 합병을 비롯한 자료 변형의 주된 목적은 더 심층적인 고차적 분석을 하기 위함이다.

4. 자료 관계 짓기 및 비교하기 : 이 단계에서는 자료군에서의 관계 패턴, 즉 서로 함께 묶이면서 다른 자료 군집들과는 의미 있게 구분되는 변인 군집, 주제 혹은 이야기들을 찾는다. 이 단계에서 양적 분석은 상관분석, 군집분석, 다양한 변산분석 등을 통해 이루어진다. 질적 분석에는 주제, 맥락 중요 사건과 이야기의 교차분석, 사례, 맥락 혹은 이야기 전체에 걸친 비교분석이 포함된다. 또한 서로 다른 형태의 자료(질적 자료와 양적 자료) 전체에서 관계 패턴을 찾아내고, 한 형태의 자료에서 도출된 관계결과와 다른 형태의 자료에서 도출된 관계결과를 비교할 수도 있다.

5. 연구결론 및 추론을 위한 분석하기 : 분석의 마지막 단계인 여기서는 연구결론이나 추론을 지지하기 위해 고차적 분석이 이루어진다. 양적 자료의 경우, 특징적으로 다중회귀분석과 다변량분산분석과 같은 다변량분석이나 구조방정식 모형, 경로분석 그리고 위계적 선형모형과 같은 모형기법이 활용된다. 질적 자료의 경우 자료에서 나온 검증된 주장을 귀납적으로 발전시키고, 혼성 이야기(composite stories)를 만들어 내고, 자료를 재배치하고 재코딩하여 일관되고 응집력 있는 주제들로 최종 구성하거나 혹은 NVivo 등의 소프트웨어를 이용하여 더 정교한 분석을 한다. 이러한 여러 형태들의 자료군 전체에 걸쳐서 고차적 분석이 이루어질 수 있다.

이 목록에서 고딕체로 강조된 항목은 서로 다른 형태의 자료군 전체에 행하는 주요 분석 단계를 나타낸다. 즉, 통합적 혼합연구 설계에서의 대화형 분석을 뜻한다. 주요 분석 단계로는 자료 변형하기, 자료 관계 짓기 및 비교하기, 연구결론과 추론을 위한 분석하기를 들 수 있다. 이제 분석과정에서 각 주요 단계에 맞는 대화형 분석을 실시하는 데 필요한 이론과 방법으로 논의를 넘기고자 한다. 대화형 혼합연구 자료분석의 실험정신에 입각하여, 사회과학 연구자들은 혼합연구방법 분석의 다른 단계에서 이러한 전략 중 일부라도 다르게 실행해 볼 것을 권한다.

자료 변형 및 합병하기

실증적 혼합연구방법 평가연구들을 검토해 본 결과(Greene et al., 1989), 분석과정에서 서로 다른 형태의 자료들이 통합된 것은 단지 일부(57개 연구 중 5개)에 불과했다. 이 다섯 연구를 면밀히 검토한 결과, 대화형 혼합연구 자료분석에 관한 몇 가지 방안이 나왔다(Caracelli & Greene, 1993).

그 가운데 하나가 "자료 변형, 즉 하나의 자료 형태를 다른 자료로 바꾸어 둘 다 동시에 분석되도록 하는 것이다. 구체적으로, 질적 자료를 수량으로 코드화하고 양적 자료와 함께 통계분석한다. 그리고 양적 자료는 내러티브 형태로 변형하여 질적 자료와 함께 주제 혹은 패턴을 분석한다."(Caracelli & Greene, 1993, p. 197) Teddlie와 Tashakkori(2003)는 또 이러한 분석방법에 대하여 양화된(quantitized) 그리고 질화된(qualitized) 자료라는 개념을 활용하면서, 혼합연구방법 자료분석에서 자료 변형의 가치를 강조하였다. Teddlie와 Tashakkori(2006)는 이런 분석접근법을 혼합연구방법 설계의 특징이라고까지 치켜세우며, 이를 전환(conversion)이라고 명명했다. 이들은 혼합연구에서 여러 연구방법들의 순서를 정하여 실시하는 데 있어서 순차적 방법 및 동시적 방법과 함께, 자료 전환 혹은 변형을 이 설계 차원의 세 번째 방법으로 제안하였다.

혼합연구방법 자료분석의 두 번째 방법은 우리가 자료 합병/합치(consolidation/merging)라고 이름 붙인 것으로, 대화형 분석이 일부 포함되었던 5개 연구를 면밀히 검토한 결과 도출되었다. "자료 합병은 새로운 혹은 합병된 변인이나 자료군을 만들기 위해 질적·양적이라는 두 가지 자료유형을 결합하는 것인데, 양적 혹은 질적 형태로의 제시가 모두 가능하다. 이러한 합병된 변인이나 자료군들은 보통 후속분석에 쓰인다."

(Caracelli & Greene, 1993, p. 197) 합병은 따라서 변형의 한 형태가 된다. 이런 분석접근법의 잠재력과 가능성을 설명하기 위해 이 접근법이 사용된 평가연구서에 대하여 기술했던 부분을 다소 길게 인용하고자 한다.

Louis(1981, 1982)는 대화형 분석모형을 설명하는데. 이는 서로 다른 도구, 연구 참여자 그리고 관찰자들로부터 얻은 자료를 통합하는 데 특히 중점을 둔다. 이 모형은 연구 및 개발 활용 프로그램(Research and Development Utilization Program: RDU)에 대한 종단평가를 여러 현장에서 진행하는 동안 개발되었다. 1976년과 1979년 사이 National Institute of Education의 지원으로 800만 달러가 소요된 이 시범 프로젝트는 300개의 지역학교에서 새 교육과정과 교사교육 자료의 채택 및 적용률을 높이는 것을 목적으로 하였다.

이 프로젝트 전반에서 다양한 자료수집 방법이 동원되었는데, 면담, 관찰 그리고 문서 분석에 근거한 소규모 문화기술적 연구, (중략) 표준화된 현장방문 보고서, 프로젝트 동안 학교 발전을 모니터링하는 '사건-촉발(event-triggered)' 보고서 그리고 교장과 교사를 대상으로 한 설문조사 등이 포함되었다. 따라서 연구현장 수준의 자료는 풍부하고 다양하였다. 그러나 완전하게 모든 자료가 수집된 현장은 20%도 채 안되었기에 현장 교차분석의 가능성을 심각하게 제한시켰다. 이런 제한점을 극복하기 위해 평가자들은 '합병된 코딩 양식(Consolidated Coding Form: CCF)'의 개발과 적용을 통해 변형되고 합병된 현장 수준의 자료군을 만들어 냈다. 이는 240개의 예/아니요 혹은 리커르트 척도로 반응하는 문항으로 구성되어 있는데, 이는 현장을 적어도 4번 이상 방문하고 2일간의 집중 회기에 참가하여 합병된 코딩에 대한 공통의 해석을 도출하였던 상급 평가자들에 의해 점수가 매겨졌다. CCF에 포함된 변인들은 전통적 조사방법을 통해서는 쉽게 얻을 수 없는 것이었다. 예를 들어, 의사결정 과정의 질 그리고 변화과정의 다양한 단계에서 나타나는 의사결정에서 서로 다른 행위자들의 영향 패턴이 이에 해당한다. 더욱이 합병된 데이터베이스는 현장방문 팀의 사례에 대한 총체적 지식을 반영할 뿐만 아니라 각 현장 내 그리고 현장 전체에서 통합된 표준화 자료의 신뢰도(reliability)도 반영하였다.

RDU 평가에서 얻은 양적 및 질적 자료의 통합 수준은 다음 요약에 잘 나타나 있다. "숙련된 현장 팀의 상호작용적, 총체적 판단에 전적으로 의존하는 수치로 이루어진 데이터베이스를 양적인 것으로만 기술할 수 있을까? 자료를 처리하는 데 사용된 분석절차는 통계인데 반해, 자료 그 자체와 결과해석은 순전히 그 출처에 달려 있다. 반면, 양화된 자료보다 사례를 이용한 분석을 할 경우에는, 자료수집이 끝나기도 훨씬 전에 우리에게 유용한 기술통계와 상관관계라는 지식 속에서 이러한 분석행위가 이루어지지 않을 수가 도저히 없게 된다."(Louis, 1981, p. 21)

Louis는 이러한 포괄적 대화형 접근법은 양적 및 질적 자료 모두의 분석기법에 능한 구성원이 끊임없이 주의를 기울이며 실시해야 한다고 경고한다. 패러다임 선호가 그다지 강하지 않은 프로젝트 연구자들이 끝까지 함께한 것도 이 평가에서 얻은 높은 수준의 통합을 이루는 데 중요한 역할을 하였다.(Caracelli & Greene, 1993, pp. 201-202)

자료 관계 짓기 및 비교하기

대화형 분석을 일부 실행했던 5개 평가연구들을 세심히 조사하면서 개발되었던 세 번째 방법은 우리가 "유형분류체계 개발이라 부르는 것으로, 한 유형의 자료분석이 하나의 유형분류체계(혹은 일련의 내용범주)를 도출하며 이는 이어서 대조되는 자료유형을 분석하는 데 적용되는 틀로 활용된다."(Caracelli & Greene, 1993, p. 197) 지금으로서는 이 접근법을 **자료 유입**(data importation)이라고 재명명하고자 하는데, 즉 한 유형의 자료를 분석한 결과를 다른 유형의 자료를 분석하는 중간에 들여오는 것을 뜻한다. 이러한 더 포괄적인 명명은 유형분류체계 개발에만 제한되는 것이 아니라, 다양한 자료군의 중간 분석결과가 서로에게 도움을 줄 수 있는 더 다양하고 많은 방법들을 의미한다. 여기서 핵심은 자료군에서 관계 패턴을 평가하고, 하나의 관계를 갖는 군집을 다른 것들과 분명히 구별 짓는 것이 무엇인지 찾는 것인데, 흔히 비교분석을 통해서 이루어진다.

이러한 대화형 혼합연구 분석방법의 일반적 예는 양적 도구로 수집한 자료를 요인분석하여 도출된 요소를 활용하여 질적 면담이나 관찰자료를 분류하고 질적 자료의 여러 요인-집단 간 공통점과 차이점의 패턴을 찾아내는 것이다. 다른 예는 역으로 먼저 질적 면담자료분석에서 나온 주제(themes)를 사용하여 양적 자료군에 있는 사례들을 분류하고, 다시 양적 사례의 여러 주제-집단 간 공통점과 차이점의 패턴을 찾아내는 것이다. 더 일반적으로 말하자면, 한 유형의 자료를 분석해서 나온 다양한 유형의 범주를 다른 유형의 자료를 분석하는 데 유입하여, 자료를 집단으로 분류하고 다시 다양한 집단 간의 공통점과 차이점 패턴을 알아내는 것이다.

오스트레일리아의 Pat Bazeley(2003, 2006)는 숫자와 텍스트로 된 자료를 다른 유형의 자료로 분석하는 자료 유입을 위해 컴퓨터 절차(양적 및 질적 소프트웨어 패키지를 포함)를 설명한 바 있다. Bazeley는 구체적으로 "질적 자료와 양적 자료를 결합할 경우, 텍스트 분석(여기서는 그림, 음성, 비디오 자료분석을 모두 포함함)과 통계분석을 동일한 프로젝트 내에서 통합할 경우의 컴퓨터 활용"(2003, p. 388)에 중점을 두었다. 그렇게 함에 있어, Bazeley는 자료의 관계 짓기 및 비교하기의 다양한 상호작용 가능성을 예시하였다. 이 과정의 일부는 자료 변형도 포함하며, Bazeley는 변형이나 전환을 가능하게 해 주는 컴퓨터 프로그램의 특징에 관해서도 설명하였다. Bazeley가 설명한 상호작용 방법의 일부가 다음에 소개되어 있다. (독자들은 컴퓨터 소프트웨어가 어떻게 이런 분석을 가능하게 하는지에 대해 상세한 설명과 방법이 제시되어 있는 Bazeley의 원전을 읽어 보기 바란다. 그녀의 분석접근법과 특히 예시들이 '혼합연구방법의 사고양식'을 잘 보여 주고 있기 때문에 더욱 읽어 보기를 권장한다.)

- **양적 자료를 질적 프로그램으로 옮기기** : 이 방법은 인구학적 배경자료나 혹은 특이하게는 여타 척도화된 양적 자료를 질적 자료분석에 포함하는 데 일반적으로 사용된다. "인구학적 배경 정보나 다른 범주 정보를 질적 자료로 바꾸는 근본 목적은 질적 자료에서 제기된 주제, 개념, 쟁점들에 관해 하위집단별[양적 반응에 의해 형성된 것] 반응을 비교분석하는 데 있다. 말하자면, 30대들이 어떤 경험에 대해 어떻게 말하는지 물은 후, 이 경험이 나이가 더 많은 집단이나 더 적은 집단의 경험과 다른지를 판단하는 것이 가능하다."(Bazeley, 2003, p. 396)
- **질적 자료를 양적 프로그램으로 옮기기** : 이 방법은 질적 자료를 양적 형태로 변형하거나 코드화시킨 후 양적 자료와 함께 분석할 수 있도록 하는 것인데, 특징적으로 비모수 기법이 사용된다. 코드는 주제나 범주의 유무나 빈도 혹은 텍스트 해석에 기초한 평정점수를 나타낸다. 이러한 질적 자료 지표들을 포함하면 분석이나 도출된 결론이 질적으로 더 풍부해진다. 이러한 방법을 정교화시킴에 있어, 질적 자료를 행렬표 형식으로 배열하여(Miles & Huberman, 1994 참조) 이 행렬 방식으로 코딩하여 "군집분석이나 대응분석 같은 기법을 활용한 후속분석을 위해 통계 혹은 수학 데이터베이스"(Bazeley, 2003, p. 400)로 전송한다.

■ 기타 자료 형태의 전송과 처리 : Bazeley에 따르면, 통계나 텍스트 분석 프로그램보다 소프트웨어를 사용하면, 자료 전송이 모든 프로그램 간에 가능해진다. 이를 논하면서, 그녀는 관계지도화 기법(mapping techniques)이 혼합방법 분석에 큰 공헌을 할 수 있다는 점을 강조한다. "관계망이나 개념지도로 자료 내에서 시각적 관련성을 보여 주는 프로그램을 활용할 경우, 텍스트나 숫자보다 더 확장되게 자료를 묘사할 수 있다."(2003, p. 410) 그 예로서 의미관계 분석과 다양한 형태의 개념지도화로 생성된 관계지도나 사회관계망 분석도를 들었다.

Bazeley(2003)는 더 나아가 이런 종류의 대화형 분석에 대하여 제기될 수 있는 컴퓨터 관련 논쟁에 대해 사려 깊고 교훈적인 아이디어를 제시한다. 첫 번째 논쟁점은 양적 · 질적 자료분석도구에서 코드의 의미가 본질적으로 다르다는 점과 관련된다.

> 코드는 양적 자료에서 정보교류의 유일한 매체이기 때문에, 필연적으로 전달하는 바가 정확해야 한다. (중략) 반면에 질적 코딩은 흔히 개념적으로 바탕하고 있거나 여러 방향성을 갖고 있기 때문에 특정 주제, 생각, 경험에 관한 모든 텍스트는 표현방식에 상관없이 동일한 코드가 부여된다. (중략) 코드와 코딩이 관리되는 방식에서의 이러한 차이점들을 고려한다면, 혼합방법 컴퓨터화에 대한 핵심 논쟁점은 한 유형의 분석 프로그램에서 다른 유형으로 옮겨질 때 코드가 갖는 의미이다.(Bazeley, 2003, pp. 414-415)

두 번째 논쟁점은 분석의 표본 및 목적과 관련된다. 질적 연구는 그 특징상 소규모의 유목적적으로 선택된 표본을 활용하여 심층적 이해를 추구하는 반면에, 양적 연구는 일반화를 목적으로 대규모의 대표성 있는 표본을 사용한다. 소규모 표본에서 나온 코딩 자료로 통계분석을 할 경우 문제가 발생할 수 있으며, 또 대규모 자료군에 질적 귀납분석을 적용하는 것은 엄청나게 힘든 과제이다. 그 외의 논쟁점으로는 텍스트와 전달될 코딩의 분절화(segmentation) 문제를 비롯하여 코딩된 질적 자료를 통계분석할 때 생기는 부가적 문제가 있다. Bazeley는 『핸드북』에 포함된 자신의 장(章)에서 독자들에게 다음을 상기시키면서 결론을 맺는다. 즉, 컴퓨터 보조 대화형 혼합연구 분석을 포함해 모든 자료분석은 단순한 기법상의 작업이 아니며, 그보다 중요한 장인정신이 들어가야 한다. 그리고 이는 전체 연구문제에 도움을 줄 수 있는 방향에서 선택되고 적용되어야 한다.

마지막으로 쉬어가기 1에서 보고된 John Sydenstricker-Neto가 진행했던 아마존 토지 활용 연구는 혼합연구방법에 아주 적합한 자료 관계 짓기 및 비교하기를 통한 분석 유형을 실례로 보여 주는데 바로 퍼지 집합[2]분석의 활용이다. 퍼지 집합분석은 군집유형 분석인데, 특히 이질적이거나 불연속적인 자료보다 연속 또는 연계되는 자료 그리고 다차원을 가진 복잡한 구인을 나타내는 자료를 분석할 때 유용하다.

연구결론 및 추론을 위한 분석하기

대화형 분석의 마지막 방법은 연구 추론을 직접적으로 지원하는 다양한 유형의 자료군 공동분석(joint analyses)이다. 이는 자료 변형이나 관계파악 및 비교분석에 따른 분석이 아니라 직접적으로 연구결론이나 추론를 생성해 내는 분석방법이다. 가능성 있는 두 가지 전략이 한 혼합연구방법 문헌에서 소개되었으며 세 번째 전략은 다른 문헌에서 찾아볼 수 있는데, 각각은 전적으로 연구자의 판단과 해석에 의존한다.

첫 번째는 Mary Lee Smith(1997)가 Fred Erikson(1986)이 최초로 개발했던 질적 자료분석기법을 수정한 것이다. Smith의 연구는 애리조나 학습자 평가 프로그램 (Arizona Student Assessment Program: ASAP)(1990~1995)에 관한 대규모의 종단적 정책연구인데, 현재는 미국 공교육에서 널리 퍼져 있는 기준중심 책무성의 초기 적용을 연구한 것이었다. 연구 목적은 "이 전면적 의무사항에 대한 교육자들의 반응을 살펴보는 것인데, 특히 ASAP의 도입이 교육과정, 교육방법, 학교조직 그리고 교사의 의미와 행위에 어떤 영향을 미쳤는지를 알아보고자 하였다."(Smith, 1997, p. 78) 이 연구의 첫 단계에서는 해석적 정신모형이 적용되었으며, ASAP를 적용하고 있는 네 곳의 학교에서 사례연구가 이루어졌다. 결과는 각 맥락에서 ASAP에 대한 교육자들의 반응방식에 영향을 미친 구체적인 맥락적 상황을 보여 주었는데, 여기에는 재정 자원, 지역 개혁전문가의 가용 여부 및 지역 교육청의 책무성 및 권위에 대한 가치부여 등이 포함되어 있었다.

우리가 가진 정신모형으로 인해 질적 접근을 선호하기는 하였지만, 조사기법이 프로그

---

2) 역주 : 쉬어가기 1에서 소개된 바와 같이 퍼지 집합(fuzzy set)은 명확한 경계를 가지지 않은 집합을 의미하며, 퍼지 집합분석은 여러 차원을 가진 복잡한 개념을 나타내는 자료, 형태가 이질적인 자료를 분석할 때 특히 유용하다.

램에 대한 다른 관점을 제공할 수 있고 사례연구에서 나온 잠정적 가정과 패턴을 범위가 넓은 대표성 있는 표본에 일반화시키는 것을 가능하게 해 준다고 생각했다. 일부 독자들은 양적 자료를 더 신뢰한다는 점도 인지하고 있었다.(p. 79)

따라서 전통적인 개발 설계 방식에 따라 연구의 두 번째 단계에서는 ASAP의 원리, 평가도구의 특징(타당도와 공정성) 및 교수학습에 관련된 프로그램 효과검증을 위한 조사지 개발을 위해 사례연구의 질적 자료를 활용했다. 표본선택과 자료분석을 위해 조사법에 적합한 절차를 사용하여 교사와 교장들을 대상으로 조사를 실시하였다. 상호보완성(complementarity)이라는 혼합연구방법의 목적에 따라, 조사와 함께 네 군데 학교의 교사 포커스 집단도 실시되었다. 조사지에 포함된 개방형 반응을 통해 대표성은 없지만 추가적으로 풍부한 질적 자료도 얻었다.

종합해 볼 때, 연구 요소들은 우리에게 엄청난 양의 자료를 남겼지만, 자료가 고르지 않고 유사성이 없어서 종합은 거의 불가능해 보였다. 각 요소를 적합한 방법으로 분석하고 따로 보고하였지만, 우리는 연구의 진정한 힘은 자료 통합에서 나와야 한다고 느꼈다. 그래서 이 자료들을 통합하는 방법으로 Erickson(1986)의 수정된 분석적 귀납(analytic induction) 방법을 적용하기로 하였다.

Erickson의 방법은 연구자가 자료 전체를 반복해서 읽으면서 귀납적으로, 직관적으로 일련의 신뢰할 만한 [텍스트 혹은 질적] 주장(assertions)에 이르게 되는 것이다. 여기서 주장이란 연구자가 모든 자료에 대한 이해를 바탕으로 하여 진실이라고 믿는 것을 말한다. 그다음으로 연구자는 각 주장의 근거를 확립하는 과정을 밟게 되는데, 자료에서 확증할 수 있는 증거를 모으고, 가설을 부정할 수 있는 증거도 열심히 찾아본다. 또한, 여러 방식으로 증거에 가중치를 부여하며, 이에 따라 검증되지 않은 주장을 폐기하거나 상당히 수정하여 자료에 들어맞게 만든다. (중략) [주장은 이를 지원하는 증거와 함께 제시되는데] 신뢰할 만한 일관된 보고서를 작성하기 위해서는 적절한 양과 다양한 종류의 증거에 기초해야 한다.(pp. 80-81)

Smith는 2,500장이 넘는 ASAP 자료군에 Erikson의 주장검증 방법을 적용시켰다. 자신의 정신모형에도 불구하고, 그녀는 최대한 원자료 형태의 자료를 활용하여 양적·질적 자료를 동일하게 "잠재적 정보력이 있는 것"(p. 81)으로 취급하였다. 뿐만 아니라 훈련된 회의주의를 실천하면서 분석에 임하였다. 결과로는 8개의 주장(예 : "평가의 기술적·행정적 적합성에 대한 주 정부의 부주의 그리고 ASAP 의도에 대한 일관된 반응을 방해하는 책무성 시스템")과 지지 증거들이 도출되었다. Smith의 상세한 분석과정에 대해 직접 읽어볼 것을 독자들에게 권한다.

연구 추론을 직접 지지하는 두 번째 혼합연구 분석방법은 McConney, Rudd 및 Ayres(2002)가 개발한 양적 '결과 종합(results synthesis)' 절차인데, 특별히 프로그램 평가자만을 위해 고안된 것은 아니다. 이 절차에서 "프로그램 효과에 대한 각 증거의 진술에 대한 판단에 근거하여 추정한 것과 함께, 다양한 자료수집 방법에 걸쳐서 증거를 통합함으로써 프로그램 효과성에 대한 합리적 추정에 도달할 수 있다."(p. 124) 이 절차는 4단계로 이루어져 있는 각 프로그램 성과별로 별도로 진행된다.

1. 각 증거군에 따라 프로그램 효과를 (중략) 긍정적 효과, 효과 없음 혹은 부정적 효과 [−2에서 +2까지의 5점 척도]로 평정하기
2. 각 증거군의 가치를 (중략) [프로그램 관계자들과 협력하여 개발된] 특정 프로그램에 적합한 '가치계수(Coefficient of Worth: CoW)'에 따라서 [범주를 활용하여] 평정하기
3. 프로그램의 목적이나 원하는 성과에 따라, 프로그램 효과 평정점수와 'CoW' 평정점수를 [곱하여] 결합하기
4. [각 성과별로] 요약된 프로그램 '효과성 추정'을 위해 결합된 평정점수를 [합하여] 종합하기(p. 124)

이들은 이 접근법은 "자료 간 차이가 너무 명확해서 해결될 것 같지 않아 보이는 상황(예 : 어떤 증거에서는 평가대상이 효과적이라고 밝힌 반면 다른 증거에서는 아니라고 말할 경우)"(p. 124)에서 총괄평가의 결론이 필요할 때 특히 적합하다고 한다. 이 책 전반에서 제안되었듯이, 차이와 불협화음을 예상치 않은 통찰과 이해를 가져다주는 것으로 인정하고 존중하는 것 또한 중요하다.

마지막으로, 패턴 매치 접근법(pattern matching approach)(Donald Campbell의 1966년 연구에 근거)은 연구결론과 추론을 이끌어 낼 목적의 혼합연구 자료분석을 위해

특징적으로 시각적 표현방식을 제공한다. 패턴 매치의 핵심은 개념적으로 예상했던 자료 패턴에 실증적으로 관찰된 자료를 비교하는 것이다. 예상된 패턴은 보통 사회과학 이론에 기초하여 의도되는 결과 혹은 평가의 경우 평가될 프로그램의 이론에서 도출되고, 관찰된 결과는 수집된 자료에서 도출된다. 혼합연구방법 문헌에서 분석의 한 방안으로 명시적으로 논의는 안 되지만, 연구결론과 추론을 지지하는 혼합연구 자료분석에서 패턴 매치는 아직 미개발된 잠재력을 갖고 있다. 패턴은 숫자 텍스트 혹은 더 유용하게는 도식이나 기타 그림 형태로 제시되기 때문이다.

Jules Marquart(1990)는 미국 중서부에 대규모 의료단지에서 제공하는 직장보육 프로그램 평가에서 패턴 매치 아이디어를 창의적으로 활용하였다. 평가는 아동에게 미치는 프로그램 효과가 아니라 보육 프로그램과 피고용인의 수행관련 태도 및 행동 간의 관련성에 초점을 두고 실시되었다. Marquart는 직장보육 프로그램을 제공하는 병원 행정가들의 이해에 근거해 보육 프로그램에 대한 개념표상을 만드는 것으로 평가를 시작했다. 관련문헌을 통해 확인된 피고용인의 핵심적 태도 및 행동(예: 고용, 조직적 헌신, 가정과 일 사이 균형, 결근)에 강조를 두고 표상하였다. 또 행정가들에게는 각 태도 및 행동에 대하여 기대하는 인과적 효과를 평정하도록 하였다. 동일개념을 측정하는 설문지가 직장보육 프로그램을 사용하는 피고용인과 그렇지 않은 피고용인 표본집단에 배포되었다.

Marquart는 예상 패턴과 관찰 패턴을 비교하는 두 가지 패턴 매치를 실시하였다. 첫 번째는 '측정(measurement) 패턴 매치'로, 조사된 핵심 태도 및 행동들 간의 관계에 대한 행정가들의 인식을 그린 개념지도와, 피고용인들의 설문지 응답에서 나온 태도 및 행동에서 관찰된 상관관계를 나타내는 개념지도를 비교하였다. '배열 유사성 계수(coefficient of configurational similarity)'로 비교했는데, 이는 두 개념지도상에서의 개념 간 거리를 Pearson 상관계수로 나타낸 것이었다. 공간대응 계수(spatial correspondence coefficient)는 0.76으로 나타났고, 이에 따라서 평가설문지의 구인타당도가 지지되었다. 두 번째는 '결과(outcome) 패턴 매치'로 행정가들의 기대 인과효과와 실제 관찰된 효과를 비교하는 것이다. 효과의 순위와 크기를 비교하였다. "두 패턴에 대한 도표를 세로 열, 가로 행 그리고 둘 사이 선으로 그려 예상효과 순위와 관찰효과 순위를 배열하여 나타내었다. Spearman 상관계수는 보육 프로그램 사용자와 비사용자를 비교하여 예상 평균과 관찰된 t값으로 계산하여 나타내었다."(Marquart, 1990, p. 103)

그려진 선은 십자형이 많았으며 Spearman 상관계수는 0.23에 불과하여, 행정가들이 예상한 프로그램 효과와 실제 관찰된 효과 사이에는 제한적 관계만 성립되었다. "프로그램의 인과적 효과에 대한 이론적 가정은 실증자료의 지지를 받지 못했다."(p. 104) (Marquart는 패턴 매치를 평가하기 위해 몇 개의 다른 창의적 기법도 활용하였다. 자세한 것은 논문 전체를 읽어 보기 바란다.)

이 예시에서 Marquart는 예상자료 패턴과 관찰자료 패턴을 창의적으로 비교하였다. 패턴 매치의 논리와 도표는 서로 다른 형태와 양식의 자료를 잘 비교해 주는 장점을 지니고 있다. 제5장에 나와 있는 몇 개 중학교에서의 기술공학 사용에 관한 평가(Cooksy, Gill, & Kelly의 2001년 평가연구)는 혼합연구 자료분석에서 패턴 매치 논리를 처음으로 활용한 연구이다. 이 연구에서 프로그램 이론은 자료수집과 분석을 비롯하여 평가 전반의 틀을 잡아 주었다. 분석이 이루어지는 동안에, 실시와 관련된 모든 자료와 함께 기술공학 활용 정도가 검토되었고 프로그램 성과에 대한 예상도 도출되었다. 따라서 프로그램 이론은 다양한 자료군이 분석될 수 있는 구체적 틀을 제공해 주었을 뿐만 아니라, 다음 요소를 예상해 주는 프로그램 요소들의 시간적 순서를 제시해 주었다.

한 연구방법 전통에서의 자료분석틀을 다른 전통의 자료분석에 활용하기

혼합연구방법 관련문헌에서 논의되는 분석 아이디어가 하나 더 있는데, 이는 특정한 분석 단계라기보다 분석에 대한 광범위한 개념과 관련된다. 한 방법론적 전통에서 사용되는 분석틀의 요소를 취해, 이를 다른 방법론적 전통에서 나온 자료의 분석에 이용한다. 문화인류학적 연구를 수행하면서 사람, 장소, 사건을 유목적적으로 표집하지 않고 실험집단과 비교집단 모두에서 나온 사례로부터 무작위로 표집하는 것(제7장에서 논의함)이 혼합연구방법 설계에서의 이 개념을 잘 보여 주고 있다. 자료분석에서 이 개념이 어떻게 세 가지로 구현되는지 살펴보자.

첫째, 십여 년 전, Matthew Miles와 Michael Huberman(1994)이 질적 자료의 분석에서 중요한 부분으로 행렬표와 시각적 배열의 사용을 제안한 바 있다. 자료를 순서에 따른 교차표로 나타내고, 자료군의 공간관계를 특징적으로 표현하여 배열하였다. 행렬표(구체적으로 말하면 순서화된 차원 및 교차표의 개념임)는 양적 전통에 뿌리를 둔다. 그러나 행렬표는 달리 구할 수 없었던 관계를 알아보기 위해 질적 자료에도 쓰일 수 있다.

(쉬어가기 3에 제시된 Lee, 2005를 참조. 양적 · 질적 자료의 여러 세트를 연결하는 행렬표의 활용을 교훈적으로 보여 주는 사례임)

둘째, 비교사회과학자 Charles Ragin(1987, 2000)의 획기적 혼합연구방법은 제3장에서 간단하게 언급했던 변인중심과 사례중심의 개념 비교를 중심으로 제시된다. 변인중심 연구는 영향을 주는 변인들을 분리하여 인간 현상을 설명하려는 반면에, 사례중심 연구는 모든 역사적, 맥락적 복잡성 속에서 인간 현상을 이해하고자 한다. Ragin는 불 대수학(Boolean Algebra)을 적용하였는데, 이는 변인과 사례분석을 같이 하도록 해 주는 것으로, 특히 소규모 표본에 유용하다. 간단히 말하면 이 분석에서 각 사례의 질적 자료에 0이나 1(즉, 변형됨)로 코드를 매기는데, 이는 선택된 기술어(descriptor), 상황, 사건 혹은 결과의 유무를 나타낸다. 이런 기술어, 상황 등의 선택은 당연히 양적 연구의 분석 전통에 기초한다. 그리고 나서 코드화된 자료에 불 대수학을 적용하여 코드의 주요 윤곽을 파악한다. 이는 각 표본사례를 적절히 기술하는 데 유용하다. '진리표(truth table)'를 만들어 코드 배열과 각각에 해당하는 사례수, 적절한 성과지수를 나열함으로써 밝혀지는 관계를 요약해 주는 논리 방정식을 만들 수 있다. 분석가들은 불 대수학을 통해 사례 간의 공변인 패턴에 역점을 두며, 인과 변인을 첨가적이라기보다 결합적인 것으로 볼 수 있게 된다. "즉, 다변량 모형에서 관련변인에 의해 잠재적으로 가려지기보다 결과를 얻기 위해 협력한다. 이런 분석은 궁극적으로 연구된 사례를 기술할 수 있는 유형분류체계 개발을 목적으로 한다."(Bazeley, 2003, p. 412) 따라서 양적 자료와 주로 관련된 분석과정, 예컨대 숫자의 대수학적 처리는 사례중심의 질적 자료에서 재코드화된 기술어, 상황, 주제들 간의 결합 관계를 알아내는 데 활용된다.

Onwuegbuzie와 Teddlie(2003)의 연구는 한 방법론적 전통을 다른 방법론적 전통의 자료분석에 투입하는 혼합연구 자료분석의 세 번째 경우에 해당한다. 혼합연구방법 핸드북의 한 개의 장을 통해 '혼합방법 자료분석틀'을 제공한다. 이 틀은 두 가지 주요 원리에 기초하는데 (1) 표상 혹은 '자료에서 겉으로 드러나지 않는 좋은 정보를 뽑아내는 능력', (2) 정당화 혹은 '자료해석의 타당도'(Onwuegbuzie & Teddlie, 2003, p. 353)이다. 표상과 정당화 개념은 주로 해석적 및 포스트모던 방법론을 다루는 학자들 간의 교류와 논의를 통해 나온 것이며, 표상과 정당화의 위기로 보았다(Schwandt, 2001). 따라서 Onwuegbuzie와 Teddlie는 처음부터 하나의 전통에서 주로 통용되는 개념들을 활용하

표 8.1 혼합연구 자료분석 방법

분석 단계	분석방법
자료 변형하기	자료 변형, 전환 자료 합병, 합치
자료 관계 짓기 및 비교하기	자료 유입
연구결론 및 추론을 위한 분석하기	질적으로 검증된 주장분석 양적 결과 종합분석 패턴 매치
광범위한 개념 : 하나의 방법론적 전통의 분석틀을 다른 전통의 자료분석에 활용하기	질적 자료분석에서 행렬표와 배열방법 개발하기 불 대수학을 이용하여 코드화된 질적 자료의 사례로 유형 분류체계를 만들기 표현 및 정당화의 근거 내에서 혼합연구 분석하기, 질적 자료의 효과크기 산출하기

여 분석틀을 구성했다고 할 수 있다. 또한 이들은 양적 자료의 한 측면을 빌려와 질적 자료분석에서의 정당화를 목적으로 활용할 때, 질적 자료의 효과크기(effect sizes)에 대한 다양한 개념화(Onwuegbuzie, 2001에서 나옴)도 분석틀에 포함했다. 마지막으로, 혼합연구 자료분석의 7단계 과정을 제시하였는데, 이 장에서 제시된 것과 상당히 유사하며 여러 방법들로부터 나온 자료들 간에 반복적으로 상호작용하게 한다는 특징을 지닌다.

표 8.1은 이 장에서 논의된 혼합연구 자료분석 방법을 요약한 것이다.

혼합연구 자료분석 사례

이 장 마지막에는 혼합연구방법에서의 자료분석을 잘 드러내 주는 세 가지 유익한 사례가 제시될 것이다. 모두 대규모 교육연구에서 나온 것으로, 그중 둘은 순수연구이며, 하나는 프로그램 평가에 해당한다. 첫 번째에 관한 설명은 혼합연구 학술지에 같은 내용으로 이미 실렸던 것에서 상당 부분 가져왔다(Greene, Benjamin, & Goodyear, 2001).

유아교육 장애통합연구 자료분석에 '혼합연구방법의 사고양식' 채택하기

유아교육 및 보육기관에서 전형적으로 발달하는 또래 친구들과 함께 발달장애를 가진 유아를 통합하는 것의 의미와 관련변인에 관한 연구로 자주 인용되는 교육연구에서 Shouming Li, Jues Marquart와 Craig Zercher(2000)는 '혼합연구방법의 사고양식'의 잠재력을 잘 보여 주는 매우 창의적인 대화형 분석을 다양하게 실시하였다. 이 연구는 장애통합 유아연구기관(Early Childhood Research Institute on Inclusion)이라는 미국 전역의 5개 대학교 공동연구기관에서 실시한 것인데, 1990년대의 유아교육 장애통합에 관한 5개년 연구 프로그램의 일부이다. 이 연구 프로그램은 장애통합에 효과적인 전략의 개발을 목표로 하였다.

> 근본적으로 (중략) 이 연구는 장애통합의 생태학적 체계에 관한 심층적 분석으로서, 가족, 교사, 프로그램 행정가와 정책 입안가가 생각했던 장애통합의 목적, 장애통합의 다양한 정의와 적용방법 그리고 다양한 환경에서 장애통합의 방해요소와 촉진요소에 관한 질문에 대답할 수 있도록 계획되었다.(Li et al., 2000, p. 117)

이 연구는 미국 전역에서 4개의 지역에서 각각 4곳씩 선정하여, 총 16개 장애통합 어린이집 프로그램을 대상으로 이루어졌다. 이 프로그램은 각 지역의 핵심 정보원에 의해 장애통합 프로그램으로 인정된 것들이다. 또한 프로그램들은 장애통합 프로그램 모형과 유아 및 가족 배경 측면에서 다양성을 나타낼 수 있도록 유목적으로 채택되었다. 총 112명의 유아가 연구대상이었으며, 각 프로그램에서 7명씩의 아동을 연구대상으로 선별하였는데, 5명은 장애유아로 개별교육계획(Individualized Educational Plan)을 받고 있었으며, 2명은 같은 학급의 일반유아였다.

혼합연구방법 설계는 넓게는 "단일연구방법 설계로 얻을 수 있는 것보다 여러 수준에서의 상호작용과 여러 수준의 생태학적 체계에 대한 심도 있는 이해와 광범위한 관점을 제공하기 위한 것이었다."(p. 117) 더 구체적으로 보면, 방법혼합은 연구에서 핵심적인 구인의 맥락화된 내부자적(emic) 의미와 이러한 구인 및 기타 구인의 외부자적(etic) 표준화된 정의를 나타내는 자료를 모두 모으기 위해 의도적으로 선택되었다. 따라서 이 설계는 변증법적 패러다임 관점을 잘 보여 주는데(제5장), 무엇보다 상호보완과 착안이라는 혼합연구의 목적을 지향한다. 이 연구에 사용된 학급과 가족 대상 연구도구와 방법에 관한 요약이 표 8.2에 제시되어 있다.

이 연구에서 의도적으로 상호작용하는 대화형 분석을 실시하였다. 예를 들어 '질적

표 8.2 생태 체계연구에서의 학급 및 가족 연구도구

영역	양적 도구	질적 도구
학급	CASPERII(활동적 학생 참석과 참여 코드, 수정판), 어린이집 환경과 유아 및 성인 행동의 직접 관찰로 측정 사회관계에 대한 또래 평정도구 Battelle 발달검사목록, 표준화된 발달검사	참여관찰 CASPER 사후 기록 유아의 교우관계에 대한 교사대상 설문조사 교사, 관련 종사자 및 행정가 면담
가족	전화 조사	가족 면담 유아의 교우관계에 대한 가족 설문조사

출처: Li et al., 2000, p. 118

→ 양적 → 질적' 자료분석의 계획된 반복, 한 유형에서 다른 유형으로 창의적으로 변형하기와 자료 축소, 변형, 비교 및 통합의 계획된 단계가 포함되어 있었다. 이 작업 동안 연구자들은 혼합연구 자료분석에 대해 세 가지 뚜렷한 접근법을 만들어 냈다. (1) 평행선 분석(parallel tracks analysis)으로서 상이한 자료군의 분석이 "자료 비교와 통합 지점까지는 자료를 축소하고 변형하는 단계에 걸쳐 독자적으로 진행된다."(Li et al., 2000, p. 120) (2) 교차선 분석(crossover track analysis)으로서 양적 · 질적 자료를 동시에 분석하는데, "양적 · 질적 자료를 더 비교 가능하도록 변형시켜서 비교하는 혼합연구방법의 핵심 단계를 촉진하는 데 역점을 둔다."(p. 126) (3) 단일선 분석(single-track analysis)으로서 처음부터 자료를 통합하고 합병한다(Marquart, 1997). Li 등(2000)이 제시한 교차선 분석이 이어서 논의될 것이다.

이 분석에서는 16개 프로그램별 사례요약을 개발했는데, 이는 "장애통합의 방해요소와 촉진요소를 결정하고 그리고 눈에 띄는 쟁점사항을 기술하기 위해 (의미의) 심층적 분석을 의도적으로 제공하는 것"(p. 125)이었다. 먼저, 방해 및 촉진요소라는 두 유형에 관련된 자료를 일반적 방법으로, 즉 양적 자료는 표나 그림으로, 질적 자료는 기술적 주제어, 내러티브나 기타 일화로 기술적으로(descriptively) 분석하여 축소한다. 둘째, 이렇게 줄인 자료에서 자료를 선택하여 변형하는데, 양적 표와 그림에서 가장 눈에 띄는 것을 내러티브 형태로 요약하고, 내러티브 양식에서 주제를 포착하도록 순서대로 된 행렬표를 개발한다. 셋째가 이 분석접근법의 핵심인데, 두 세트의 표-그림-행렬표(원래 양적 자료와 질적으로 변형된 자료)를 신중하게 비교하여 수렴, 상호보완성 그리고 불협화음의 예를 찾는 것이다. 두 종류의 내러티브 요약(원래 질적 자료와 양적으로 변형된 자

료)에 대해 평행비교가 이루어졌다. 이러한 비교에서 도출된 일치는 더 강력하고 유효한 추론을 이끌어 냈으며, 불일치는 추후 탐구와 생성적인 통찰을 가능하게 했다.

한 사례요약에 대한 생성적 통찰의 예는 다음과 같다.

- 이 현장에서 수집된 관찰자료를 **기술적 수량 그래프**(descriptive quantitative graphs)로 옮기자 장애유아가 "친구들에 비해 집단에서 벗어나 혼자 있는 시간이 더 많다는 사실 (중략) 그리고 하루 중 가장 중요한 수업시간인 대집단 시간에 가장 적게 참여한다는 사실을 보여 주었다."(p. 128)
- 질적 관찰 노트를 (변형하여 순서 매긴) 행렬표와 이러한 그래프들과 비교하자 초기 관찰된 현상의 이유가 드러났다. 이 비교를 통해, 유아의 모든 "부정적 행동은 집단과 함께 머물기 어려운 점과 관련되어 있음을 알게 되었으며, (중략) 이 문제가 대집단 시간에 혼자 있는 것에 한정되지 않고 소집단, 동화 들려주기 시간, 체육시간과 같은 교사주도 집단 활동의 어디서든 일어날 수 있음을 시사해 주었다." (pp. 128-129)
- 현장 노트와 교사 면담자료를 **심층분석**하니 일반교사와 특수교사 사이에 장애통합철학에서 차이가 나타났으며 아동에 대한 기대도 차이가 났다. 이 차이는 복잡하고, 미묘하며 다면적인 특징을 갖고 있었다. 특히, 특수교사는 장애아동이 원할 때마다 대집단을 떠나도록 암묵적으로 허용하였는데, "모든 아동은 반드시 최선을 다해야 하지만 그래도 규칙(예 : 대집단 시간에 그대로 앉아 있기)을 따를 수 없다면, 배울 시간을 주어야 한다."(p. 129)라고 생각했다. 반면에 일반교사는 모든 아동에게 높은 일관된 기대를 해야지 교육 프로그램에서 아이들이 필요로 하는 것을 얻을 수 있다고 했다. 아동이 대집단에 참여하는 것과 같은 규칙에서 예외로 인정된다면, "이 아동은 다른 아동들과 함께 있지 않기 때문에 자신이 얻을 수 있는 것을 얻지 못한다. 우리가 가르치고 있는 것을 배울 만큼 충분히 앉아 있지 않는다. (중략) 교육에 관한 한, 이 아동은 자신이 진정으로 필요로 하는 것을 얻지 못하고 있다고 생각한다."(p. 129)

이런 교사철학에서의 차이가 이 특정 프로그램에서 장애통합을 방해하는 주요 요인으로 간주되었다.

일리노이 주 읽기지원 프로그램 평가에서 나온 실시자료분석에서의 창의성

읽기지원법(Reading Excellence Act: REA)[3]은 연방정부에서 읽기 학습에 대한 연구에 기반한 원리를 중심으로 개발한 프로그램인 읽기 최우선(Reading First) 프로그램의 전조라 할 수 있다. 이러한 원리로 음성 인식(K학년과 1학년만 해당), 부호해석, 유창성, 배경 지식과 어휘, 이해, 동기가 포함된다. 읽기지원법과 읽기 최우선 모두 '낮은 수행을 보이는' 학교에 재학하는 K~3학년 아동의 읽기 기능을 향상하고자 실시되었다. 2001년과 2003년 사이, 일리노이 주의 12개 교육청 산하의 48개 학교가 REA 보조금(약 100,000~200,000달러)을 받아 REA 모형을 적용하였다. 여기에는 새로운 읽기자료, 교사교육과 지역 읽기 코치 형태의 특별 직원 고용하기 등이 포함되었다.

2년에 걸친 REA 평가는 혼합연구방법으로 이루어졌으며, 추론의 타당성을 높이고 삼각측정이라는 핵심 목적을 위해 다양한 자료원을 강조하였다(DeStefano, Hammer, & Ryan, 2003; Ryan, DeStefano, & Greene, 2001). 특히, 이 평가에서는 REA 모형의 실시과정 평가를 위해 다양한 방법을 동원하였다. "교실수업 실제는 지역 교사의 인식, (중략) 개별 수업관찰, (중략) 학교 포트폴리오에서 수집된 학생 결과물 평가에서 나온 자료를 통해 잘 나타날 것이다."(Ryan et al., 2001, pp. 19-20) 삼각측정이라는 목적에 일관하여, 모든 측정결과를 REA 프로그램의 실제 근본이 되는 유아 읽기에 대한 여섯 원리를 중심으로 조직하였다.

이 원래의 목적을 위해서, 평가팀의 한 하위집단은 혼합연구방법을 활용하여 프로그램 실시자료를 분석하였는데, 교실관찰과 교사 설문조사 자료(그 당시 포트폴리오 자료

---

3) 역주 : 모든 아동이 잘 읽을 수 있도록 도와야 한다는 클린턴 정부의 방침에 따라 국회에서는 1998년 읽기지원법(Reading Excellence Act)을 발의하였으며 1999년 대통령의 승인을 받았다. 유아들이 학교에 입학하면 읽을 준비가 되도록 지원하고 모든 아동이 3학년이 끝날 때까지는 잘 읽을 수 있도록 가르치며 초등학교 교사의 수업실제를 향상하기 위한 주 정부의 프로그램 개발과 운영 보조금(grant)을 제공하였다. 이 법에서는 또한 측정 가능한 긍정적 효과가 발생했는지를 알아보기 위해 전국 수준 및 주 정부 수준에서 프로그램 평가를 실시하도록 명시하였다. 이후 아동낙오방지법(No Child Left Behind Act)하에서 과학적으로 기초한 읽기학습을 지원하는 읽기 최우선(Reading First) 교육 프로그램으로 발전된다.

수집은 아직 진행 중에 있었음)에 중점을 두었다. 분석상의 핵심 질문은 개방적이었는데 바로 "다양한 자료 출처의 결합분석을 통해 REA 실시의 정도와 질적 수준에 관해 무엇을 알 수 있는가?"였다. 이 분석은 대화형 혼합연구방법 자료분석의 반복적 특성을 잘 보여 주었으며, 이런 종류의 분석에서 팀 작업의 가치 그리고 결과를 실질적으로 향상해 주는 모험정신도 잘 나타내 주었다. 사실, 분석과정과 결과를 학회에서 발표하면서, 이 팀은 자신들의 경험을 '우리의 혼합연구방법 여행'이라고 불렀다(Kallemeyn, Hammer, Zhu, DeStefano, & Greene, 2003). 이 메타포를 사용해서 이 분석의 핵심 내용을 다음에 제시한다.

먼저, 각 팀원들은 작업할 실시 자료군을 하나씩 선택했는데, Rongchun Zhu는 교사 설문조사 자료를, Leanne Kallemeyn은 교실을 관찰한 양적 자료를, Victoria Hammer는 교실관찰자의 질적 노트를 택하였다. 둘째, 팀에서 상, 중, 하로 실시 범주를 만들어 현장 분류에 사용하기로 결정했는데 이 분류가 그 자체로서 이롭거나 가치가 있어서가 아니라 **분석을 출발시키고 촉진할 도구로 삼기 위해서**였다. 여기서 흥미로운 문제는 다음과 같았다. 각 자료군을 토대로 현장 프로그램 실시를 범주화하는 데 있어 어떤 근거로 상, 중, 하로 나눌 것인가? 이 범주가 유사한 혹은 다른 결과를 도출했는가? 그리고 일치 및 불일치의 패턴에 대해 어떻게 이해할 것인가? 셋째, 각 팀원은 '혼자 여행하기'를 통해 여정을 시작하였는데, 자신의 자료를 범주 분석하면서 그 방법론적 전통에서의 엄정성과 증거의 원칙을 존중하려 애썼으며, 이와 동시에 다른 자료와 조율할 필요가 있음을 예상했다. 이런 단독 여행은 다음과 같이 아주 창의적이며 모험적인 분석작업 특징을 지니고 있다.

- Zhu는 교사 설문조사 자료를 분석할 때, 전체 평균으로부터의 거리에 기초하여 각 현장을 (유아 읽기의 원리별로) 상, 중, 하 실시로 분류할 요량으로 일련의 원칙을 만들었는데 이는 신뢰구간(confidence intervals) 논리에 뿌리를 두었다. 따라서 Zhu는 각 현장을 분류하기 위해 6개의 읽기 원리 전부에 이러한 편차 패턴을 활용하였다.
- 교실관찰 양적 자료를 분석할 때, Kallemeyn은 상, 중, 하 실시 범주로 현장들을 나누기 위해 각 현장에서 각각의 읽기 원리를 실시하고 있는 정도를 나타내는 막

대그래프로 규칙에 따른 시각적 분석을 실시하였다.

■ 관찰자의 질적 교실 노트를 분석할 때, Hammer는 관찰자가 지각한 맥락적, 총체적 본질을 존중하려 했으며 따라서 교실활동, 교사의 교수방법, 눈에 띄는 맥락적 특성, 각 관찰 현장의 독특한 특성 등에 대한 관찰자의 설명에 중점을 두었다. 그녀의 범주체계는 자료의 이런 모든 부분을 반영하였다.

표 8.3 자료군별 현장 REA 읽기 원리의 실시 정도

집단	양적 교실관찰	질적 교실관찰	교사 설문조사	전체
상	B 현장	B 현장		B 현장
		E 현장		
	F 현장	F 현장	F 현장	F 현장
		J 현장	J 현장	J 현장
		G현장		
상/중			H 현장	E 현장
중	A 현장			
			B 현장	
			D 현장	
	G 현장		G 현장	G 현장?
	H 현장			H 현장?
	I 현장		I 현장	
중/하	D 현장			D 현장
				I 현장
하	C 현장	C 현장	C 현장	C 현장
		A 현장	A 현장	A 현장
		D 현장		
		H 현장		
		I 현장		
미확인	E 현장		E 현장	
	J 현장			

출처: Kallemeyn et al., 2003, 승인에 의한 사용

넷째, 팀에서 현장 범주결과를 공유하고 비교하기 위해 '경로를 교차하였다.' (이는 실은 반복적인 과정으로, 별개로 분석된 것으로 몇 번씩 돌아갔다가 다시 대화하고, 그리고 이러한 과정을 몇 차례 반복한 것이었다.) 마지막으로, 각 분석자가 실시한 각 현장의 범주화를 확인시켜 주는 도표가 준비되었다(표 8.3 참조). 이 도표에 대한 심층 논의를 통해 일련의 현장 그리고 REA 프로그램에서 중요한 영향을 미치는 것으로 생각되는 실시상의 특징을 찾을 수 있었다. 이러한 특징에는 예를 들어 프로그램 실시에서의 중앙집중화 혹은 분권화, 각 현장의 프로그램들에서 유아 읽기에 대한 REA 원리와의 일치 정도, REA 프로그램에 대한 행정가들의 지식 및 지원 정도가 포함된다. 이런 혼합연구방법 분석이 없었다면, 이렇듯 통찰력 깊은 분석은 나올 수 없었을 것이다.

학교 전이 연구에서 가족참여에 대한 자료분석에서의 유연성과 실질적 판단능력

혼합연구 자료분석에 도움이 될 만한 마지막 예는 복잡한 자료군으로 복잡한 쟁점에 관한 모험적 탐색을 할 때 혼합연구 이론의 제한점을 보여 준다. 이 사례의 연구자들은 분석을 위해 신중하게 계획을 수립하였는데 이 장에서 제시되었던 많은 아이디어에 근거한 것이었다. 그러나 연구자들은 다음과 같이 반성적 고찰을 하였다.

> 미리 다양한 분석모형들을 알아보고 협력적 팀 절차를 준비했지만 분석에서의 어지러운 복잡함과 실제에 따른 속성에 대해 미처 다 준비할 수 없었다. (중략) 우리의 분석 트랙[다양한 팀 구성원들의 분석 트랙]은 기대했던 것만큼 자주 교차되었지만 우리가 그럴 것이라고 생각했을 때가 아니었으며 그럴 것이라고 우리가 생각했던 방식이 아니었을 뿐만 아니라 예상했던 것과 동일한 이유에 의한 것이지도 않다.(Weiss, Kreider, Mayer, Hencke, & Vaughan, 2005, p. 55)

이 분석 여정에서 나온 발췌는 다음과 같다. (이러한 분석의 내용 측면의 결과에 대한 부가적 논의는 Weiss, Mayer, Kreider, Vaughan, Dearing, Hencke, & Pinto, 2003을 참조하고, 전체 연구의 혼합연구방법 틀에 관한 부가적 논의는 Greene, Kreider, & Mayer, 2005를 참조할 것.)

이 분석자료의 출처는 학교 전이 연구(School Transition Study: STS)로, 저소득층 가정 출신인 다인종 유치원생부터 5학년까지(1990년 후반 기준) 약 400명의 아동들을

추적한 대규모 혼합연구방법 종단연구이다. 이 연구는 야심차게 "저소득층 아동의 중기
아동기를 통해, 아동들이 살고 배우는 학교, 가족, 지역사회를 통해 성공으로 향하는 경
로를 알아내는 것을 목적으로 하였다."(Weiss et al., 2005, p. 47)고 한다. 이 연구에서
의 혼합연구 설계는 매년 아동양육자와 교사와의 구조화된 면담 그리고 아동이 다니는
학교에서 나온 학업 및 사회성 지표수집을 포함하였다. 2년에 걸친 문화기술 방법을 통
해 23명의 표본 아동들을 더 심층적으로 연구했는데, 당시 이 아동들은 1학년 혹은 2학
년이었다. 이러한 자료에는 양육자, 교사, 아동과의 면담, 공동체 연구 그리고 참여관찰
이 포함되어 있었다.

연구자가 아동발달 경로, 특히 교육경로에서 가족참여의 영향과 의미에 우선적인 관
심을 갖게 된 것은 STS 면담자료에서 부모가 일하는 것의 중요성이 반복적으로 나타났
기 때문이었다. 이 면담자료는 부모의 일과 참여 사이에 긍정적 관련이 있다는 것을 제
안해 주었는데 이는 당시의 증거들과는 상반되는 것이다. 따라서 연구자는 부모참여라
는 큰 틀 속에서 부모 취업의 역할과 특성에 대해 혼합연구방법 분석에 착수하였다. 이
분석 계획은 Li 등의 교차선 분석모형에 의해 안내를 받았으며 또한 확고한 혼합연구방
법의 사고양식뿐만 아니라 계획되고 구조화된 팀 모임과 반성적 사고가 포함되었다. "개
방성과 발견은 혼합연구의 고유한 것이다. (중략) 다른 관점에 대한 개방성은 단지 대립
가설만이 아니라 더 심오한 사고 및 가치에서의 대립관점에 대해 개방적인 것이다."
(Weiss et al., 2005, p. 52)

연구 초기 (부모-교사 협의회 참석 등과 같은 가족참여의 학교중심 지표에 강조를 둔)
양적 자료에 대한 기술적 분석에서는 "심층 탐구할 다양하고 높은 수준의 참여"(p. 53)가
나타났다. 이 분석은 또한 "부모의 일이 가족참여를 방해하는 것으로 장애물로 인식된다
는 것을 보여 주었는데, 특히 부과된 시간 요구 측면에서이다."(p. 53) 그러나 사례연구
대상 어머니들의 직장생활을 묘사한 초기 질적 분석은 다른 모습을 나타냈다. "몇몇 워
킹맘들은 부모 역할, 자녀학습, 가족참여의 근간으로 자신의 일을 묘사했다. (중략) 어떤
어머니들은 심지어 자녀들을 정기적으로 자신의 직장으로 데리고 갔다."(p. 54)

양적 자료로 돌아가, 이러한 질적 연구결과는 조사척도 및 요인분석들로부터 몇 가지
복합변인들을 구성하게 해 주었는데, 두 가지 가족참여 변인, 즉 학교에서의 참여와 가
정에서의 교육 혹은 자녀의 교육을 집에서 도와주는 방법뿐만 아니라 어머니의 직장과

본인의 교육훈련에 요구되는 시간(어머니의 일 및 교육)을 나타냈다. 이러한 복합변인에 대한 일원변량 및 다변량 분석은 어머니의 일 및 교육(시간 요구)은 "학교참여뿐만 아니라 넓게 정의된 가족참여와 중요하게 관련되어 있으며, 이는 학교와 가정 모두에서의 활동을 포함하였다."(p. 55)라는 사실을 발견했다. 이 양적 결과와 다른 양적 결과들을 해석하고 이해하기 위해 팀의 사례연구 구성원들은 "자신들의 내면화된 질적 사례연구 지식"(p. 56)을 점점 더 많이 활용하게 되었다.

이러한 양적 분석에 기반하여, 질적 자료를 더 심층적으로 교차분석하였는데, 학교와 부모참여의 의미와 특성, 특히 그 속에서 부모 일의 역할에 대해 더 깊게 이해하기 위해서였다. 그 결과, 자녀교육에 참여하기 위한 어머니 전략의 유형체계분류가 도출되었다. 이 범주에는 어머니가 자녀의 학습을 돕고 대개는 다른 장소에서 수행되는 다양한 참여 활동을 하기 위한 홈베이스로 일터를 이용하도록(교사와의 전화상담이 그 예임) 돕는 복잡한 '주변 협력 네트워크'의 개발이 포함되었다.

이 분석가 팀에서 했던 반성적 성찰에 다음이 포함된다.

> 어머니의 일이 장애물이라는 결과와 가족참여 기회라는 결과의 상반됨은 혼합연구의 가치를 강조해 주었다. (중략) 이 상반됨은 일이 참여를 방해한다는 '모두가 아는 상식'을 넘어 새로운 사실을 알게 해 주었는데, 일이 (중략) 학교참여를 지원해 주며 부모참여를 위한 새로운 길을 열어 주고 학교 담을 넘어 아동학습에 공헌할 수도 있게 해 준다는 사실을 이해하게 되었던 것이다.(p. 61)

> 이러한 [혼합연구방법 분석] 과정을 통해 우리는 발견하려면 개방적이어야 한다는 것을 배웠다. (중략) 반면 실용주의적으로 되어야 한다는 것과 복잡성을 참고 견뎌야 한다는 것도 배웠다. (중략) [우리는 또 배우길] 혼합연구방법은 단지 대략적 안내이며 의도한 (분석)설계는 자료 유용성과 연구일정이라는 실제적 문제로 인해 무너질 수밖에 없다. 따라서 우리는 우리의 혼합연구 작업에 대한 이해를 키웠는데, 바로 역동적이고 직접 경험하는 과정이며 아주 일반적인 측면에서만 혼합연구방법 분석모형의 안내를 받을 수 있는 것으로 이해하였다.(p. 61)

이러한 반성적 사고는 혼합연구방법 자료분석에 요구되는 장인정신을 강조한다. 혼합연구 설계에 대한 제7장에서 강조한 바와 같이 혼합연구의 실제에 관한 결정은 이론적 아이디어의 신중한 활용, 현명한 실제적 판단 그리고 상당한 예술성을 요한다.

요약

이 장에서는 대화형 혼합연구방법 자료분석을 모험으로 가득한 여행으로 그렸다. 지도에서 가능한 경로를 찾고, 진행과정과 상황에 관해 점검할 수 있도록 휴식 지점을 정하고, 타인을 존중하고 협력하면서 여행하는 계획을 수립할 수 있다. 이 여행의 일부는 혼자서 할 수도 있다. 그러나 계획은 단지 대략적 안내에 불과하다. 조사된 자료는 예상치 못한 어려움(자료를 잃어버리거나 보고서 마감일이 다가올 때처럼), 혹은 예상치 못한 기회(심층 탐구를 요하는 실증적 퍼즐이나 특히 깨달음을 주는 증거처럼)를 만나게 된다.

　한편으로 보아, 혼합연구방법 자료분석에 관한 이러한 설명이 다른 방법론의 분석 전통과 완전히 다른 것은 아니다. 모든 분석의 일부는 탐색작업이며 통찰이다. 다른 한편으로는, 사회과학에서의 혼합연구방법이 가진 고유한 잠재력으로 인해 더 잘 이해하게 된다. 따라서 혼합연구방법 분석팀은 다른 연구자들에 비해 반드시 더 개방적이고, 유연하고, 창의적이고 모험적으로 분석 여정에 임해야 한다. 한정된 길이 아니라 상상력 넘치는 길로, 다른 이들의 여행에서 나온 표지판(이 장에서도 상당수 소개됨)을 참조하면서 그리고 완전한 혼합연구방법의 사고양식은 아니더라도 다양한 앎의 방식과 가치부여 방식의 중요성에 대해 더 겸손하게 임해야 할 것이다.

9

사회과학 혼합연구의
질 평가하기

이 장에서 다루는 질(quality)이라는 **실제적 문제**는 혼합연구방법 여행에서 핵심이다. 여행자들은 서로 다른 방법론적 전통을 대표하는 연구방법들을 혼합한 연구결과를 정당화하는 난관에 부딪히게 되면서, 무엇이 연구결과를 타당하게 혹은 신뢰할 수 있게 만드는가에 대한 서로 다른 생각들을 접한다. 이 장은 결론의 질과 정당화에 대한 논의이며, 혼합연구방법을 사용하는 연구자가 자신의 연구결과를 방어하고 연구의 질을 평가할 때 활용할 수 있는 실제 아이디어들을 함께 다루게 된다. 여행자들이 이런 모든 아이디어들을 각자의 도구상자에 담아 실제에서 비판적으로 그리고 반성적으로 사용하길 바란다.

■ ■ ■

사회과학 연구에서 어느 시점에서 서로 다른 형태의 자료, 서로 다른 종류의 연구방법, 특히 사회적 세상과 사회적 지식에 관한 서로 다른 정신모형 혹은 가정을 혼합해야 하는가? 또 그 연구의 질은 어떻게 평가되고 판별되는가? 연구자의 자료에 대한 신뢰의 특징과 수준은 어떤 준거 혹은 기준으로 판단되는가? 연구결과를 확증하고 정당화시킬 때 어떤 논거로 독자들을 설득시키는가?

특히, 만약 이 책의 독자들이 혼합연구방법의 사고양식을 갖추었다면, 즉 다양한 유형의 차이를 본질적으로 가치 있는 것으로 생각한다면, 연구의 질을 평가할 때 그러한 차이는 어떻게 존중되는가? 예를 들어, 어떤 연구방법들은 표본의 대표성과 추론의 일반화 가능성으로 평가된다. 반면 표본의 풍부성(richness)과 추론의 맥락적 의미성으로 평가되는 연구방법도 있다. 또 다른 연구방법에서는 탐구과정의 실행성(actionability), 특히 지식생성의 정도로 평가된다. 혼합연구방법을 활용한 연구에서 이러한 서로 다른 준거와 판단도 마찬가지로 혼합되는가? 그렇다면 어떻게? 아니면 혼합연구방법을 활용한 사회과학 연구의 질 평가에서 부딪히는 난관에 대해 다른 대안이 있는가?

혼합연구방법 문헌에서 연구의 질을 평가할 때 부딪히는 난관을 해결할 만족스러운 대응책을 찾기란 쉽지 않은 일이다. 따라서 모험심 강한 독자들에게 바라건대, 창의성과 독창성을 발휘해 보라. 그러는 동안 이 장에서는 혼합연구방법에서 연구의 질에 대한 하나의 사고양식을 제시하고, 이 영역의 기존 연구를 개관하며 엄선된 사례를 제시하고자 한다.

사회과학 혼합연구의 준거에 대한 생각

하나의 패러다임, 정신모형 혹은 방법론적 전통 내에서 수행된 사회과학 혼합연구는 타당화, 정당화 혹은 확증에서 심각한 문제를 갖지 않는데, 왜냐하면 질에 대한 개념화가 동일한 철학적 틀과 가정에 근거하고 있기 때문이다. 방어 가능한 연구방법이나 검증된 지식이 어떠해야 하는지는 근본적으로 철학적 문제이다. 활용된 연구방법의 질에 대한 방법론적 준거, 과정, 주장 그리고 도달된 추론의 확증이나 정당화는 이러한 철학적 가정에서 도출되는 것이다. 즉, "방법론은 사회과학 연구자가 이해를 목적으로 거치는 인식론적 가정, 원리, 절차로 구성된 담론이다."(Schwandt, 2004, p. 34) 따라서 단일한 패러다임이나 정신모형으로 수행된 연구에서는 연구방법이나 지식주장을 확증하는 데 있어 단일한 지침, 기준, 과정만 있을 뿐이다. 이런 연구에서는 연구의 질이라는 문제에 대한 서로 다른 이해가 혼합되지 않는다.

친숙한 예를 들면, 고전적인 후기실증주의 세계관 혹은 패러다임 내에서는 객관성(진리탐구에서 연구자 및 방법론적 편견을 최소화하는 것으로 정의됨)이 연구의 질을 높여주는 중요한 준거로 여긴다. 후기실증주의 틀을 활용하는 방법론적 전통에는 편견과 오류를 최소화하며, 자료가 그런 편견으로부터 실제로 얼마나 자유로운지를 평가하기 위한 수많은 절차와 기법들이 존재한다. 여기에는 원하지 않는 변이에 대한 통계적 조정을 비롯하여 표준화된 측정도구 및 실시, 신뢰도 및 타당도 계수 추정치가 들어 있다. 반면, 일부 페미니즘 전통에서 객관성이란 정치적 중립성(Harding, 1993)에서 의도적으로 벗어나서, 만연되어 있으나 사실은 잘못된 가정들(예 : 여성의 생물학적 열등성)에 도전하는 것을 뜻한다. 참여적 실행연구(Kemmis & McTaggart, 2000)나 민주적 평가(House & Howe, 1999)와 같은 이념에 바탕을 둔 연구에서 객관성이란 공정성과 평등과 같은 정치적 이념으로 대체되며, 따라서 좋은 연구란 가장 박해받는 이들의 이익과 안녕을 증진시키는 것이다. 더 나아가 혹자는 그런 연구는 소수 기득권층을 위해서라기보다 모든 이의 합당한 관점과 이익을 향상하기 때문에 실은 더 편견 없이 공정하며 이런 점에서 더 객관적이라고 주장한다(House & Howe, 1999).

물론, 알고자 하는 이와 앎 간의 얽혀 있는 관계를 두고 볼 때, 객관성이란 것은 사실 획득 불가능하다고 보는 철학적 관점과 정신모형들도 있다. 해석학과 구성주의를 위시해서 이런 관점에서 검증된 지식이란 어려운 방법이라는 방패 혹은 거리감으로 획득되는 것이 아니라, 내부자 관점을 이해하기 위해 현장에 충분히 머무는 시간, 참여, 근접성에 의해 얻어지는 것이라고 생각한다. 이러한 관점에서 주관성은 의미 있는 맥락적 이해를 위해 불가피하다. 해석학에서 바라보면, 연구란 과학적 지식생산이 아니라 심미, 상상력, 장인정신을 일깨우면서 자신과 다른 사람을 이해하기 위한 대화과정에 가깝다(Schwandt, 2004).

혼합연구방법을 이용한 연구는 어떤 종류의 패러다임, 정신모형 및 방법론을 혼합하는가? 이 물음에 대한 답은 물론 개별연구나 개별연구자의 몫이다. 앞에서 말했듯이, 혼합연구방법을 실제로 수행하는 것은 그 이론보다 훨씬 더 복잡한 문제이다. 방법 혼합과 특정 혼합연구 설계의 패러다임 또는 정신모형 수준에서의 혼합은 연구자가 결정할 몫이다. 그렇지만 제5장에서 제시한 혼합연구방법 패러다임 관점은 이 문제에 관한 몇 가지 개략적 지침을 제시한다. 순수주의자 관점에서는 본래 패러다임이나 정신모형 수준에서의 혼합이 불가능하지만, **변증론** 관점에서는 당연히 해야 하는 일이다. 탈패러다임 관점에서는 패러다임이나 정신모형의 혼합이 그다지 이루어지지 않는데, 이 관점에서는 방법을 결정짓는 것은 상황이지 철학이 아니기 때문이다. 또한 대안적 패러다임 관점에서도 마찬가지인데 여러 수준에서의 혼합은 환영되고 본질적으로 전혀 문제가 없다고 보는 패러다임을 의도적으로 채택하기 때문이다. 강점 상호보완 관점에는 여러 패러다임이 포함되지만, 실제로는 각 패러다임의 온전함을 유지하기 위해 혼합하는 경우는 거의 없다. 마지막으로 **내용이론** 관점에서는 패러다임과 정신모형의 혼합이 도움이 될 수 있지만, 그러한 혼합은 연구자의 식견과 선택의 문제라고 본다.

패러다임, 정신모형 그리고 방법론적 전통이 혼합되는 혼합연구에 대하여 우리는 연구의 질 문제를 어떻게 생각해야 하는가? 여기 두 가지 생각이 있다.

1. **연구방법의 질**과 수집된 자료의 질을 보장하기 위해서는 적용된 방법론에서 전통적으로 가지고 있는 질적 준거와 절차를 충실히 따른다. 예를 들어, 조사방법론에서 양질의 기준은 반응편견 최소화, 반응자 수 최대화, 신뢰도와 타당도를 고려한 측정도구 활용 등이 해당된다. 참여자 관찰에서 그 기준은 참여자와 관찰자의 역할 간 균형을 적절히 맞추고, 현장에서 오랜 시간을 보내며, 예리한 인식력과 함께 중층적이고 기술적으로 상황을 상세하게 관찰 기술하여 보고하는 것이다.

2. **추론의 질**, 도출된 결론과 해석의 질을 보장하기 위해서는 다음과 같은 다원적 관점을 취한다. (a) 다양한 종류의 자료를 다원적으로 사용하여 추론을 지지해 주는 자료에 중점을 두라, (b) 서로 다른 방법론적 전통이 지니는 준거나 관점을 적용하라, (c) 연구추론 검증을 일정한 준거충족 문제일 뿐만 아니라 주장의 설득력 문제로 생각하라, (d) 혼합연구 설계로 더 잘 이해하게 된 바의 속성과 정도에 주목하라. 이는 혼합연구방법을 활용한 연구의 총괄적 목적에 해당된다.

혼합연구 질 평가문제에서 추론의 질에 초점을 두는 생각은 Teddlie와 Tashakkori (2003)가 창안한 것이다. 추론의 질에 대한 이들의 생각은 다음 절에서 논의하겠다. 이러한 생각은 혼합연구방법을 활용한 사회과학 연구의 검증에서 난관 해결을 위해 수준 높은 추론의 종류와 차원을 다양하게 제시하여 신중하게 출발하도록 돕는다. 내가 제시하는 추론의 질에 대한 다원적 관점은 Teddlie와 Tashakkori의 생각을 포괄하며, 나아가 추론검증에서 준거중심 접근법을 넘어서 깊게 숙고하는(deliberate) 실제를 포함함으로써 더 확장된 것이다. 이 다원적 관점은 더 나아가 혼합연구방법의 근본 목적에 중점을 두고 검증하는데, 바로 인간과 사회현상을 더 잘 이해하는 것을 목적으로 하고 있다.

사회과학 혼합연구에서 추론의 질

Teddlie와 Tashakkori(2003)는 추론을 연구결과에 대한 연구자의 해석으로 생각한다. 추론은 연구의 산물 혹은 결론으로, 연구에서 알아낸 것을 설명하거나 이해 혹은 기타 해석하는 것을 의미한다. 추론이라는 용어는 혼합연구의 맥락에서 아주 매력적인데, 일반적으로 다양한 연구전통들에 적용 가능하기 때문이다.

이때 추론의 질이란 "연구에서 귀납적 및 연역적으로 추론을 도출할 때 요구되는 정확성(accuracy)을 의미하는 혼합연구방법의 용어"(Teddlie & Tashakkori, 2003, p. 36)이다(나는 여기서 **정확성**이란 용어가 실재론적 존재론 그리고 사회과학 연구의 목적에 대한 다소 관습적인 생각을 나타낸다는 사실을 지적해 둘 필요가 있다고 본다). 또 이 개념에는 관념론적, 실행지향적(action-oriented) 그리고 포스트모더니즘적 사회과학 연구의 전통이 빠져 있다. 질적·양적 연구의 기본구조에 대한 통상적 이해에 바탕을 둔 Teddlie와 Tashakkori의 혼합연구방법 개념과는 잘 맞는데, 귀납적 추론과 연역적 추론 각각을 사용한 정의에서 잘 드러난다. 뿐만 아니라 나는 추론의 질에 대한 이러한 논의 전반에서 Teddlie와 Tashakkori가 Cook과 Campbell(1979)이 제시한 양적 연구의 통상적 준거 그리고 질적 연구는 Lincoln과 Guba(1985)가 말한 진실성(trustworthiness) 준거에 전적으로 의존하고 있다는 점을 지적하고자 한다.

더 나아가 Teddlie와 Tashakkori는 "추론의 질에서 두 가지 중요한 측면을 구분하고 있다. 첫째, 우리가 **설계의 질**(design quality)이라고 부르는 것으로, 혼합연구의 방법론적 엄격성을 평가하는 준거이다. 둘째, 우리가 **해석적 엄격성**(interpretive rigor)으로 부르는 것으로, 결론의 정확성이나 진실성에 대한 평가기준이다."(p. 37, 원문에서의 강조)

이러한 두 측면은 내가 앞서 구분했던 연구방법의 질에 대한 검증과 추론 혹은 해석의 질에 대한 검증과 비슷하다. 나 역시 기존 방법론적 전통에서 나온 준거와 기준을 연구방법과 설계의 질을 평가하는 데 사용할 수 있다는 이들의 의견에는 동의한다. 그러나 연구추론의 검증이나 해석적 엄격성은 전혀 다른 문제다.

이와 관련하여, Teddlie와 Tashakkori는 혼합연구 추론의 질에 관련된 좀 더 구체적인 준거를 제시한다(Tashakkori & Teddlie, 2006 참조). 여기에는 다음과 같은 준거가 포함되어 있다.

- 개념적 일관성(conceptuaal consistency)이란 "추론 간의 일관성과 기존 지식 및 이론과의 일관성"(p. 40)을 의미한다.
- 해석적 일치성(interpretive agreement)이란 연구현장의 구성원뿐만 아니라 학자들을 포함해서 모든 사람들을 통틀어 보이는 해석의 일치 정도를 의미한다.
- 해석적 차별성(interpretive distinctiveness)이란 "추론이 결과에 대한 다른 해석들과 뚜렷한 차별성을 보이며 대립되는 설명이 배제되는 정도를 나타낸다"(p. 41) (대립되는 설명의 배제는 실험연구에서 예로부터 내려오는 전통이기는 하지만, 대부분의 질적 연구에서는 그렇지 않다. 질적 연구는 설명보다 이해를 목적으로 하기 때문이다.)

사회과학 혼합연구의 질적 요소인 정당화

Onwuegbuzie와 Johnson(2006)은 Teddlie와 Tashakkori의 혼합연구방법 추론의 질에 대한 개념을 변형하였다. 이들의 이론은 혼합연구를 양적 · 질적 연구가 가지는 상호보완적 장점과 중첩 안 되는 약점을 결합하는 연구로 개념화하는 데 그 뿌리를 둔다. 이들은 혼합연구방법의 타당도에 대한 개념적 틀로서 정당화(legitimation) 개념에 초점을 맞추었다. 정당화는 연구방법과 추론 모두에 대한 질 검증으로, 혼합연구의 결과일 뿐만 아니라 지속적인 과정인 것으로 개념화된다. 정당화에 대한 이러한 개념은 Onwuegbuzie (2003)와 Onwuegbuzie와 Leech(출판 예정)의 양적 및 질적 연구 각각을 위한 정당화 모형개발에 바탕을 두고 있다. Onwuegbuzie와 Johnson은 자신들의 정당화 개념을 통해 혼합연구에서 서로 다른 관점, 방법, 표본 및 분석에서 나온 자료 및 해석을 통합하는 어려운 문제에 직접 관여한다.

Onwuegbuzie와 Johnson은 9개의 정당화 유형을 제시하고 있다.

1. (질적 및 양적) 연구 표본에서 더 큰 모집단으로 통계적 일반화를 하기 위한 목적의 표본
2. 내부적 및 외부적 관점 포함
3. 하나의 연구방법이 다른 연구방법의 단점을 보완해 주는 정도
4. 순차적 설계에서의 추론, 특히 추론이 활용된 계열에서 독자적으로 나타나지 않을 경우
5. 한 유형에서 다른 유형으로의 자료 변형 혹은 전환
6. 연구에 포함된 (단일한 혹은 다원적) 패러다임 가정
7. 다른 세계관에 대한 인지적 양립 가능성
8. 사용된 각 방법의 방법론적 건전성
9. 실제 맥락에서 연구방법을 혼합해야 하는 정치적 상황에 적절하게 관여하는 것

이러한 정당화 유형 각각을 다루면서 혼합연구의 눈에 띄는 복잡성을 논한다. 예를 들어, 표본 문제에서 대표성을 갖는 대규모 표본에서 나온 자료와 겹치지 않는 소규모의 유목적적 표본에서 나온 자료들을 통합하여 추론할 경우 이를 일반화시키는 데서 나오는 어려움이 제시된다. 이러한 정당화 생각들은 매우 복잡하며 사회과학 혼합연구에서 검증 문제에 대한 해답을 지속적으로 발전시킬 잠재력을 충분히 지니고 있다.

혼합연구에서 추론의 질 검증하기

이제 논의를 사회과학 혼합연구에서 도출된 추론의 질을 검증하는 데 필요한 준거와 절차에 대해 살펴보는 것으로 넘기겠다. Teddlie와 Tashakkori처럼 나는 추론을 연구에

서 획득된 전반적 결론, 해석 혹은 앎으로 개념화하고자 한다. 앞서 밝혔듯이, 혼합연구에서 추론의 질 검증에 대한 내 생각은 다원적 관점을 취한다는 특징이 있다. 즉 (1) 폭넓고 다양한 자료를 사용하여, 추론을 지지해 주는 유효한 자료에 중점을 두며, (2) 서로 다른 연구방법론 전통에서 나온 준거나 관점을 포함하며, (3) 확립된 준거를 충족시키는 것에 덧붙여 설득력 있는 주장을 연구추론의 검증으로 여기며, (4) 이런 혼합연구 설계로 혼합연구의 전반적 목적인 더 잘 이해하기에 도달한 정도와 특성에 주목한다. 다음 논의에서 각각에 대해 자세히 살펴보겠다.

추론 지지를 위한 자료 제공하기

제8장 자료분석에서 Mary Lee Smith(1997)가 질적 자료분석 접근으로 Fred Erickson (1986)의 수정된 '검증된 주장(warrandted assertion)' 접근법이 연구결론을 직접 도출하기 위한 혼합연구 분석을 위해 강력한 후보로 제시된 바 있다. 이 접근법에서는 모든 유용한 연구자료의 (자료유형이나 출처에 대한 편견 없이) 반복적 또 비판적 검토가 연구 주장과 결과를 확립해 준다. 따라서 모든 유형의 자료는 각 주장을 지지하기 위해 조합되고 배열된다.

이렇게 혼합연구방법의 추론을 지지하기 위해 자료를 제시한다는 생각은 이 특정한 혼합연구 분석방법이 활용되는 연구를 넘어선 맥락에서도 전반적으로 가치 있다. 특히, 혼합연구방법에 대한 연구자의 관점, 목적, 설계에 근거하는 것은 출처에 대한 편견 없이, 추론 도출 및 구체화에 있어서의 장점만 취해 다양한 유형의 자료를 제시하게 해 준다. 그러한 제시는 그 자체로 특정 혼합연구 관점과 목적을 나타내는데, 특히 대화적, 상호작용적, 통합적 의도를 분명히 해 준다.

다양한 연구방법론 전통의 준거와 관점 활용하기

각기 다른 연구방법론 전통에 의거하여 다원적 자료를 수집한 혼합연구 자료분석에서 도출된 추론을 검증할 때, 각 전통에 내재된 준거를 사용할 수도 있다. 그러나 이는 저절로 따라오는 연구준거의 관습적 적용은 아니며, 다양한 관점에서 나온 일련의 통합된 연구결과들의 질을 평가할 때 사용되는 더 섬세한 방식이다. 즉, 통상적으로 하듯이 한 패러다임에 내재된 준거들을 적용하여 통합적 추론의 질을 판단하는 것은 적절하지 못한

데, 왜냐하면 분석양식이나 추론형태 모두 일반적 준거에 들어맞지 않기 때문이다. 그렇지만 추론의 질을 판별하기 위해 다양한 연구방법론 전통의 준거들이 대표하는 개념을 더 섬세한 방식으로 활용하는 것은 적절하고 유용할 수 있다. 이에 대해 다음에서 서로 다른 두 주장을 살펴보겠다.

첫째, 제8장에서 논의된 것처럼 어떤 연구방법론 전통의 분석방법을 다른 전통에서 나온 자료를 분석하는 데 일부 활용하는 방안이다. 이러한 분석 예로 질적 자료에 대해 양적 행렬표와 시각적 배열 활용(Miles & Huberman, 1994), 사례와 변인으로부터 나온 자료를 결합분석하기 위한 불 대수학 사용(Ragin, 1987), 혼합연구 자료분석틀을 위한 근거로 정당화와 표상 개념(해석적 전통에서 나온 것) 활용(Onwuegbuzie & Teddlie, 2003)을 들 수 있다. 이러한 방안은 혼합연구 자료분석을 통해 도출된 추론의 질을 평가할 때도 적용될 수 있다. **다양한 연구전통의 준거틀은 추론의 질 평가에 적용될 수 있다.** 이는 각 연구전통에 중요한 측면들이지만, 철학적으로 오랫동안 있어 온 이분법의 한쪽 축을 나타내는 것은 아니다. 추론이 어떻게 객관적(연구자의 편견과 선입관에서 자유로움)이면서 동시에 또 주관적(참여적이며 맥락적으로 내재된 연구자의 관점을 나타냄)일 수 있는가?

Valerie Caracelli와 나는 전통적 해석주의자와 후기실증주의 연구전통의 몇 가지 특징을 밝혀냈다.

> [이러한] 연구전통의 중요한 단면들로서 우리의 관심과 존경을 받지만, 상반되는 특징을 배열해 놓았을 경우에도 논리적으로 서로 화합될 수 있다는 것이다. 서로 다른 결과들 간의 차이, 갈등, 긴장은 예상된 것이며, 더 나아가 혼합연구에서는 환영받는 측면인데, 왜냐하면 바로 이러한 긴장 속에서 지식의 경계가 가장 생성적으로 도전받으며 확장되기 때문이다. 그러나 긴장에서 도출된 분석공간에는 조율, 통합, 종합이 가능해야 한다. [따라서] 그 구성특징은 양립될 수 없는 철학적 가정들과는 다른 것이어야 한다.(Greene & Caracelli, 1997a)

우리가 찾아낸 특징 중 몇 가지는 연구추론의 질과 건전성을 평가하는 준거로 쓰일 수 있다. 해석주의자와 후기실증주의 전통에는 다음의 요소가 포함되었다.

- 개별성과 일반성
- 근접성과 거리감
- 의미와 인과성
- 특수성과 대표성
- 범위 내의 다양성과 평균의 중심 경향성
- 미시 관점과 거시 관점 혹은 환경과 구조적 관점
- 내부자적 관점과 외부자적 관점
- 국지적 의미의 맥락화된 이해와 반복적 규칙성의 일반적 확인

이 생각에 대한 그 당시 우리의 생각은 현재의 논의에도 적합하다.

> 이 두 전통을 결합시켜 혼합방법[들]을 활용하는 연구는 연구 참여자들의 삶에 근거한 지식 주장을 내놓기 위해 노력하는 동시에 다른 참여자와 다른 맥락에도 어느 정도 일반화될 수 있는 지식 주장을 내놓으려고 노력한다. 그리고 특수한 경우와 전형적인 경우 둘 다를 이해하려 노력할 것이며, 전체를 통합하는 동시에 특이한 중요성을 가지는 요소를 따로 분리하려고 애쓸 것이다. 그리고 광범위하게 중요한 인과적 관계를 제시하는 동시에 내부자적 의미를 가득 채우도록 노력할 것이다.(Greene & Caracelli, 1997a, p. 13)

혼합연구에서 도출된 추론을 검증하기 위해 여러 전통의 연구준거를 활용하는 것에 대한 두 번째 방안은 역사적 이분법들 그 자체를 논리적, 철학적으로 반박한다. 제4장과 제5장에서 미국의 실용주의와 변형적·해방적 이론을 논할 때 예시한 바와 같이, 혼합연구방법, 더 넓게는 사회과학 연구를 위한 대안적 패러다임을 주장하는 이들은 이런 반박을 한다. 이분법적 사고에 대한 또 다른 도전은 전통적으로 대립해 온 연구 특성과 검증방식을 이것 아니면 저것(either/or) 식의 극단적 선택이 아니라 연속체로 재개념화하자는 주장을 편다. 평가이론가인 Michael Patton은 평가 실제에서의 '선택 패러다임' (1980)을 논하면서 그 일부로 이런 반박을 했다. 예를 들어, 그는 프로그램 평가자는 구인에 대하여 표준화된 양적 측정도구를 사용할지 혹은 연구 참여자와의 맥락화된 발현적 대화를 할지 선택할 필요가 없다고 주장한다. 그보다 표준화와 맥락화를 모두 연속체

로 개념화할 수 있으며, 따라서 해당 연구에서 두 유형 모두에서 측정과 자료수집을 같이 할 수 있다는 것이다.

이 분야에서 더 정교하게 최근에 이루어진 주장은 Ercikan과 Roth(2006)에 의한 것이다. 이 교육연구자들은 먼저 양과 질은 다양한 자연과학 및 사회과학 현상에 본래 들어있는 특징이며, 따라서 객관성과 주관성은 양적 및 질적 사회과학 연구 모두에 필요불가피하다고 말한다. 따라서 '이분법을 넘어서는' 시도로, Ercikan과 Roth는 추론의 수준(낮은 수준에서 높은 수준으로) 차원에서 연속성을 가지는 교육연구의 여덟 가지 핵심 '지식 특징'을 제시한다. 표준화, 수반성, 보편성, 특수성, 거리감, 근접성, 추상화, 구체화가 그 여덟 가지 특징이다. 이 틀 속에서 "교육연구의 목적은 높고 낮은 추론 수준에 의해 동시에 특징지어지는 연구결과, 즉 표준화되고 일반화 가능하며 거리감 있고 추상적인 지식 측면과 수반적이며 특수하고 구체적인 측면도 함께 포함하는 연구결과를 생성하는 것이어야 한다."(p. 22) 이들은 연구방법보다 연구문제를 더 중요하게 여겨야 된다고 강조하고, 서로 다른 연구방법론 전통을 가진 연구자들이 함께 협력하여 일할 것을 제안하면서 결론을 맺었다.

연구추론 검증을 준거충족뿐만 아니라 주장의 설득력 문제로 여기기

사회과학 혼합연구방법으로 도출된 추론을 검증하는 이 다원적 접근은 준거의 단순한 절차적 적용에서 나아가 신중한 숙의(deliberation)의 문제로서 검증의 중요성을 발전시켰다. 이 입장은 Thomas Schwandt의 사회과학(특히, 프로그램 평가)을 위한 감동적인 호소에 근거하는데, 낡고 거의 폐기된 정초주의 철학(특히, 논리 실증주의)을 거부하는 반정초주의적 '실천철학(practical philosophy)'에 의거한 것이다(Schwandt, 2002). 실천철학을 따르는 사회과학 연구자들은 (1) 설명적 지식보다 실천(praxis: 인간의 행위와 일상생활의 실제)을 더 잘 이해하고자 한다. (2) 인간 행위의 도덕적, 윤리적, 정치적 측면을 실천의 핵심으로 보고 주목한다. (3) "일상의 합리성이란 (중략) 본질적으로는 대화이자 소통"(Schwandt, 1996, p .62, 강조 덧붙임)이라고 본다. 실천철학에 의거한 사회과학 연구는 기술적이고(descriptive) 규범적인데, 실천자로 하여금 자료에 근거한 비판적 반성과 대화를 통해 실제의 합리성을 정련해 나가도록 돕는다. 따라서 이러한 형태의 사회과학 연구는 협동적이며 공동생성적 연구로서, 참여자에 대해서가 아니라 참여자와 함께 연구하며, 참여자에 대해서가 아니라 참여자와 함께 신중히 사고한다.

실천철학으로 사회과학 연구를 전환하면서, Schwandt(1996)는 실천과 그에 대한 추론의 질 판단에 있어서 추론을 검증하고 질을 평가하는 준거중심 접근(criterial approach)을 벗어나는 대안을 강구해야 한다고 주장했다. 왜냐하면 준거중심 접근은 역사적으로 정초주의적 인식론에 뿌리를 두고 있기 때문인데, 정초주의적 인식론은 과학지식의 확고한 토대를 확립하고 편향된 지식이나 단순한 신념으로부터 참된 과학지식을 구분하기 위해 준거를 사용했다. 준거의 대안으로서 Schwandt는 민주적 '선도 이상(guiding ideal)'과 몇 가지 실행 조건을 제시했는데, 숙의와 대화에 강조를 둔 것들이다. 왜냐하면 실천철학으로서 사회과학 탐구는 본래 대화적이고 소통적이기 때문이다.

> 숙의 행위는 그 특성상 필연적으로 수사적이다. 우리는 담론을 통해 특정한 해석을 해석하는 다른 이들을 설득하려 한다. 그 담론은 일관성, 확장성, 해석적 통찰, 관련성, 수사학적 매력, 논의의 아름다움과 느낌 등과 같은 특징을 가진다. 해석하는 이들 사이에서 대화는 설득 행위이며 지지하는 의제나 이해관계의 영향을 받은 언어를 사용한다….

> [그러나] 만나게 되는 당사자들을 다른 사람의 주장에서 약점을 드러내려고 하는 반대자로 여기지 않는다. 그 대신에 "다른 사람은 항상 우리에게 뭔가 할 말이 있고 그것은 우리의 이해에 도움이 된다."라는 가정을 갖고 대화를 시작한다. (중략) 다른 사람은 적이나 반대자가 아니라 우리의 대화 상대이다."(Bernstein, 1991, p. 337) (Schwandt, 1996, pp. 66-67)

이는 특정 연구추론의 질과 검증에 대해 이해당사자들 간에 이루어지는 대화 및 기타 소통을 바라보는 혼합연구방법 사고양식과 일맥상통한다. 이러한 대화는 다원적인 형태의 연구준거들에 대한 보완이지 대체가 아니다. 이러한 대화는 다양한 준거가 적용되어 도출된 판단들 간의 불협화음을 만들 수도 있고, 연구결론에 수반되는 결과적 또는 '그래서 뭐?'라는 특성을 평가할 수 있다. 혹은 직접적으로 그 문제에 지대한 이해관계를 가진 다양한 사람들을 폭넓게 참여시켜 "일관성, 확장성, 해석적 통찰, 관련성 (중략) [그리고] 아름다움"(Schwandt, 1996, p. 66)을 갖고, 서로 존경하고 수용하면서 대화하도록 할 수도 있다. 사회과학 연구에서 대화에 관한 광범위한 문헌들은 이러한 일련의 생각들과 깊은 관련이 있다(Abma, 1998, 2001; Schwandt, 2002).

혼합연구 설계로 더 잘 이해하기의 본질과 정도에 주목하기

마지막으로, 나는 사회과학 혼합연구방법을 통해 나온 추론의 질은 연구가 더 잘 이해하는 데 도움을 주는 정도와 방법으로 평가되어야 한다고 제안한다. 이는 주로 개념 차원의 도전과제이지만, 연구자원에 대한 것이기도 하다. 개념적 도전과제란 혼합연구방법에서 도출된 이해와 통찰은 단일연구방법으로는 얻을 수 없다는 점을 보여 주는 것이다. Tom Weisner(2005)의 편저에 아동발달 분야의 혼합연구들이 소개되어 있다. 이 편저에 있는 글들은 본래 학술대회에서 나온 것이며, 단일연구방법을 써서는 얻을 수 없는 결론을 도출해 낸 혼합연구방법의 실례를 보여 주기 위해 특별히 구성되었다. 이 책에는 이를 잘 보여 주는 훌륭한 사례들이 제시되어 있다. 이 편저에 참여한 저자들은 대부분 자신이 한 연구방법 혼합을 통해 얻은 통찰과 이해를 추출해 내고, 이것이 어떻게 획득되었는지를 설명했다. 자원문제도 중요하다. 고정된 자원으로, 하나 이상의 연구방법을 사용하려고 하면 각 연구방법의 실시가 지니고 있는 질이 낮아질 개연성이 있다. 예를 들어, 원하는 표본크기보다 적어질 수 있다(Chen, 1997). 뿐만 아니라 혼합연구방법의 선택이 정당화될 수 없는 경우가 언제인가 하는 중요한 문제가 항상 놓여 있다(Datta, 1997b).

요약

다원적, 상호작용적 가정과 관점을 포함하는 연구에서 도출된 추론의 질을 평가하는 것은 상당히 어려운 문제로, 개념적으로나 절차적으로나 도전과제를 던져 준다. 나는 이 장에서 이런 도전에 대해 고민하고 대응할 수 있는 몇 가지 방안을 제시했다. 그 모든 방안들이 단일연구에서 사용되기를 기대하지는 않는다. 그렇지만 전체적으로 사회과학 연구에서 방어 가능하고 검증할 수 있는 추론이 어떠해야 하는지에 대해서는 다양한 관점을 제공해 준다. 뿐만 아니라 합리성의 일부로서 상상력과 창의력을 자극해 줄 수 있는 이상적인 역할을 할 수도 있다. 이러한 측면에서 이러한 방안들은 혼합연구방법의 사고 양식을 잘 보여 준다고 할 수 있다.

예시

혼합연구방법을 활용한 사회과학 연구에서 추론의 질을 검증하는 다양한 방법들에 대한 실례를 제시하기 위해 혼합연구방법을 활용한 박사학위논문을 토대로 가상으로 수정, 확장시켜보고자 한다. (이 예시는 창안된 것으로, 추론의 질 검증 방안에 대한 예들은 아직 실현된 것이 아니다.) Yang Yang(2005)은 전통 태극권(Tai Chi) 운동 프로그램이 노인들에게 미치는 효과를 연구하기 위하여 표준화된 신체측정과 함께 6개월간 이 프로그램에 특별히 집중적으로 참여한 노인들로부터 유목적적 표본집단을 선정하여 개별 면담을 실시하였다. 여기에 소개되는 예는 Yang의 훌륭하게 실시된 연구에 기반을 둔 것이기는 하지만 수정된 것이기 때문에 예시의 어느 부분도 Yang의 것은 아니며, 그의 연구에서 창안하여 정교화시킨 것 이상으로 해석하지 말아야 할 것이다.

> 많은 노인들의 경우 다른 측면에서는 건강하지만 넘어져서 뼈(종종 엉덩이 쪽)가 부러지거나 근육이나 조직이 손상될 위험이 상당히 크다. 그럴 경우 움직임이 영구적으로 제한을 받게 된다. 이 연구는 태극권 운동이 노인들의 균형, 걸음걸이, 근력에 어떤 이로운 효과를 주는지를 조사하였다. 뿐만 아니라 전통 태극권에서는 **기공**(자신감, 소속감, 마음의 평온과 같은 정신적 · 영적 측면을 포함함)의 소통과 움직임을 강조하기 때문에, 연구자들은 또한 이렇게 더 폭넓고 심층적일 수 있는 혜택을 참가자들이 어떻게 경험하는지에 관심을 가지게 되었다. 이 연구에서는 대기자들을 비교집단으로 삼았다. 연구참여에 동의한 노인들은 무작위로 실험집단에 할당되거나 6개월 후에 시작될 동일한 태극권 프로그램에 할당했다(참여자 수는 연구시작 시에 각 집단별로 50명씩이었으나 비교집단의 중도 소실률이 처치집단보다 더 컸다). 두 집단에 참가한 모든 참여자들를 대상으로 신체측정검사를 하였으며 사전검사, 개입 중간지점 그리고 다시 사후검사 시에 간단한 설문조사를 실시하였다. 신체측정은 균형, 걸음, 기민성, 유연성, 근력에 중점을 두었다. 간단한 설문조사로 지난주 동안 노인들이 참가했던 사회 및 인지 활동의 종류와 정도에 대해 자기보고를 하도록 하였다. 6개월간의 개입이 끝날 즈음, 태극권 프로그램에 특히 열심히 참여했던 다섯 명의 작은 표본집단을 대상으로는 개별 면담도 실시했는데 이는 "태극권 프로그램 참가에 대한 당신의 이야기를 들려주세요." 라는 질문과 함께 내러티브식으로 이루어졌다.

다음 두 가지가 이 연구의 주된 추론에 해당한다.

1. 태극권 프로그램에의 참가가 노인들로 하여금 균형, 걸음, 근력에서 지속 가능한 향상을 불러일으켰으며, 태극권 프로그램에 참가하지 않았던 비슷한 집단과 비교했을 때 사회 및 인지활동 패턴에서 다양한 차이를 보였다.
2. 소규모로 표집되었던 노인들의 경우, 태극권 참가는 삶을 바꾸는 경험이 되었다고 할 수 있는데, 신체균형과 근력, 사회 및 인지활동 그리고 보다 영적인 갱생을 포함하여 삶의 모든 전반에 스며드는 온전하고 심원한 웰빙 감각이 가장 특징적으로 두드러졌다.

다음과 같은 두 가지 가정적 추론을 가지고, 바로 앞에서 제시했던 혼합연구방법에서 추론을 검증하는 방안들을 예시하고자 한다.

추론 : 태극권 참가가 노인들로 하여금 균형, 걸음, 근력에서 지속 가능한 향상을 불러일으켰으며, 태극권 프로그램에 참가하지 않았던 비슷한 집단과 비교했을 때 사회 및 인지활동 패턴에서 뚜렷한 차이를 보였다.

유효한 지지자료를 제시함으로써 이 추론을 검증하는 데는 다음이 포함될 수 있다.

- 두 집단 간 인구학적 배경 차이를 통제했을 때, 균형, 걸음, 근력 측면에서 태극권 참가 노인들의 평균점수가 비교집단 노인들의 평균점수보다 유의미하게 높았다. 이러한 차이는 프로그램 중반부터 뚜렷해졌으며 프로그램 종반까지 지속되었다. 사전검사에서는 평균 차이가 없었다.
- 태극권 프로그램에 참가하는 동안 실험집단 노인들의 사회활동과 인지활동의 빈도와 다양성이 보통에서 상당하게까지 증가한 반면, 비교집단 노인들은 사회활동과 인지활동의 수준과 다양성이 비슷하게 유지된 것으로 보고되었다. 이런 차이는 역시 프로그램 중반에서 현저하게 나타났으며 프로그램 종반까지 지속되었다.
- 노인 피면담자들은 한 피면담자가 표현한 것처럼, '나의 일상적 삶의 질에서 주요한 변화'에 관해 열광하였는데 이를 태극권 덕분으로 돌렸다. 이런 변화에는 신체활동(예 : 운동장 트랙 주위를 매일 걷기)에서의 놀랄 만한 증가와 가족 및 공동체 활동에 더 활발하게 참여하였다. 예를 들어, 일주일에 한 번 손자들을 돌보고 지역 도서관에서 자원봉사를 하였다.

> 추론 : 소규모 표본집단의 노인들에게 있어, 태극권 참가는 삶을 바꾸는 경험이 되었다고 할 수 있는데, 신체 균형과 근력, 사회 및 인지활동 그리고 보다 영적인 갱생을 포함하여 삶의 모든 전반에 스며드는 온전하고 심원한 웰빙 감각이 가장 특징적으로 두드러졌다.

이 추론에 대하여 유효한 지지자료를 제시하여 검증하는 데는 다음과 같은 내용이 포함될 수 있다.

- 피면담자들(모두 프로그램에 열심히 참석함)이 말한 태극권 이야기들에서 매우 현저하게 두드러진 것은 그 온전하고 총체적인 특징이었다. 노인들의 삶에서 태극권이 가져다준 현저한 차이를 이야기할 때, 이 노인들은 다양한 신체적, 사회정서적, 지적 그리고 영적('삶 긍정') 측면과 일상생활의 활동을 구분 짓지 않고 함께 엮었다.
- 다섯 명의 피면담자에 대한 균형, 걸음, 근력 측정점수는 예외 없이 프로그램 중간에서 처치집단 중에서도 가장 높았으며 사후검사에서도 그러했다. 반면 이들의 사전검사 점수는 처치집단의 평균에 가까웠다.

다른 방법론적 전통에서 나온 준거와 관점을 포함함으로써 이 추론을 검증하는 것은 다음과 같은 식으로 이루어질 수 있다.

개입 시작 무렵에는 처치집단의 다른 이들과 그다지 다르지 않았지만, 다섯 명의 피면담자들은 태극권 참가 동안 삶을 변화시키는 놀랄 만한 경험을 하였다고 보고했다. 이들의 이야기는 언어적으로나 수사학적으로나 감동적이었으며, 이들의 경험은 역시 통합적이고 총체적인 특징을 뚜렷하게 보였다. 더 나아가 연구의 모든 다른 측정에서도 이들의 점수 패턴은 유사한 연관성을 보였다. 이들의 경우 모든 점수 간의 관계에 대한 비모수 지표들이 일관되게 높게 나타났으며, 처치집단의 다른 참가자들이 보인 관계지표보다 일관되게 더 높았다.

**준거충족뿐만 아니라 신중한 숙의를 통해 두 추론을 검증하려 한다면, 태극권 프로그램에 참가한 노인들 중 일부와 그들이 거주한 요양소 의료진들과의 사후 토론에서 나온 다음의 발췌문이 예가 될 수 있다.

할아버지 A   나는 지난 10년 동안 이렇게 좋았던 적이 없어요. 예전에는 매일 걷곤 했
                      는데, 걷기를 그만뒀었거든요. (중략) 음, 언젠지는 기억이 안 나네요. 그렇
                      지만 요즘 바깥으로 나가서 햇볕 속에서 따뜻한 바람을 느끼며 엄마 같은
                      자연이 주는 혜택을 받는 것이 얼마나 즐거운지 말로 표현할 수가 없네요.

할머니 B   나는 스도쿠(sudoku) 퍼즐을 시작했어요. 왜, 숫자로 하는 퍼즐 있잖아
                      요. 전에는 퍼즐을 좋아하곤 했는데 한동안 그것을 할 에너지조차 발휘할
                      수 없었어요. 지금은 점심시간에 스도쿠 대회에 참가하는데 경쟁이라기
                      보다 협력 같은 것이에요. 그렇지만 나 스스로 풀었을 때 정말 기분이 좋
                      아요.

간호사 C   에너지가 왜 이렇게 증가했다고 생각하세요? 두 분 모두 드시던 에너지
                      약도 끊으셨는데, 제가 보기에 이전보다 훨씬 에너지가 있고 오랫동안 하
                      지 못했던 것도 하고 계신 것 같은데요.

의사 D   혹시 혈액의 흐름, 혈액순환 증진과 관계되지 않나 싶네요. 중국에서 나
                      온 최신 연구를 읽었는데 이것이 태극권의 효과에 대한 의학적 설명이라
                      고 하네요.

할아버지 A   글쎄, 의사선생님의 말씀을 듣고 보니, 올해 초에 경험했던 다리의 무감
                      각과 경련을 이제 느끼지 않게 되었어요. 그런데 내 생각에는 정신적 에너
                      지와 명민함과도 관련되는 것 같아요. 태극권을 하기 전보다 주변에서 이
                      루어지는 것을 더 잘 알아차리고 주의를 기울일 수 있는 것 같아요. 알아
                      차리게 된 많은 것들에 더 주의를 기울이게 되고 참여할 수 있다니까요.
                      내가 생각하기에는 걷기를 매우 즐기게 된 이유가 이것인 것 같네요. 걸을
                      때 내 주변에 있는 것들에 진정으로 주의를 기울인다니까요.

간호사 C   세상에 존재한다는 느낌이 더 커지고 주변의 사람들이나 활동에 더 유대
                      감을 느끼신다는 것인가요?

할머니 B   바로 그거예요! 모든 면에서 가능성과 심지어 신비로움으로 가득 차서,
                      서로 연결되어 있는 지구의 일부라고 느끼는 것 같네요.

의사 D   그걸 병에 담아서 다른 사람들과 공유할 수 있으면 좋겠네요.

이 혼합연구 설계로 더 잘 이해할 수 있었던 바의 특성과 정도에 주목함으로써 두 추론을 검증
하는 데에는 다음과 같은 주장이 해당될 것이다.

이 연구의 주된 추론, 즉 태극권은 사람에 따라 중간 정도에서 완전히 삶을 바꿀 정도

로까지 노인들의 삶을 유의미하게 그리고 지속적으로 향상할 수 있다는 추론은 주로
연구방법의 혼합을 통해 얻어진 것이라 할 수 있다. 연구방법이 하나라도 없었더라면,
이 연구에서는 태극권이 평균적으로 증진시키는 신체적 혜택만을 비교하거나, 아니면
선정된 노인들에게 태극권이 가지는 맥락화된 의미, 즉 삶을 변형시키는 잠재력만을
알아냈을 것이다. 함께 혼합하여 활용됨으로써, 이 연구방법들은 측정되고 경험된 차
이의 크기를 평가하는 동시에 참여한 노인들에게 주는 맥락적 의미까지 평가할 수 있
었다. 특히, 연구방법의 혼합을 통해 이러한 삶의 변화가 가지는 통합적이고 총체적인
본질 그리고 일부 노인들의 일상적 삶을 향상 혹은 변형시키는 의미를 찾아 구체화시
킬 수 있었다.

다음 장과 마지막 장에서는 혼합연구방법의 실제에 관해, 연구자가 혼합연구를 글로
써서 보고하는 데 관련된 쟁점들을 다룰 것이다. 간략한 결론 장으로 이 여행을 마무리
할 것이다.

10

사회과학 혼합연구의 글쓰기와 보고하기

이 여행은 혼합연구방법을 활용한 연구의 글쓰기를 끝으로 이 장에서 막을 내린다. 다른 혼합연구 실제에 대한 논의와 마찬가지로, 이 장에서는 연구결과 쓰기 및 보고하기 과정에서의 통합을 위해 노력하는 동시에 다양한 사회과학 연구의 전통을 존중해야 하는 데서 오는 어려움이 논의될 것이다. 각각의 연구전통에 고유의 설득적 글쓰기와 목소리 내기 방법이 있으며, 모든 면에서 서로 일치하지는 않는다. 다음에서 서로 다른 글쓰기 전통을 존중하면서도 통합시킬 수 있는 좋은 전략으로 다양한 표상방식에 관한 아이디어들을 살펴보도록 하자.

■ ■ ■

수요일 오전 9시였다. 협회의 에이즈(HIV/AIDS) 담당부서는 지구촌에서 에이즈 교육, 예방, 치료 측면에서 협회가 수행하는 광범위한 업무에 관한 연간 평가보고서를 검토하기 위해 7층 회의장에 모였다. 아프리카에서의 자원 문제에 특히 주안점을 두었다. 지난 2년 동안 협회는 몇 가지 기대되는 새로운 프로그램에 재정지원을 했는데, 그 많은 부분이 아프리카를 돕기 위해 아프리카 비정부기구(NGOs)에 의해 이루어졌다. 특히 지난해 에이즈 부서에서는 이러한 시도들이 어떻게 전개되고 있는지 그리고 실제로 의미 있고 지속 가능한 성공 가능성을 보여 주는지에 대해 알아보고자 했다.

여느 때와 마찬가지로 각 지역 리더가 평가보고서에 관해 간략히 요약 논평하는 것으로 회의가 시작되었다. 또한 통상적으로 프로그램 질에 대해 협회 차원에서 승인한 지표에 초점이 맞춰졌다. 협회의 극동아시아 지역 리더인 Sojung은 지난해에 남동부 아시아 시골 지역의 마을보건기구들이 에이즈 교육과 치료에 점점 적극성을 보였으며, 적어도 이는 지난 수년 동안 협회에서 협력하여 시골지역에까지 영향을 미쳤기 때문이라고 했다. 서유럽 지역 리더인 Henrik은, 협회가 지원한 새로운 청소년 멀티미디어 프로그램 덕분에 참여자의 지식이 증가되었을 뿐만 아니라 자기보고서에서 참여자들이 에이즈에 걸릴 수 있는 행동을 적게 하게 되었다고 밝힘으로써 초기 성공은 거두었다고 보고했다. 아프리카 지역의 공동 리더인 Rose는 협회평가에서 점검하는 몇 가지 인구 건강지표에 대해 언급했다. 서아프리카 지역에서의 에이즈 감염률이 여전하지만 이는 상당히 오랫동안 증가추세를 보여왔던 것에 비추어 볼 때 아주 좋은 소식이었다. 그러나 남아프리카 지역의 에이즈로 인한 고아의 수는 평가할 때마다 계속 증가일로를 걷고 있다고 보고되어 참여자들로부터 말할 수 없는 안타까움을 자아냈다.

아프리카 또 다른 공동 리더인 Robert는 다음과 같이 말했다. "지구상에서 이런 재앙 때문에 수많은 아이들이 고아가 되는 비극이 계속되고 있기는 하지만, 평가보고서 곳곳에서 희망의 이야기들을 들을 수 있었습니다. 이 이야기들은 우리가 최근 재정 지원한 새로운 프로그램들에서 보고된 것입니다. 여러분들도 기억하겠지만, 에이즈 고아라는 재난에 관해 의미 있는 '뭔가를 해 보자'는 야심에 찬 노력이 상당히 이루어졌습니다. 여기 여러분들과 함께 공유하고 싶은 보고서 일부를 발췌해 복사해 왔습니다. 첫 번째는 새로운 가족에게 환영받는 세 명의 고아 형제들에 관한 사진 에세이입니다. 두 번째 것은 에이즈 고아원 아이들이 만든 콜라주 미술작품과 이야기입니다. 이러한 표상물들이 우리가 지표화한 프로그램의 질을 직접적으로 평가해 주지는 못하지만, 너무도 강력하게 메시지를 전해 줍니다! 이 사진 속에 있는 아이들의 얼굴은 마음을 저리게 합니다. 구조되었다는 느낌과 절망 사이에서 큰 혼란을 겪고 있음을 보여 줍니다. 반면에 아이들의 작품은 밝은 색깔로, 행복한 나날에 관한 이야기로 가득 차 있어 당신을 계속 웃게 하며 이 고아원에 대해 더 알고 싶도록 만듭니다. 도대체 어떻게 해 주기에, 이 아이들이 이렇게 긍정적인 희망을 갖게 될까? 이 프로젝트에서 실제로 일어나고 있는 것 그리고 이러한 경험이 참여자들에게 어떤 의미를 가지는가를 이런 방법으로 공유하는 것에는 특별한 무엇인가가 있습니다. 심지어, 아니 어쩌면 특히 이러한 이미지와 이야기들이 지표 자료와 다른 양상을 보일 때 더욱 그러합니다.

사회과학 혼합연구에서의 글쓰기

혼합연구는 '표상의 위기(crisis of representation)'를 불러온다. (중략) 연구자/글쓴이들이 뿌리박힌 구분을 넘어서서 의사소통할 것을 요구한다. 일반적으로는 독자로부터 글쓴이를, 특히 질적 글쓰기를 양적 글쓰기로부터 분리시켜 왔던 벽을 넘어서야 한다.(Sandelowski, 2003, p. 321)

　Margarete Sandelowski(2003)는 『혼합연구방법 핸드북(Handbook of Mixed Methods)』에서 사회과학 혼합연구 글쓰기에서 부딪히는 어려움에 관해 매우 사려 깊고 유용한 논의를 한 바 있다. 특히 전혀 다른 의사소통 전통들이 함께함으로써 나타나는 어려움을 보여 주었다는 점에서 가치가 있는데, 의사소통 전통에 따라 기술적 준거와 규준이 서로 다르며, 이에 더해 수사적·미적 준거와 규준 역시 서로 다르다. Sandelowski 논의에 따르면, 질적 및 양적 연구자들은 특히 서로 다른 '해석 공동체(interpretive communities)'에 속하기에, 연구 텍스트나 평가보고서에 관해 서로 다른 이해와 기대를 한다. 어떻게 해야 텍스트나 보고서 작성을 호소력 있고 설득력 있게 할 수 있는지에 대해 특히 그러하다. 혼합연구들은 "가장 설득력 있게 텍스트를 구성하려면 어디에 호소해야 하는가라는 문제를 제기한다."(p. 322) 특히 그러한 텍스트 그 자체를 읽을 독자들이 서로 다른 공동체에 속할 경우 더욱 그렇다.

　더 나아가 Sandelowski에 따르면, 전통적 양적 연구에서 쓰기 과정은 "명료하게 정의되고 계열적으로 배열된 연구과정의 최종 산물"(p. 329)이다. 반면에 "질적 연구에서 쓰기는 연구결과의 최종 산물이라기보다 과정으로서, (중략) 분석하고 해석하는 것이 곧 쓰는 과정이다."(p. 330) 마찬가지로, 양적 연구 글쓰기에 적합한 장르인 과학적 보고서는 3인칭 수동태와 중립적인 언어를 사용하고, 결과로부터 연구방법을 분리하고, 해석으로부터 결과를 분리하며, 연구추론에 선형모형을 활용한다(p. 329). 그러나 질적 연구전통에서는 이런 표준화된 양식이 없으며, 오히려 연구자 관점에 대해 분명하게 언급하며, 1인칭을 사용하고, 표현적 언어를 쓰고 심층적 상황묘사를 한다. 다음에 논의하겠지만, 질적 연구전통, 연구자, 연구맥락의 경우 글쓰기 일부로 인문학에서 비롯된 표상양식(예: 시, 퍼포먼스, 내러티브)을 받아들이는 정도와 방법에서 완전히 다르다.

　요약하면, 혼합연구 분석 단계가 연구 및 해석과정의 핵심인 것처럼, 글쓰기 단계는 의사소통과 표상과정의 핵심에 해당한다. 모든 사회과학 연구자가 알듯이, 분명하고 설득력 있는 언어로 자신이 전달하고자 하는 이야기를 작성하는 것은 매우 어려운 도전에 해당한다. 사회과학 혼합연구방법에서는 다양한 글쓰기 전통과 설득력 있는 텍스트에 대한 다양한 규준으로 인해 이 도전이 더욱 복잡한 과제가 된다.

　이러한 어려움은 서로 다른 패러다임 전통과 정신모형들을 비교적 동등하게 다루고 분석과정에서 자료들을 통합하는 혼합연구에서 특히 더욱 크다. 이러한 연구에서는 연구에 포함된 다양한 전통을 존중하며 글쓰는 것이 매우 중요한데, 이러한 존중이 다양한 경험, 관점, 이해에 대해 알고 수용하는 다원적인 방법을 정당화시키는 것을 보여 주기 때문이다. 이러한 존중은 혼합연구방법 사고양식의 토대라 할 수 있다. 이런 글쓰기의 어려움은 구성요소 설계로 패러다임 특징들을 섞는 혼합연구의 경우에도 완전히 없다고 는 할 수 없고 조금 덜 심각한데, 이는 각 연구방법이 서로 다른 역할을 하거나 결론 도출 시점까지는 서로 분리되어 있기 때문이다. 일부 구성요소 연구는 결과들을 각 연구방법 별로 떼서 보고하기도 한다. 그러나 작성된 글에서 각 연구전통이 드러나고 존중되어야 한다. 마지막으로, 연구방법을 혼합하기는 했지만 단일 연구전통 내에서 이루어진 혼합 연구의 글쓰기는 크게 문제되지 않는데, 이는 바로 그 단일 전통에 논리적이고 적절한 규준과 기대에 따라 혼합연구 글쓰기가 이루어지기 때문이다.

설득력 있는 좋은 글쓰기란 청중이 기대하는 정보 요구 그리고 글에 대한 청중의 친숙 성이나 수사적 관례에 얼마나 주목하느냐의 문제이기도 하다. 혼합연구방법은 당연히 단일연구방법에 비해 더 다양한 유형의 청중을 가지는데, 이는 연구방법 혼합이 여러 유 형의 청중들이 가진 흥미나 관심사에 대해 더 효과적으로 말해 줄 수 있기 때문이다. 사 실, 폭넓은 청중이 필요로 하는 정보에 대응할 수 있는 이 능력을 때로 혼합연구방법의 정치적 근거로 보기도 하는데, 프로그램 평가자들 사이에서는 특히 더 그렇다. 따라서 혼합연구의 글쓰기는 다양한 연구전통과 앎의 방식에 대해 존중을 표시해야 할 뿐만 아 니라 연구에 참여하거나 혹은 의도한 연구청중이 되는 다양한 공동체를 존중한다는 사 실도 전달해야만 한다. 연구 텍스트는 이렇듯 다양하고 많은 공동체가 접근하여 해석할 수 있고 설득력이 있어야 한다. 간략히 말해, 혼합연구 글쓰기는 "기예(craft)와 책임감" (Sandelowski, 2003, p. 344) 모두를 필요로 하며, 다양한 전통의 기술적, 수사적 규준 에 세심한 주의를 기울이는 동시에 이 다양한 전통들과 그 구성원 및 청중들에게 존중을 표해야 한다.

간략한 제10장의 나머지 부분에서는 응용사회과학에서 '표상의 위기'(Sandelowski 의 인용)에 대해 논할 것이며, 특히 혼합연구의 글쓰기에 던지는 함의와 가능성에 초점 을 둘 것이다. 혼합연구의 글쓰기와 보고하기를 위한 두 가지 원리를 제안하는 것으로 결론을 짓고자 한다. 제10장이 이토록 짧은 것은 혼합연구의 글쓰기와 보고하기라는 영 역에서 앞으로 상당한 작업이 필요하다는 점을 말해 준다.

사회과학 연구에서의 표상

표상(representation)이란 모든 형태의 사회과학 연구에서 나온 결과, 결론, 해석을 나타내는 것을 뜻한다. 즉, 실증연구의 공적(public) 표현 혹은 쓰기라고 할 수 있다. 비록 오늘날 사회과학자들 중에서 표상이 외적 실재의 충실하고 정확한 거울이라고 믿는 이는 거의 없지만, 여전히 표상에 대한 실재론적 주장의 가능성과 타당성에 관하여 사회과학자들 사이의 첨예한 분열이 존재하고 있다. 이것이 바로 '표상의 위기'이다. Schwandt는 이 위기가 논란의 여지가 없는 다음 주장에서 비롯되었다고 말한다. "어떤 해석적 설명도 직접적으로, 완벽하게 삶으로서의 경험을 표상할 수는 없다. [더욱이] 이러한 [표상의] 위기는 한 학문에서 실증연구의 틀이 되는 포괄적이고 일반화 가능한 (중략) 구조의 역할에 관한 오래된 신념에 도전장을 던지는 인문과학 전반의 일반적인 생각들과 맥을 같이 한다."(Schwandt, 2001, p. 41, 원전에서의 강조) 현시대에 일어나고 있는 비판적인 인식론, 방법론 그리고 정치적 논쟁의 많은 부분이 이러한 도전에 해당한다.

후기실증주의자들은 자신이 연구하는 인간 현상을 가능한 한 정확하고 '사실적'으로 표상하기를 갈망한다. 왜냐하면 후기실증주의 사고체계 속에서는 외재적 사회 세계를 설명하고 이에 따라 통제하고 예측하려면 정확하고 사실적으로 표상하는 것이 여전히 사회과학자의 핵심 과제이기 때문이다. 반면에 많은 해석주의자들과 구성주의자들은 사회과학의 결과와 결론은 어쩔 수 없이 해석되고 글쓴이에 의해 영향을 받을 수밖에 없음을 받아들인다. 이러한 연구자들은 외재적 실재를 설명하기보다는 통찰력 있고 깊이 있는 연구를 통해 복잡하고 역동적인 인간 현상에 대한 이해를 높이고자 한다. 이 연구자들은 엄격한 학문 간 경계와 전통을 거부하고, 연구에 영감을 주고 지침을 줄 대상으로 인문학에 기대를 걸고 있으며, 특히 연구결과를 쓸 때 그러하다. '급진적으로 회의적인' 포스트모던 학자들의 경우에는 모든 표상이 임의적이며, 사람들을 현혹하며 심지어 사기라고 여기면서 회피한다. 이들에 의하면, "우리가 직면하고 있는 것은 단지 텍스트, 즉 삶으로서의 경험에 대한 다양한 설명을 창출해 내는 특정 텍스트뿐이다. (중략) 표상언어는 단지 수사적 수식일 뿐이다."(Schwadnt, 2001, pp. 41-42) 따라서 이 학자들은 자신의 연구에서 실재론이나 혹은 인문학적 텍스트를 통해 인간 현상을 표상하는 대신, 자신의 정당성에 대해서조차도 도전하고, 의문을 제기하고, 비판하는 자극적 텍스트를 창출하려 한다.

이러한 표상의 위기로 인해 사회과학 연구 쓰기에서 대안적 표상양식들을 사용한 상당히 창조적인 실험이 나오고 있는데, 특히 폭넓고 다양한 공동체를 가진 질적 연구자, 그리고 이보다 수적으로 적은 포스트모던 회의론자들이 시도하고 있다. 특히, 질적 연구자들은 인문학적 표상양식(미술, 음악, 춤뿐만 아니라 내러티브, 시, 퍼포먼스)으로 실험한다. 「질적 연구(Qualitative Inquiry)」를 포함한 일부 학술지들은 정서적 요소와 개인적 가치를 불러일으키는 방식으로 적혀 있어서, 독자가 읽기에 좋고 더욱이 재미있기까지 하다. 이는 학술지에 적합한 실증연구의 좋은 전통적 글쓰기를 훌쩍 넘어서는 것이다. 그리고 대안적 표상양식을 실험하고 있는 이러한 연구자들이나, 그렇지 않은 비판자들이나, 사회과학 연구에서 결과와 결론을 쓰는 방법으로 시와 소설화된 이야기를 옹호할 수 있는가에 대한 비판적 성찰을 계속하고 있다. 학문공동체와 학자공동체 내에서 이에 대한 논쟁은 활발히 진행 중이다. 대안적 표상양식을 정책이나 실제의 세계에서의 실증연구에 대한 글쓰기와 보고서에까지 확장시키는 것은 아직은 잠정적인 시험 단계에 있다.

이 장 초반에 제시했던 예시는 프로그램 평가라는 응용연구 분야에서 나타나고 있는 지속적 논란의 일부를 설명하고자 한 것이다. 이 예시에서 협회에서 일하던 에이즈 부서원들이 각 지역별 평가정보를 공유하였는데, 주로 프로그램의 발전과 질의 척도로서 협회 자체에서 인증한 지표에 대한 자료 형태로 공유하였다. 이 지표에는 프로그램의 지리적 접근성, 지역 단체들의 프로그램 참여 혹은 지원 특성 및 정도, 지식획득과 태도변화와 같은 구체적 단기 성과와 에이즈 감염 속도와 전염률 등이 포함된다. 이러한 유형의 정보는 분명 가치가 있는데, 특히 협회에서 에이즈 부서와 같이 프로그램의 재원, 방향 및 영향에 대한 책임을 지고 있는 이들에게 더욱 그러하다. 주요 지표에 대한 평가자료는 프로그램 전체 수준 혹은 국가별, 지역별 에이즈 현황에 대한 기록을 제공해 준다. 이러한 자료들은 협회의 해당 부서처럼 의사결정자들이 투자의 범위와 결과를 감독하고, 드러난 문제나 위기상황(남아프리카 에이즈 고아들의 참담한 증가 등)을 확인하고, 타당하다고 여겨지면 자원 재조정이나 기타 개선조치를 취하도록 돕는다.

그러나 Robert가 지적했듯이, 인간 경험의 많은 다른 측면이나 차원들이 지표자료에는 빠져 있다. 맥락성, 정서, 비애, 표현성, 창조성, 이런 것들은 특정한 사진이나 이야기에서 더 잘 드러난다. 이를 통해 협회지원 프로그램들에 참여하는 사람들의 일상적 삶으로서의 경험들을 이해하게 된다. 특정한 장소와 시간에서 개인 삶의 희망과 비애를 들여다볼 수 있는 창문을 제공하고, 지표자료를 구성하는 전체의 모습을 더 풍부하게 해 준다. 따라서 인간 경험의 복잡하고 다면화된 특성이 더 잘 이해되도록 도와준다.

예시

Leslie Goodyear(2000)는 박사학위논문으로 에이즈 교육 프로그램 평가결과를 보고하면서, 표준적 표상 및 대안적 표상의 다양한 관점을 탐색했다. Goodyear는 이 분야에서 실시된 세 가지 다른 평가유형, 즉 준실험, 조사연구 그리고 사례연구를 확인하였다. 각각에 대해, 연구결과에 대한 표준적 표상과 대안적 표상방식을 개발했다. 이러한 표상을 주 정부의 보건정책결정자, 에이즈 교육자, 에이즈 옹호자, 평가자들에게 제시하고, 그들의 반응에 대한 자료를 수집했다.

그림 10.1과 10.2는 조사방법을 활용해서 수행된 평가를 위한 표상의 예시다. 그림 10.1은 설문조사 질문에 대한 응답을 막대그래프로 나타낸 것으로, 인종 혹은 민족으로 나뉜다. 그림 10.2는 시의 형태이다.

Goodyear의 흥미로운 연구결과는 평가결과를 읽는 청중 대부분이 다양한 유형의 표

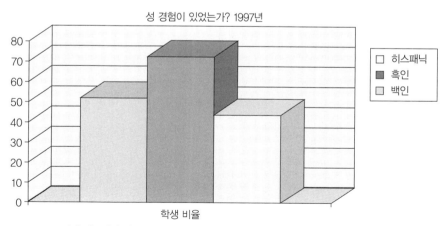

1997년에 히스패닉 학생의 52.2%, 흑인 학생의 72.7%, 백인 학생의 43.6%가 해당함

그림 10.1 설문조사 결과에 대한 표준적 표상
출처: 저자의 승인에 의해 재사용(Goodyear, 2001, p. 43)

설문조사 시간, 언제나 같은 질문들
분석하고, 범주화해서, 내게 돌아오는 것은 무엇이지?

인종?
히스패닉.
소수.

성?
예. 아, 아니구나, 여성.
다수.

연령?
17.
다수.

성 경험이 있는가?
예.
상황에 따라 다수 혹은 소수.

부모와 이야기하는가?
예.
다수.

그래서 나는 누구인가?
나는 **소수**이다,
다수의 사례 속에 있는.
그래서 바로 **다수**이다.

그렇다면 나는 표준편차가 되는가?

그림 10.2 조사결과에 대한 대안적 표상
출처: 저자의 승인에 의해 재사용(Goodyear, 2001, pp. 60-61)

상을 좋게 여겼으며, 이렇게 다양한 형태의 표상이 들어 있는 평가보고서를 선호했음을 분명하게 말해 준다. 에이즈 교육 프로그램 참여집단별 효과뿐만 아니라 역학적 경향을 보여 주는 표와 그림을 제시하는 평가보고서에, 에이즈를 갖고 살아가는 사람들의 삶으로서의 경험과 끔찍한 전염병의 밀물에 저항하려는 현장 교육자들의 노력을 예술적이고 흥미진진한 내러티브와 모두 연계하여 전달해 주는 시와 이야기도 함께 제시할 수 있을 것이다. 이렇게 하는 것이 이 교육 프로그램의 질과 효과를 더 포괄적으로 그려 낼 수 있지 않겠는가? 이렇게 함으로써 이 프로그램이 제공해야 하는 비전과 가능성을 더 잘 이해할 수 있지 않겠는가?

사회과학 혼합연구에서의 글쓰기 : 두 가지 예비원리

대안적 표상양식이 가진 가능성에 대한 관심 여부에 상관없이, 이 대안적 양식들은 혼합연구의 결과와 결론을 쓰는 데 있어 중요한 메시지를 전달해 준다. 이미지, 내러티브, 퍼포먼스 등이 표준적인 과학 텍스트에는 잘 나타나지 못하는 인간 경험의 측면들을 보여 준다는 데 반대하는 이는 거의 없다. 중요한 인간 현상이 단순하고 단면적이어서 몇 마디 단어나 숫자로 의미 있게 나타낼 수 있다고 주장할 이도 거의 없을 것이다. 사실상, 사회과학 혼합연구는 인간 경험의 다원적 차원, 단면 및 복잡성을 더 잘 이해하는 것을 명시적인 목적으로 여긴다.

앎의 방식 차이, 방법론과 수사학적 전통 차이, 가치와 우선성의 차이, 독자와 청자들 간 차이 등에서 서로 다름을 존중하면서, 자신의 연구결과를 써야 하는 혼합연구자의 책임을 떠올린다면, 혼합연구자는 연구결과와 결론을 쓸 때에도 혼합된 접근을 하는 것이 바람직하다. 이것이 바로 혼합연구 글쓰기의 첫 번째 제안원리이다. 혼합은 표상양식뿐만 아니라 의견, 관점, 언어에서도 이루어질 수 있다. 즉, 수사 형태, 언어전통, 화자의 시점, 설득과 호소의 규준 등을 혼합할 수 있으며, 이는 이야기나 시 혹은 사진, 그림이나 다른 이미지를 포함하는 것이 특정 맥락에서의 예외로 판단될지라도 그러하다. 또한 혼합은 전달하는 이야기의 명료성과 설득력을 최대화시키는 방식으로 책임지고 예술적으로 이루어져야 한다.

내가 생각하기에 이 원리는 글을 가장 잘 쓰는 사람에게조차도 상당히 어려운 도전과제가 된다. 이러한 도전을 극복하려는 노력이 중요하다는 점을 강조해 주는 이야기 하나를 공유하고자 한다. 몇 년 전에 나는 「New Directions for Evaluation」의 한 호(Greene & Abma, 2001)를 Tineke Abma와 함께 공동으로 편집하면서 반응적 평가(responsive evaluation)에서 새로이 발전한 이론과 실제를 소개한 바 있다. 여기에 논문을 기고한 사람 중 하나인 Stafford Hood는 나의 좋은 동료이자 친구인데, 자기 글의 특정 부분을 잘라내고 간략하게 하자는 편집자로서의 나의 반복된 제안에 응하지 않았다. Stafford는 다른 제안에는 응했지만, 이 부분은 거의 초고일 때 모습 그대로 남겨 두었다. 몇 차례 이메일을 주고받고 난 후에야 마침내 우리는 전화통화를 했다. 가족의 안부와 요즘 하는 일에 대해 물어본 후, 나는 이 부분에 대해 화제를 돌려 다시금 간략하게 줄일 것을 제안했다. 내가 느끼기에는 다소 반복적이기 때문에 생산적으로 편집될 수 있을 것으로 생각한다고 말했다. Stafford는 이 부분에서 미국 흑인언어의 전통, 특히 흑인의 영적 언어의 전통인 '부르기와 반응하기(call and response)'를 모델로 삼아 표현하고자 노력했다고 설명하였다. 그리고 자신의 글이 프로그램 평가영역에서 흑인이 기여한 역사 일부를 되찾아주기 위한 것이기 때문에 그렇게 했던 것이었다. 그는 '부르고 반응하기'라는 수사적 표현형태를 사용하는 것이 자기 글의 내용을 더 힘 있게 해 주며 또 이미 떠난 이들에 대한 깊은 존경을 나타내 준다고 하였다. 목소리에 대한 이 교훈은 혼합연구 글쓰기에 대한 나 자신의 사명에 영감을 주었다.

혼합연구 결과 쓰기에 대하여 제안할 두 번째 원리는 특히 통합연구에 밀접한 관련이 있는데, 일부 구성요소 연구에도 적절할 수 있다. 이는 존경받고 추앙받는 교육자인 Lee Shulman에 의해 만들어진 내셔널 퍼블릭 라디오 "내가 믿는 것(This I Believe)" 시리즈에 나온 한 이야기에 은유적으로 아주 잘 나타나 있다. Shulman은 이렇게 말하고 있다.

나는 파스트라미[1], 마블링이 잘된 파스트라미를 믿는다. 뜨겁고, 얇게 잘린, 진한 겨자와 아삭거리는 딜(dill)을 넣은 피클이 든 신선한 호밀빵 위에 얹혀 있는 파스트라미.

나는 파스트라미가 충만한 삶, 잘 설계된 기관, 심지어 건강한 관계를 비유한다고 믿는다. 파스트라미는 분리된 층으로 되어 있지 않고 마블링되어 있으며, 얇거나 두꺼운 각 부분들이 깔끔하게 분리되지 않고 함께 섞여 있다. 우리 삶의 너무 많은 부분들은 서로 진정으로 연계되지 못한 층(layers)이 더해진 채로 살아가고 있다.

따로 분리된 층들은 가슴살로부터 [지방을] 잘라내기 더 쉽게 [만든다]. 따로 떨어진 층

---
1) 역주 : 파스트라미(pastrami)는 장기 보관을 위하여 양념한 고기를 훈제해서 식힌 것이다. 흔히 샌드위치나 피자 등에 넣어 함께 먹는다.

들은 만들고, 계획하고 설계하기가 훨씬 더 쉽다. 그러나 마블링은 어지러운 인간의 세계, 그들의 충만하고 복잡한 관계와 의무를 마주하도록 요구하는 것으로 보인다. 식단 전문가들은 마블링이 우리 건강에 해로울 수 있다고 한다. 그러나 교육자로서 나는 기꺼이, 더 나아가 의무적으로 이 위험을 감수하고자 한다. 나는 학생들에게 정신의 습관, 실행의 습관, 마음의 습관을 마블링하고 싶다. 바로 파스트라미처럼 말이다. (http://www.npr.org/templates/story/story.php?storyld=6696794)

내가 믿기로, 혼합연구에서의 효과적인 글쓰기도 좋은 파스트라미처럼 마블링되어 있다. 글에 서로 다른 관점, 목소리, 이해, 표상양식들이 층지거나 구분되거나 계열적으로 제시되지 않고, 바로 함께 혼합되어 서로 섞여서, 상호 관련되어 있다. 특정한 혼합연구에서 들려주는 이야기를 합쳐서 들려주기에, 하나의 합창이지 돌림노래가 아니다. 따라서 하모니와 불협화음을 모두 포함하고 있다. 혼합연구 글쓰기의 예비원리를 실천하기는 상당히 어렵다. 다시 한 번, 핵심적이고 가치 있는 '정신의 습관, 실행의 습관, 마음의 습관'을 더 잘 이해하게 해 주는 것이 혼합연구방법이 우리에게 주는 보상일 것이다.

혼합연구 자료분석과
배열에서의 창의성

2002년, 과학교육평가 전문가인 Frances Lawrenz와 Douglas Huffman은 혼합연구 평가에 있어서 '다도해' 구조를 제시하였다. 이는 혼합연구에 대한 창의적인 메타포로 다도해의 공간적, 지리적, 생태적인 특징을 사용하며, 특히 자료분석과 배열에 중점을 두고 있다. 이 마지막 쉬어가기에서, 그들의 관점과 실례를 설명하고, 이를 응용한 Young-ju Lee(2005)의 교육평가 박사학위논문을 다룰 것이다.

메타포

Lawrenz와 Huffman은 먼저 다도해가 여러 섬들이 수면 아래의 반도에 연결된 것이라는 사실을 떠올려 준다. 이들의 메타포에서 수면 아래의 반도는 평가 대상이 되는 프로그램의 근본적인 '진실'이며, 이 진실은 대체로 외부에는 보이지 않는다. 평가자료를 나타내는 섬들은 진실을 가시적으로 탐구하는 방법이지만, 눈에 보이는 것은 감추어진 것보다 훨씬 적다. 또한 섬들은 다양한 특성, 예컨대 지형, 지질, 생태, 기후 등의 측면으로 묘사할 수 있다. 우리는 평가자로서 프로그램에서의 과정적 경험과 결과를 이해하기 위하여 여러 가지 자료 섬들을 활용한다. 우리는 섬 사이의 상호 관계성을 확인하기 위해 노력을 기울이고, 그 과정에서 어떤 섬들은 국외자(outlier)로, 수면 아래에서 다른 섬들과 연결되어 있지 않다는 것을 깨닫기도 한다. 또 어떤 경우에는 지질학적인 역사나 기후처럼 섬들 사이에 어떤 측면은 연결되지만, 섬에 살고 있는 생물의 생태처럼 어떤 측면은 연결되지 않음을 발견하기도 한다. 다도해의 전반적인 맥락 내에서, 개별 섬들을 면밀히 조사함으로써 내재된 기반에 대한 포괄적인 이해를 발달시킬 수 있다.

예시

Lawrenz와 Huffman은 전미과학교사협회(National Science Teachers Association: NTSA)가 지원한 과학교사 재교육 프로그램 평가를 실례로 제시하였다. 이 프로그램에는 미국 전역의 13개 고등학교 과학교사들이 참여하였고, NTSA가 개발한 교육과정을 따르는 여름 워크숍을 2회 진행하였다. 이 프로그램은 모든 고등학교 학생들이 매년 "정밀하고, 탐구중심이며, 실제적이며, 상호연관되며, 나선적인 형태로"(p. 333) 과학을 공부하도록 격려하는 것을 목표로 하였다. 정치적 영향을 받는 맥락 속에서, 평가자들은 국립교육표준 제정자, 과학교육 연구자, 과학교사들을 포함한 과학교육 영역의 여러 관련자들에게 믿을 만하고 신뢰성 있는 정보를 제공해야 했다. 이 상황에서 혼합연구가 '당연한 선택'(p. 333)이었다.

평가자들은 다도해 메타포를 사용한 3단계 설계를 보여 준다. 첫 단계는 학생들의 학습에 대한 양적 · 질적 평가를 모두 포함하는 준실험 설계로, 다도해에서 자료 섬들의 약 절반을 차지하였다(이 단계가 평가에 할당된 자원의 절반가량을 차지했는데, 평가자들이 가장 중요하다고 생각했기 때문이다). 학습자 성취자료라는 섬들은 학생들의 학습을 평가했기 때문에 어느 정도의 '기술적 유사성(descriptive similarity)'을 가지고 있었다. 비유하자면, 다양한 성취자료라는 섬들에서 나타난 학습 성취도의 다양한 수준은 각 섬의 다양한 암반층으로 볼 수 있었다. 이러한 학습 성취도 결과 섬들은 사용된 평가도구에 상응하는 고유한 특징들(비유적으로, 다양한 해안선과 수로 등)도 가지고 있었다.

평가의 두 번째 단계는, 교사들이 자신의 교실에서 프로그램을 어떻게 적용하는지에 대한 본질과 질적 수준을 조사하기 위해 '사회적 상호작용주의' 접근을 사용하였고, 이는 자료 섬들의 약 1/3을 차지하였다. 자료수집 방법에는 현장관찰, 교사, 교장 및 학생들과의 면담, 교사와 학생 설문조사 등이 포함되었다. "다도해 메타포는 우리들로 하여금 이러한 사회적 상호작용주의 자료를 더욱 상호작용적이고 통합적인 관점에서 바라보도록 하였다. [학생의 학습 성취도 섬들과 마찬가지로] 우리는 각각의 자료 출처를 고유의 특성을 가지면서도 어떤 면에서는 공통적인 특징을 가진, 서로 다른 섬으로 간주하였다."(pp. 335-336) 예를 들어, 각각의 섬에서 기후에 대한 정보를 제공할 수 있지만, 기후의 의미에 대한 관점이 서로 달라서 섬마다 기후 측정방법이 다를 수 있다. 다도해 메타포는 이러한 다른 관점들에 대해 심층적이고 상호작용적으로 바라볼 수 있게 하며, 상호작용주의 섬들의 특수성과 연관성을 동시에 볼 수 있게 하였다.

마지막으로, 평가의 세 번째 단계는 교육과정을 실시하고 있는 교사 여섯 명을 대상으로 하는 현상학적인 축소형 사례연구(mini-case study)로 구성되었다. 나머지 1/6의 자원을 차지하는 이 평가 단계는 교사 경험에 집중하였다. 평가의 이 부분에서 각 교사별로 하나씩, 세 번째 섬들이 구성되었고, 마찬가지로 각 섬의 공통점(특정지역에 고유한 식물군처럼)과 차이점이 있었다.

다도해 메타포는 자료해석과 제시 및 추론에 있어서 여전히 유용한 것으로 나타났다. 특히, 이 메타포는 평가자들이 여러 가지 자료 섬들을 군도 내의 다른 섬들과 가지는 관계 그리고 다른 군도에 속하는 다른 섬들과 가지는 관계에 대해 시각적으로 배열하는 데 도움을 주었다. 예를 들어, 사회적 상호작용주의 군도 안에서는 관찰자 평가가 교사의 평가보다 선다형 시험에서의 학생 성취도와 더 깊은 관련이 있다. 그러므로 관찰자라는 섬은 교사의 평가 섬보다 선다형 학생 성취도 섬과 더 가까운 것으로 시각화될 수 있다. 또한 다도해 메타포는 평가자들이 개별 학교의 차이점을 존중하고 유지할 수 있도록 도우면서도(이 연구에는 13개의 학교가 참여함), 결과에서 학교 간에 걸친 추세와 패턴을 분석하고 나타낼 수 있도록 하였다. 종합적으로 다도해 메타포는 "우리로 하여금 서로 다른 자료와 분석방법의 고유성을 존중하면서 다른 연구방법들을 연결할 수 있게 하는 동시에, 우리가 평가하는 프로그램에 대한 '진실'을 추론할 수 있도록 돕는 역할을 하였다."(p. 337)

다도해 메타포의 적용

Young-ju Lee는 영어 숙련도 배치검사(English proficiency placement test)의 예측타당도에 관한 자신의 박사학위논문에서 다도해 메타포를 적용하여 혼합연구결과를 배열하고 해석하였다. 이 연구는 제2언어로서의 영어(English as a Second Language: ESL) 배치검사와 대학원에서의 학문적 성취에 대한 세 가지 측정도구 간의 관계를 조사하였다. 세 가지 측정도구는 평균학점(Grade Point Average: GPA), 교수의 평가, 학생의 자기평가였다. 교수의 평가와 학생의 자기평가는 면담과 설문지를 통해 수집되었다. 이 연구의 가정은 학업능력, 특히 대학원에서의 학업능력이 복잡하고 다면적인 현상이며 하나만의 평가방법으로는 측정하기 어렵다는 것이었다. 그러나 Lee는 자신의 상호보완적인 혼합연구 설계를 통해, 대학원 해외유학생의 첫 학기 학업능력의 다양한 평가에 대한 ESL 검사의 변별 예측타당도를 조사하였다.

Lee는 ESL 검사 성적과 다양한 학업수행 지표 간의 관계에 대한 통계적 분석과 해석을 실시한 후, 다도해 메타포를 사용하여 상호연관성과 관계성의 전반적인 패턴을 나타내었다. 그녀는 5개의 섬을 상정하였고, 각각은 학업수행을 평가하기 위해 사용된 5개의 방법, 즉 학점(GPA), 설문지를 통한 교수의 평가, 면담을 통한 교수의 평가, 설문지를 통한 학생의 자기평가 그리고 면담을 통한 학생의 자기평가와 예측변수 간의 관계를 나타내었다. 다섯 섬에 대해 예상되는 공간 배치 패턴을 개발하여 관찰한 자료가 예상 패턴의 범위와 방향에서 맞는지 평가하였다(혼합연구 분석과 해석의 패턴 배합 접근에 대해

서는 제8장 참조). 그녀는 각 섬이 이미 하나의 관계를 나타내기 때문에 이 다섯 섬의 상
호연결을 시각적으로 나타내기는 어렵다는 사실을 깨달았다. 다도해 메타포를 더 간단
하게 사용하기 위한 방법은 6개의 섬을 나타내고, 즉 ESL 검사 성적 그리고 다섯 유형의
학업수행에 대한 평가를 6개의 섬으로 공간적으로 배치하여 총체적인 상호 관계 혹은 영
어 숙련도와 해외유학생의 대학원 첫 학기 학업수행 간의 관계라는 수면 아래의 진실을
나타내는 것이었을 것이다.

사회과학
혼합연구방법의
가치

제3부에는 마지막 한 개의 장이 남아 있으며, 사회과학자들이 오늘날의 절박한 사회문제에 대해 더 잘 이해하는 데 결정적으로 중요한 것으로서 사회과학 혼합연구방법의 자리매김을 한다.

11

사회과학 혼합연구방법의
잠재력과 가능성

그리하여 이렇게 우리가 함께해 온 혼합연구방법으로의 여행은 끝이 나지만 여러분의 여행은 계속될 것이며, 다양한 영토와 지역을 다시 방문하면서 사회과학 혼합연구방법의 잠재력과 가능성을 실현해 가기 바란다.

미국이든 전 세계 어느 곳에서든 오늘날의 대학은 놀라운 공간이다. 비록 거듭되는 실수로 휘청거리는 관료주의와 악명 높게 전투적인 성격을 갖고 있긴 하지만 미국 대학들은 흥미로운 일을 하고 있는 흥미로운 사람들로 가득하다. 어떤 학자는 아프리카와 아시아의 수천 년 된 바닥과 벽의 타일 모자이크가 가진 색과 원래 패턴을 보존할 수 있는 새로운 기법을 개발하고 있다. 또 다른 학자는 슈퍼컴퓨터의 힘을 활용하여 글로벌 시장 및 문화교류가 가족 수입과 복지에 미치는 영향에 대한 추정치를 포함하는 새로운 계량경제학 모형을 개발하고 있다. 어떤 교수는 모기의 생식주기를 연구함으로써 이 생식주기를 깨뜨려서 말라리아 같은 질병을 완전히 없앨 수 있는 방안을 모색하고 있다. 스튜디오에서는 젊은 예술가가 입체영상을 활용하여 '돌처럼 굳은 군인'이라는 제목의, 뇌리에서 떠나지 않는 이미지를 완성하고 있다.

미국 대학에서 오랜 시간을 보내면서 나는 자연대학 교수들을 비롯하여 이러한 흥미로운 일들을 하고 있는 사람들을 종종 만날 수 있었다. 가장 최근에는 물리학자, 화학자, 생물학자, 공학자 등 다양한 분야에서 새로이 발전된 나노 과학을 적용할 방안을 연구하고 있는 나노테크놀로지 연구자들과 우연히 만났다. 나노미터는 너무도 작아서 인간의 머리카락 지름이 8,000나노미터나 된다는 사실을 알고 있는가? 금의 나노 소립자는 그 색이 금색이 아니라 빨간색이라는 사실을 아는가? 또 과학자들이 폭이 20나노미터밖에 안 되는 소립자를 거를 수 있는 필터를 개발했다는 사실을 알고 있는가? 나노테크놀로지에서 이러한 유형의 과학적 발전은 새로운 물질과 발명품(예 : 암에 걸린 환자의 혈액으로 들어가 암세포를 찾아 건강한 세포는 파괴하지 않고 암세포만 파괴하는 작은 나노 로봇)에 대해 흥분되는 가능성을 보여 준다. 와! 정말 놀랍다고 생각한다.

그렇지만 나노의 세계가 아무리 놀랍더라도 사회과학자들이 연구하는 세계는 훨씬 더 복잡하고 어려우며 우리를 훨씬 더 겸손하게 만든다(Berliner, 2002). 다음은 사회과학자들이 현재 연구하고 있는 이러한 세계에 대한 몇몇 예이다.

■ 백인 여성에 비해 미국의 라틴계 여성들은 유방암과 자궁암 검사, 구체적으로 유방 엑스선 촬영과 자궁경부암 검사를 덜 받는다. 라틴계 여성은 미국의 백인 여성과 비교했을 때 유방암과 자궁암의 발생률이 더 높고 생존율은 더 낮다. 이렇게 차이가 관찰되는 것은 문화 및 계급이라는 요소가 미국 보건체계의 작용방식과 복잡하게 얽혀 있기 때문일 가능성이 높다. 즉 이러한 차이는 건강관리 정보나 실제 건강관리에 대한 접근성이 다를 뿐만 아니라 건강 신념, 사회화 실제, 여성역할 이해에서의 문화적 차이로 인한 것일 수도 있다. 더구나 라틴계 여성의 건강 역동성에는 집단 내 차이도 있는데, 즉 스페인어를 말하는 여러 국가 중 어느 국가 출신인지, 이민관련 신분은 무엇인지, 문화화 경험은 어떤지에 따라 다르다.(Buki, 1999 참조)

■ 미국의 시골 지역에 거주하는 성인들 사이에서 메스암페타민이라는 마약의 생산
과 사용이 계속 증가하고 있다. 중독으로 인해 발생하는 가슴 아픈 비극은 메스암
페타민을 사용하는 가족을 둔 아동들이다. 이 아동들은 전형적으로 방임되며 부
모가 마약에 취해 있을 때는 스스로를 돌봐야 한다. 이러한 아동 중 대다수가 학
교에 다니지 않으며 균형 잡힌 식사를 하지 못하고 제대로 된 침대에서 잠을 자지
도 못한다. 또한 병원이나 치과에 가 본 적도 없고 심지어 예방접종도 받지 못하
고 있다. 이러한 아동의 신체 및 정신건강은 심각한 어려움에 직면하고 있으며 이
미 심각한 손상을 입은 경우도 종종 있다. 게다가 마약사용 혐의로 부모가 체포되
면 이 아이들은 위탁가정으로 가야 하는데 많은 아이들이 자신의 친부모를 배반
하지 않으면서 안전감과 건전한 정체성을 찾기란 상당히 어렵다.(Haight,
Jacobsen, Black, Kingery, Sheridan, & Mulder, 2005 참조)

■ 일부 아프리카계 아동 및 청소년, 특히 남아들은 의도적으로 학업에 전념하지 않
고자 숙제도 하지 않고 제공되는 것을 학습하려고 노력도 하지 않는데, 이는 학교
에서 잘하는 것은 '백인인 척하는 것'이라고 생각하기 때문이다. 이들은 학교에서
실패함으로써 자신의 고유한 문화적 정체성을 보호하고 보존하고 있다고 믿고 있
다. 더구나 아프리카계(그리고 미국의 여타 인종 및 민족적 소수집단) 학생들은 성
취도 시험에서 '고정관념 두려움(stereotype threat)'이라고 불리는 현상으로 인
해 능력만큼의 점수를 받지 못하곤 한다. 이는 수험자가 자신이 시험에서 잘못하
여 자기 인종에 대한 부정적인 고정관념을 사실상 증명할까 봐 두려워하는 것이
다. 두려움 자체가 시험결과에 상당히 부정적인 영향을 미칠 수 있다. 세대에 걸쳐
지속된 인종차별의 역사와 함께 이렇듯 복잡한 심리적 작용기제를 두고 볼 때 미
국의 주류집단과 소수집단 간에 지속되는 학업 성취 격차를 진정으로 설명해 주는
것은 무엇이며, 교육자는 어떻게 해야 지속되는 불평등을 가장 잘 시정할 수 있을
것인가?(Ryan & Ryan, 2005; Steele, Perry, & Hilliard III, 2004 참조)

■ 21세기 초반 남아프리카공화국은 수십 년간의 지독한 인종차별을 종식하고 국민
의 대다수를 이루는 흑인들의 삶과 기회를 복원시키려는 노력을 계속하고 있다.
청소년 프로그램이 국가의 최우선 과제인데 이 세대의 젊은이들은 이미 지금까지
의미 있는 교육이나 적절한 음식과 안식처, 정규직 직업 등의 기회를 거부당해 왔

기 때문이다. 남아프리카공화국에서 청소년기를 15세에서 35세까지로 정의한다는 것은 상당히 의미심장하다. 이 연령대 중에서 위의 연령층은 진정한 아동기를 가져 본 적이 없었던 것이다. 그러나 파괴적인 인종차별의 관습이 여전히 남아 있고 흑인과 유색인 내에서조차도 그러하며, 때로는 외부인을 향할 때도 있다. 그러한 외부인 중의 한 명이 케이프타운에서 청소년들에게 일반적 직업기술(책임감과 팀워크 등)을 훈련시키고 정규직을 얻을 수 있도록 돕는 청소년개발 프로그램의 평가자다. 이 평가자는 백인이고 미국인이다. 그녀는 남아프리카공화국에서 10년 이상 살면서 활동해 왔고 외부인으로서의 자기 위치에 대해 매우 민감하게 인식하고 있다. 특히 자신이 대하는 청소년들에게는 없고 자신에게는 태어나면서부터 부여된 특권에 대하여 인지하고 있었다. 그녀는 청소년과 일한 경험이 많으며 이들과의 관계에서 일반적으로 신뢰와 긍정적 상호관계를 형성할 수 있는 능력을 갖고 있다. 그러나 이 직업훈련 프로그램에서 정의하는 관계 속에서 이 평가자는 신뢰를 얻지 못하고 무시되었으며, 신랄하고 마음을 아프게 하는 인종적 모욕을 받곤 하였다. 어떤 복잡한 사회정치적 요인들이 결합되어 이 남아프리카공화국의 청소년들이 잘못된 대상에게 분노를 표출했겠는가? 이러한 정서적 분위기를 두고 볼 때 이 직업훈련 프로그램은 완전히 실패한 것이라고 볼 것인가?(Podems, 2004)

■ 미국 그리고 대부분의 나라에서 유아기는 여성과 유아의 세계이다. 최근 몇 세대에 걸쳐 이 세계는 어머니가 집에 머무르며 어린 자녀들을 돌보던 개별 가정에서부터 다양한 보육시설, 프로그램, 보육교사의 세계로 변화되고 분화되었다. 유아를 둔 어머니의 대부분이 이제는 가정 밖에서 일하고 있으며, 유아보육은 보육교사의 전문직일 뿐만 아니라 사업이 되고 있다. 그러나 이 사업 및 전문직의 경제구조는 심각한데, 큰 이유는 보육이 전통적으로 그리고 오늘날에도 여전히, 여성들이 주도하는 분야인 반면 우리 사회는 아직도 경제적으로 성차별적이기 때문이다. 우리가 집단적으로 삶에서 가장 소중하고 중요한 책임, 즉 아이들의 건강과 복지를 보살펴 주는 일의 가치를 낮게 본다는 것은 너무도 모순적인 일이다. 그렇지만 이러한 모순과 여타 문제점에도 불구하고 일부 계획자와 도시개발 전문가들은 유아보육 산업에서 엄청난 경제적 잠재력을 보고 경제발전 전략으로 유아보육

을 활용하고자 하고 있다. 이들은 유아보육의 세계와 경제발전 영역 간에 협력이 이루어지도록 계획하고 있다. 그러한 협력관계는 모든 관계자에게 사회적, 경제적 도움이 될 것이다. 그러나 이를 직면하고 있는 상당한 어려움으로 여성과 남성이 경험해 온 역사와 상호작용 규준에서의 차이, 좋은 사회과학 연구와 신뢰할 수 있는 증거에 대한 서로 다른 관점과 기준, 정부 부서의 정책적 복지부동 등이 있다.(Warner, 2006; Warner & Liu, 2006 참조, 그리고 그 외의 연구에 대해서는 Warner의 웹사이트 http://government.cce.cornell.edu/warner/ 참조)

■ UN 기후변화 기본협약(United Nations Framework Convention on Climate Change)에 따른 교토의정서는 참여국에 온실가스 배출량 감축 목표를 의무적으로 정하게 하고 그 목표를 달성하지 못하면 벌금을 내도록 하는 기후변화에 대한 국제협약의 수정조항이다. 2006년 8월 기준으로 총 165개국에서 합의하고 비준하였다(선진국들의 배출량 중 61% 이상에 해당함). 교토의정서의 지지자들은 이러한 배출량 감축이 매우 중요하다고 주장하며 이산화탄소로 인해 지구의 온도가 올라가고 있다고 믿는다. 예컨대 정부 간 기후변화 패널(Intergovernmental Panel on Climate Change)의 최근 보고서(2007a, 2007b, 2007c)에서도 이를 강력하게 주장하고 있다. 교토의정서의 지지자로는 유럽연합과 여러 환경단체가 가장 두드러진다. UN과 일부 국가의 과학자문위원회(G8 국립과학학술원 포함)에서도 교토의정서를 지지하는 보고서를 발간하였다. 현재 협약에 반대하고 있는 주요한 두 국가는 미국과 오스트레일리아다. 이 국가들의 일부 환경경제학자들은 교토의정서에 따른 비용이 효과를 훨씬 초과한다고 보며, 일부는 교토의정서의 기준이 너무 낙관적이라고 생각한다. 또 다른 일부는 상당히 불평등하고 비효율적인 협의로 온실가스 배출을 감축시키지 못할 것이라고 생각한다. 이렇게 복잡한 시나리오에는 기후학에서 화학, 공학(독성물질 배출을 감축하는 데 필요함)까지 다양한 학문 분야, 자연 및 사회적 세계 모두에 관계되는 다양한 과학전통과 증거 그리고 무엇보다도 국제관계 및 국가 간 협상을 위한 정교한 정치적 기술이 연관된다. 자연과학과 사회과학 모두가 복잡하게 혼재되어 있지만, 지속되는 논쟁의 해결을 위해서는 환경적 증거가 아니라 국제관계, 권력의 균형, 대의에 대한 신념 등의 정치적 이론 및 실제가 중요한데, 이 모두가 오늘날의 글로벌 경제, 정치적으

로 좌우되는 경제를 두고 볼 때 매우 어려운 것이다.(http://en.wikipedia.org/wiki/Kyoto_Protocol로부터 정리한 내용임)

이렇듯 21세기 초반 응용사회과학자들이 직면하고 있는 도전과제는 상당히 어렵다. 단순한 학문 분야별 경계를 넘어서서, 서로 대립각을 세우고 있는 여러 이론들의 경계를 넘어서서, 과학자, 시민, 정치인, 권리주창자, 예술가의 고유한 사고방식을 넘어서서 실타래처럼 복잡하게 엉킨 요소, 영향, 경험들로 이루어져 있다. 응용사회과학 연구자의 일은 이러한 난제들을 해결하는 것이 아니다. 해결을 위해서는 과학과 더불어 정치, 윤리, 종교, 미래관이 함께 조화를 이루며 작용해야 하기 때문이다. 그러나 응용사회과학 연구는 글로벌 사회에서 지속되거나 새로이 출현하는 난제에 대한 우리의 이해에, 이러한 난제에 대하여 사고하는 방식에, 복잡하게 엉킨 실타래에서 볼 수 있는 가닥과 여전히 보이지 않는 가닥, 가능할 듯한 해결책과 아직 꿈꿔 보지도 못한 가능성 찾기에 중요한 기여를 할 수 있으며 계속하여 기여할 것이다.

응용사회과학 연구자의 이러한 노력을 돕기 위해, 사회과학 혼합연구에서 구현되는 혼합연구방법의 사고양식은 다양한 다원주의를 제공해 준다. 한때는 울타리가 쳐져 있었고 서로 간에 방어했던 국경과 경계선을 넘어서게 해 주는 혼합연구방법은 다양한 방식으로 생각하게 해 줌으로써 서로 이야기를 나눌 수 있도록 그리고 많은 이들이 함께 살아가고 있는 우리의 작은 지구를 보존하는 데 없어서는 안 되는 다름의 수용을 실천할 수 있게 해 준다.

참고문헌

Abma, T. A. (1998). Writing for dialogue, text in an evaluative context. *Evaluation, 4*(4), 434–454.

Abma, T. A. (Ed.). (2001). Dialogue in evaluation [Special issue]. *Evaluation, 7*(2).

Bazeley, P. (2003). Computerized data analysis for mixed methods research. In A. Tashakkori and C. Teddlie (Eds.), *Handbook of mixed methods in social and behavioral research* (pp. 385–422). Thousand Oaks, CA: Sage.

Bazeley, P. (2006). The contribution of computer software to integrating qualitative and quantitative data analyses. *Research in the Schools, 13*(1), 64–74.

Berliner, D. C. (2002). Educational research: The hardest science of all. *Educational Researcher, 31*(8), 18–20.

Bernstein, R. J. (1983). *Beyond objectivism and relativism: Science, hermeneutics, and praxis.* Philadelphia: University of Pennsylvania Press.

Bickman, L. (Ed.). (1987). *Using program theory in evaluation. New Directions for Evaluation, 33.* San Francisco: Jossey-Bass.

Bickman, L. (Ed.). (1990). *Advances in program theory. New Directions for Evaluation, 47.* San Francisco: Jossey-Bass.

Biesta, G. J. J., & Burbules, N. C. (2003). *Pragmatism and educational research.* Lanham, MD: Rowman & Littlefield.

Brewer, J. D., & Hunter, A. (1989). *Multimethod research: A synthesis of styles.* Thousand Oaks, CA: Sage.

Brewer, J. D., & Hunter, A. (2005). *Foundations of multimethod research: Synthesizing styles.* Thousand Oaks, CA: Sage.

Bryman, A. (1988). *Quantity and quality in social research.* London: Unwin Hyman.

Buki, L. P. (1999). Early detection of breast and cervical cancer among medically underserved Latinas. In M. Sotomayor and A. Garcia (Eds.), *La familia: traditions and realities* (pp. 67–85). Washington, DC: National Hispanic Council on Aging.

Burbules, N. C., & Rice, S. (1991). Dialogue across differences: Continuing the conversation. *Harvard Educational Review, 61,* 393–416.

Campbell, D. T. (1966). Pattern matching as an essential in distal knowing. In K. R. Hammond (Ed.), *The psychology of Egon Brunswick* (pp. 81–106). New York: Holt, Rinehart, & Winston.

Campbell, D. T. (1978). Qualitative knowing in action research. In M. Brenner, P. Marsh, & M. Brenner (Eds.), *The social context of methods* (pp. 184–209). London: Croom Helm.

Campbell, D. T. (1979). "Degrees of freedom" and the case study. In T. D. Cook and C. S. Reichardt (Eds.), *Qualitative and quantitative methods in evaluation research* (pp. 49–67). Thousand Oaks, CA: Sage.

Campbell, D. T. (1984). Can we be scientific in applied social science? In R. F. Connor, D. G. Altman, & C. Jackson (Eds.), *Evaluation studies review annual* (Vol. 9) (pp. 26–48). Thousand Oaks, CA: Sage.

Campbell, D. T., & Fiske, D. W. (1959). Convergent and discriminant validation by the multitrait-multimethod matrix. *Psychological Bulletin, 56*(2), 81–105.

Caracelli, V. J., & Greene, J. C. (1993). Data analysis strategies for mixed-method evaluation designs. *Educational Evaluation and Policy Analysis, 15*(2), 195–207.

Caracelli, V. J., & Greene, J. C. (1997). Crafting mixed-method evaluation designs. In J. C. Greene and V. J. Caracelli (Eds.), *Advances in mixed-method evaluation: The challenges and benefits of integrating diverse paradigms. New Directions for Evaluation, 74.* San Francisco: Jossey-Bass.

Chatterji, M. (2005). Evidence on "what works": An argument for extended-term mixed-method (ETMM) evaluation designs. *Educational Researcher, 34*(5), 14–24.

Chelimsky, E. (2007). Factors influencing the choice of methods in federal evaluation practice. In G. Julnes and D. J. Rog (Eds.), *Informing federal policies on evaluation methodology: Building the evidence base for method choice in government sponsored evaluation. New Directions for Evaluation, 113.* San Francisco: Jossey-Bass.

Chen, H.-T. (1990). *Theory-driven evaluation.* Thousand Oaks, CA: Sage.

Chen, H.-T. (1997). Applying mixed methods under the framework of theory-driven evaluations. In J. C. Greene and V. J. Caracelli (Eds.), *Advances in mixed-method evaluation: The challenges and benefits of integrating diverse paradigms. New Directions for Evaluation, 74.* San Francisco: Jossey-Bass.

Chen, H.-T., & Rossi, P. H. (1983). Evaluating with sense: The theory-driven approach. *Evaluation Review, 7,* 283–302.

Cook, T. D. (1985). Postpositivist critical multiplism. In R. L. Shotland and M. M. Mark (Eds.), *Social science and social policy* (pp. 21–62). Thousand Oaks, CA: Sage.

Cook, T. D. (2002). Randomized experiments in educational policy research: A critical examination of the reasons the educational evaluation community has offered for not doing them. *Educational Evaluation and Policy Analysis, 24*(3), 175–199.

Cook, T. D. (2004). Causal generalization: How Campbell and Cronbach influenced my theoretical thinking on this topic, including in Shadish, Cook, & Campbell. In M. C. Alkin (Ed.), *Evaluation roots: Tracing theorists' views and influences* (pp. 88–113). Thousand Oaks, CA: Sage.

Cook, T. D., & Campbell, D. T. (1979). *Quasi-experimentation: Design and analysis issues for social research in field settings.* Boston: Houghton Mifflin.

Cook, T. D., & Reichardt, C. S. (Eds.). (1979). *Qualitative and quantitative methods in evaluation research.* Thousand Oaks, CA: Sage.

Cooksy, L. J., Gill, P., & Kelly, P. A. (2001). The program logic model as an integrative framework for a multi-method evaluation. *Evaluation and Program Planning, 24*(1), 119–128.

Creswell, J. W. (2002). *Research design: Qualitative, quantitative and mixed methods approaches* (2nd ed.). Thousand Oaks, CA: Sage.

Creswell, J. W., Plano Clark, V. L., Gutmann, M. L., & Hanson, W. E. (2003). Advanced mixed methods research designs. In A. Tashakkori and C. Teddlie (Eds.), *Handbook of mixed methods in social and behavioral research* (pp. 209–240). Thousand Oaks, CA: Sage.

Cronbach, L. J. (1975). Beyond the two disciplines of scientific psychology. *American Psychologist, 30*(1), 116–127.

Cronbach, L. J., & Associates (1980). *Toward reform of program evaluation.* San Francisco: Jossey-Bass.

Datta, L.-E. (1994). Paradigm wars: A basis for peaceful coexistence and beyond. In C. S. Reichardt and S. F. Rallis (Eds.), *The qualitative-quantitative debate: New perspectives. New Directions for Program Evaluation, 61.* San Francisco: Jossey-Bass.

Datta, L.-E. (1997a). Multimethod evaluations: Using case studies together with other methods. In E. Chelimsky and W. R. Shadish (Eds.), *Evaluation for the 21st century* (pp. 344–359). Thousand Oaks, CA: Sage.

Datta, L.-E. (1997b). A pragmatic basis for mixed-method designs. In J. C. Greene and V. J. Caracelli (Eds.), *Advances in mixed-method evaluation: The challenges and benefits of integrating diverse paradigms. New Directions for Evaluation, 74.* San Francisco: Jossey-Bass.

Datta, L.-E. (2005). Mixed methods, more justified conclusions: The case of the Abt evaluation of the Comer program in Detroit. In T. S. Weisner (Ed.), *Discovering successful pathways in children's development: Mixed methods in the study of childhood and family life* (pp. 65–83). Chicago: University of Chicago Press.

Denzin, N. K. (1978). *The research act: A theoretical introduction to sociological methods.* New York: McGraw-Hill.

Denzin, N. K., & Lincoln, Y. S. (2000). Introduction: The discipline and practice of qualitative research. In N. K. Denzin and Y. S. Lincoln (Eds.), *Handbook of qualitative research* (2nd ed.) (pp. 1–29). Thousand Oaks, CA: Sage.

Denzin, N. K., Van Maanen, J., & Manning, P. K. (1989). *Interpretive biography.* Thousand Oaks, CA: Sage.

DeStefano, L., Hammer, V. L., & Ryan, K. (2003). *Final report of the external evaluation of the Illinois Reading Excellence Act Program.* Springfield, IL: Illinois State Board of Education.

Eckert, J. K. (1987). Ethnographic research on aging. In S. Reinharz and G. D. Rowles (Eds.), *Qualitative gerontology* (pp. 241–255). New York: Spring.

Eisner, E. W., & Peshkin, A. (1990). *Qualitative inquiry in education: The continuing debate.* New York: Teachers College Press.

Ercikan, K., & Roth, W.-M. (2006). What good is polarizing research into qualitative and quantitative? *Educational Researcher, 35*(5), 14–23.

Erickson, F. E. (1986). Qualitative methods in research on teaching. In M. Wittrock (Ed.), *Handbook of research on teaching* (3rd ed.) (pp. 119–161). Old Tappan, NJ: Macmillan.

Erzberger, C., & Kelle, U. (2003). Making inferences in mixed methods: The rules of integration. In A. Tashakkori and C. Teddlie (Eds.), *Handbook of mixed methods in social and behavioral research* (pp. 457–488). Thousand Oaks, CA: Sage.

Fielding, N. G., & Fielding, J. L. (1986). *Linking data.* Thousand Oaks, CA: Sage.

Filstead, W. J. (Ed.). (1970). *Qualitative methodology: Firsthand involvement with the social world.* Chicago: Markham.

Filstead, W. J. (1979). Qualitative methods: A needed perspective in evaluation research. In T. D. Cook and C. S. Reichardt (Eds.), *Qualitative and quantitative methods in evaluation research* (pp. 33–48). Thousand Oaks, CA: Sage.

Gage, N. L. (1989). The paradigm wars and their aftermath: A "historical" sketch of research on teaching since 1989. *Educational Researcher, 18*(7), 4–10.

Geertz, C. (1983). "From the native's point of view": On the nature of anthropological understanding. *Local knowledge: Further essays in interpretive anthropology.* New York: Basic Books.

Gibson-Davis, C. M., & Duncan, G. J. (2005). Qualitative/quantitative synergies in a random-assignment program evaluation. In T. S. Weisner (Ed.), *Discovering successful pathways in children's development: Mixed methods in the study of childhood and family life* (pp. 283–303). Chicago: University of Chicago Press.

Goodyear, L. K. (2001). *Representational form and audience understanding in evaluation: Advancing use and engaging postmodern pluralism.* Unpublished doctoral dissertation, Department of Human Service Studies, Cornell University, Ithaca, NY.

Greene, J. C. (1996). Qualitative evaluation and scientific citizenship: Reflections and refractions. *Evaluation, 2*(3), 277–289.

Greene, J. C. (2000). Understanding social programs through evaluation. In N. K. Denzin and Y. S. Lincoln (Eds.), *Handbook of qualitative research* (2nd ed.) (pp. 981–999). Thousand Oaks, CA: Sage.

Greene, J. C. (2001). Mixing social inquiry methodologies. In V. Richardson (Ed.), *Handbook of research on teaching, fourth edition* (pp. 251–258). Washington, DC: American Educational Research Association.

Greene, J. C. (2002). With a splash of soda, please: Towards active engagement with difference. *Evaluation, 8*(2), 259–266.

Greene, J. C. (2005a). Synthesis: A reprise on mixing methods. In T. S. Weisner (Ed.), *Discovering successful pathways in children's development: Mixed methods in the study of childhood and family life* (pp. 405–419). Chicago: University of Chicago Press.

Greene, J. C. (2005b). Evaluators as stewards of the public good. In S. Hood, R. K. Hopson, & H. T. Frierson (Eds.), *The role of culture and cultural context: A mandate for inclusion, truth, and understanding in evaluation theory and practice, Evaluation and Society Series* (pp. 7–20). Greenwich, CT: Information Age Publishing.

Greene, J. C. (2005c). The generative potential of mixed methods inquiry. *International Journal of Research & Method in Education, 28*(2), 207–211.

Greene, J. C. (2006). Toward a methodology of mixed methods social inquiry. *Research in the Schools, 13*(1), 93–99.

Greene, J. C., & Abma, T. A. (Eds.). (2001). *Responsive evaluation. New Directions for Evaluation, 92.* San Francisco: Jossey-Bass.

Greene, J. C., Benjamin, L., & Goodyear, L. K. (2001). The merits of mixing methods in evaluation. *Evaluation,* *7*(1), 25–44.

Greene, J. C., & Caracelli, V. J. (1997a). Defining and describing the paradigm issue in mixed-method evaluation. In J. C. Greene and V. J. Caracelli (Eds.), *Advances in mixed-method evaluation: The challenges and benefits of integrating diverse paradigms. New Directions for Evaluation, 74.* San Francisco: Jossey-Bass.

Greene, J. C., & Caracelli, V. J. (Eds.). (1997b). *Advances in mixed-method evaluation: The challenges and benefits of integrating diverse paradigms. New Directions for Evaluation, 74.* San Francisco: Jossey-Bass.

Greene, J. C., & Caracelli, V. J. (2003). Making paradigmatic sense of mixed methods practice. In A. Tashakkori and C. Teddlie (Eds.), *Handbook of mixed methods in social and behavioral research* (pp. 91–110). Thousand Oaks, CA: Sage.

Greene, J. C., Caracelli, V. J., & Graham, W. F. (1989). Toward a conceptual framework for mixed-method evaluation designs. *Educational Evaluation and Policy Analysis, 11*(3), 255–274.

Greene, J. C., & Henry, G. T. (2005). The qualitative-quantitative debate in evaluation. In S. Mathison (Ed.), *The encyclopedia of evaluation* (pp. 345–350). Thousand Oaks, CA: Sage.

Greene, J. C., Kreider, H., & Mayer, E. (2005). Combining qualitative and quantitative methods in social inquiry. In B. Somekh and C. Lewin (Eds.), *Research methods in the social sciences* (pp. 274–281). London: Sage.

Greene, J. C., & McClintock, C. (1985). Triangulation in action: Design and analysis issues. *Evaluation Review, 9*(5), 523–545.

Guba, E. G. (1985). The context of emergent paradigm research. In Y. S. Lincoln (Ed.), *Organizational theory and inquiry: The paradigm revolution* (pp. 79–104). Thousand Oaks, CA: Sage.

Guba, E. G. (Ed.). (1990). *The paradigm dialog.* Thousand Oaks, CA: Sage.

Haight, W., Jacobsen, T., Black, J., Kingery, L., Sheridan, K., & Mulder, C. (2005). "In these bleak days": Parent methamphetamine abuse and child welfare in the rural Midwest. *Child Youth Services Review, 27,* 949–971.

Hammersley, M. (1992). The paradigm wars: Reports from the front. *British Journal of Sociology of Education, 13*(1), 131–143.

Harding, S. (1993). Rethinking standpoint epistemology: What is "strong objectivity"? In L. Alcoff and E. Potter (Eds.), *Feminist epistemologies* (pp. 49–82). New York: Routledge.

Harding, S., & Hintikka, M. B. (Eds.). (1983). *Discovering reality: Feminist perspectives on epistemology, metaphysics, methodology, and philosophy of science.* Dordrecht, The Netherlands: D. Reidel.

Hargreaves, D. H. (1985). The micro-macro problem in the sociology of education. In R. G. Burgess (Ed.), *Issues in educational research: Qualitative methods* (pp. 21–47). London: Falmer Press.

House, E. R. (1993). *Professional evaluation: Social impact and political consequences.* Thousand Oaks, CA: Sage.

House, E. R. (1994). Integrating the quantitative and qualitative. In C. S. Reichardt and S. F. Rallis (Eds.), *The qualitative-quantitative debate: New perspectives. New Directions for Evaluation, 61.* San Francisco: Jossey-Bass.

House, E. R., & Howe, K. R. (1999). *Values in evaluation and social research.* Thousand Oaks, CA: Sage.

Howe, K. R. (1985). Two dogmas of educational research. *Educational Researcher, 14*(8), 10–18.

Howe, K. R. (1988). Against the quantitative-qualitative incompatibility thesis (or dogmas die hard). *Educational Researcher, 17*(8), 10–16.

Howe, K. R. (2003). *Closing methodological divides.* Boston: Kluwer Academic Publishing.

Institute of Medicine. (2004). *Preventing childhood obesity: Health in the balance.* Washington, DC: National Academies of Science.

Institute of Medicine. (2006). *Progress in preventing childhood obesity: How do we measure up?* Washington, DC: National Academies of Science.

Intergovernmental Panel on Climate Change (2007a). *Climate change 2007: The physical basis.* Contribution of Working Group I to the Fourth Assessment Report of the Intergovernmental Panel on Climate Change.

Intergovernmental Panel on Climate Change (2007b). *Climate change 2007: Impacts, adaptation, and vulnerability.* Contribution of Working Group II to the Fourth Assessment Report of the Intergovernmental Panel on Climate Change.

Intergovernmental Panel on Climate Change (2007c). *Climate change 2007: Mitigation of climate change.* Contribution of Working Group III to the Fourth Assessment Report of the Intergovernmental Panel on Climate Change.

Jick, T. D. (1983). Mixing qualitative and quantitative methods: Triangulation in action. In J. Van Maanen (Ed.), *Qualitative methodology* (pp. 135–148). Thousand Oaks, CA: Sage.

Johnson, R. B., & Onwuegbuzie, A. J. (2004). Mixed methods research: A research paradigm whose time has come. *Educational Researcher, 33*(7), 14–26.

Kallemeyn, L., Hammer, V., Zhu, R., DeStefano, L., & Greene, J. C. (2003, November). A purposeful mixed-method journey in the Illinois Reading Excellence Act (REA) Evaluation. Paper presented at the annual meeting of the American Evaluation Association, Reno, NV.

Kemmis, S., & McTaggart, R. (2000). Participatory action research. In N. K. Denzin and Y. S. Lincoln (Eds.), *Handbook of qualitative research* (2nd ed.) (pp. 567–605). Thousand Oaks, CA: Sage.

Kennedy, M. M. (1979). Generalizing from single case studies. *Evaluation Quarterly, 3*(4), 661–678.

Kidder, L. H., & Fine, M. (1987). Qualitative and quantitative methods: When stories converge. In M. M. Mark and R. L. Shotland (Eds.), *Multiple methods in program evaluation. New Directions for Evaluation, 35.* San Francisco: Jossey-Bass.

Kincheloe, J. L. (2001). Describing the Bricolage: Conceptualizing a new rigor in qualitative research. *Qualitative Inquiry, 7*(6), 679–692.

Kling, J. R., Liebman, J. B., & Katz, L. F. (2005). Bullets don't got no name: Consequences of fear in the ghetto. In T. S. Weisner (Ed.), *Discovering successful pathways in children's development: Mixed methods in the study of childhood and family life* (pp. 243–281). Chicago: University of Chicago Press.

Kuhn, T. S. (1970). *The structure of scientific revolutions.* Chicago: University of Chicago Press.

Kushner, S. (2002). I'll take mine neat: Multiple methods but a single methodology. *Evaluation, 8*(2), 249–258.

Lawrenz, F., & Huffman, D. (2002). The archipelago approach to mixed method evaluation. *American Journal of Evaluation, 23*(3), 331–338.

LeCroy, C. W., & Whitaker, K. (2005). Improving the quality of home visitation: An exploratory study of difficult situations. *Child Abuse & Neglect, 29,* 1003–1012.

Lee, C. D. (2003). Why we need to re-think race and ethnicity in educational research. *Educational Researcher, 32*(5), 3–5.

Lee, Y. (2005). *Construct validation of an integrated, process-oriented, and computerized English for academic purposes (EAP) placement test: A mixed method approach.* Unpublished doctoral dissertation, Department of Educational Psychology, University of Illinois, Urbana-Champaign.

Li, S., Marquart, J. M., & Zercher, C. (2000). Conceptual issues and analytic strategies in mixed-method studies of preschool inclusion. *Journal of Early Intervention, 23*(1), 116–132.

Lincoln, Y. S. (1991). The arts and sciences of program evaluation. *Evaluation Practice, 12*(1), 1–7.

Lincoln, Y. S., & Guba, E. G. (1985). *Naturalistic inquiry.* Thousand Oaks, CA: Sage.

Lincoln, Y. S., & Guba, E. G. (2000). Paradigmatic controversies, contradictions, and emerging confluences. In N. K. Denzin and Y. S. Lincoln (Eds.), *Handbook of qualitative research* (2nd ed.) (pp. 163–188). Thousand Oaks, CA: Sage.

Louis, K. S. (1981, April). Policy researcher as sleuth: New approaches to integrating qualitative and quantitative methods. Paper presented at the annual meeting of the American Educational Research Association, Los Angeles. (ED 207 256).

Louis, K. S. (1982). Sociologist as sleuth: Integrating methods in the RDU study. *American Behavioral Scientist, 26*(1), 101–120.

Lyotard, J.-F. (1984). *The postmodern condition: A report on knowledge.* Minneapolis: University of Minnesota Press.

Madey, D. L. (1982). Some benefits of integrating qualitative and quantitative methods in program evaluation, with illustrations. *Educational Evaluation and Policy Analysis, 4,* 223–236.

Mark, M. M., & Shotland, R. L. (Eds.). (1987a). *Multiple methods in program evaluation. New Directions for Evaluation, 35*. San Francisco: Jossey-Bass.

Mark, M. M., & Shotland, R. L. (1987b). Alternative models for the use of multiple methods. In M. M. Mark and R. L. Shotland (Eds.), *Multiple methods in program evaluation. New Directions for Evaluation, 35*. San Francisco: Jossey-Bass.

Marquart, J. M. (1990). A pattern-matching approach to link program theory and evaluation data. In L. Bickman (Ed.), *Advances in program theory. New Directions for Evaluation, 47*. San Francisco: Jossey-Bass.

Marquart, J. M. (1997, November). Mixed-method studies: Design and analysis dilemmas and solutions. Paper presented at the annual meeting of the American Evaluation Association, San Diego, CA.

Marris, P., & Rein, M. (1982). *Dilemmas of social reform: Poverty and community action in the United States* (2nd ed.). Chicago: University of Chicago Press.

Mason, J., Cheung, I., & Walker, L. (2004). Substance use, social networks, and the geography of urban adolescents. *Substance Use & Abuse, 39*, 1751–1777.

Mathison, S. (1988). Why triangulate? *Educational Researcher, 17*(2), 13–17.

Maxwell, J. A. (1996). *Qualitative research design: An interactive approach*. Thousand Oaks, CA: Sage.

Maxwell, J. A. (2004a). Realism as a stance for mixed methods research. Paper presented at the annual meeting of the American Educational Research Association, Chicago.

Maxwell, J. A. (2004b). Causal explanation, qualitative research, and scientific inquiry in education. *Educational Researcher, 33*(2), 3–11.

Maxwell, J. A., Bashook, P. G., & Sandlow, C. J. (1986). Combining ethnographic and experimental methods in educational evaluation. In D. M. Fetterman and M. A. Pittman (Eds.), *Educational evaluation: Ethnography in theory, practice, and politics* (pp. 121–143). Thousand Oaks, CA: Sage.

Maxwell, J. A., & Loomis, D. M. (2003). Mixed methods design: An alternative approach. In A. Tashakkori and C. Teddlie (Eds.), *Handbook of mixed methods in social and behavioral research* (pp. 241–271). Thousand Oaks, CA: Sage.

McCarthy, T. (1981). *The critical theory of Jurgen Habermas*. Cambridge, MA: MIT Press.

McConney, A., Rudd, A., & Ayres, R. (2002). Getting to the bottom line: A method for synthesizing findings within mixed-method program evaluations. *American Journal of Evaluation, 23*(2), 121–140.

Mertens, D. M. (1999). Inclusive evaluation: Implications of a transformative theory for evaluation. *American Journal of Evaluation, 20*(1), 1–14.

Mertens, D. M. (2003). Mixed methods and the politics of human research: The transformative-emancipatory perspective. In A. Tashakkori and C. Teddlie (Eds.), *Handbook of mixed methods in social and behavioral research* (pp. 135–164). Thousand Oaks, CA: Sage.

Miles, M. B., & Huberman, A. M. (1984). Drawing valid meaning from qualitative data: Toward a shared craft. *Educational Researcher, 13*(5), 20–30.

Miles, M. B., & Huberman, A. M. (1994). *Qualitative data analysis: An expanded sourcebook* (2nd ed.). Thousand Oaks, CA: Sage.

Morse, J. M. (2003). Principles in mixed methods and multimethod research design. In A. Tashakkori and C. Teddlie (Eds.), *Handbook of mixed methods in social and behavioral research* (pp. 189–208). Thousand Oaks, CA: Sage.

Newman, I., Ridenour, C. S., Newman, C., & DeMarco, G. M. P., Jr. (2003). A typology of research purposes and its relationship to mixed methods. In A. Tashakkori and C. Teddlie (Eds.), *Handbook of mixed methods in social and behavioral research* (pp. 167–188). Thousand Oaks, CA: Sage.

Niglas, K. (1999, September). Quantitative and qualitative inquiry in educational research: Is there a paradigmatic difference between them? Paper presented at the European Conference on Educational Research, Lahti, Finland.

Niglas, K. (2004). *The combined use of qualitative and quantitative methods in educational research*. Dissertation, Faculty of Educational Sciences, Tallinn Pedagogical University, Tallinn, Estonia.

Onwuegbuzie, A. J. (2001, April). Effects sizes in qualitative research: A prolegomenon. Paper presented at the annual meeting of the American Educational Research Association, Seattle, WA.

Onwuegbuzie, A. J. (2003). Expanding the framework of internal and external validity in quantitative research. *Research in the Schools, 10*(1), 71–90.

Onwuegbuzie, A. J., & Johnson, R. B. (2006). The validity issue in mixed research. *Research in the Schools, 13*(1), 48–63.

Onwuegbuzie, A. J., & Leech, N. L. (in press). Validity and qualitative research: An oxymoron? *Quality & Quantity: An International Journal of Methodology.*

Onwuegbuzie, A. J., & Teddlie, C. (2003). A framework for analyzing data in mixed methods research. In A. Tashakkori and C. Teddlie (Eds.), *Handbook of mixed methods in social and behavioral research* (pp. 351–383). Thousand Oaks, CA: Sage.

Orellena, M. F., & Bowman, P. (2003). Cultural diversity research on learning and development: Conceptual, methodological, and strategic considerations. *Educational Researcher, 32*(5), 26–32.

Patton, M. Q. (1980). *Qualitative evaluation methods.* Thousand Oaks, CA: Sage.

Patton, M. Q. (2000). *Utilization-focused evaluation* (New century ed.). Thousand Oaks, CA: Sage.

Patton, M. Q. (2002). *Qualitative research and evaluation methods* (3rd ed.). Thousand Oaks, CA: Sage.

Pawson, R., & Tilly, N. (1997). *Realistic evaluation.* London: Sage.

Phelan, P. (1987). Compatibility of qualitative and quantitative methods: Studying child sexual abuse in America. *Education and Urban Society, 20*(1), 35–41.

Phillips, D. C. (1990). Postpositivistic science: Myths and realities. In E. G. Guba (Ed.), *The paradigm dialog* (pp. 31–45). Thousand Oaks, CA: Sage.

Phillips, D. C. (1996). Philosophical perspectives. In D. C. Berliner and R. C. Calfee (Eds.), *Handbook of educational psychology* (pp. 1005–1019). Old Tappan, NJ: Macmillan.

Phillips, D. C. (2000). *The expanded social scientist's bestiary.* Lanham, MD: Rowman and Littlefield. (Original edition Oxford: Pergamon, 1992)

Phillips, D. C. (2005). *A guide for the perplexed: Scientific educational research, methodolatry, and the gold versus platinum standards.* Invited lecture, University of Illinois, Urbana Champaign, IL.

Phillips, D. C., & Burbules, N. C. (2000). *Postpositivism and educational research.* Lanham, MD: Rowman & Littlefield.

Podems, D. R. (2004). *A monitoring and evaluation intervention for donor-funded NPOs in the developing world: A case study.* Unpublished doctoral dissertation, The Union Institute and University, Cincinnati, OH.

Power, M. (1999). *The audit society: Rituals of verification.* Oxford: Oxford University Press.

Pressman, J., & Wildavsky, A. (1979). *Implementation: How great expectations in Washington are dashed in Oakland* (2nd ed.). Berkeley: University of California Press.

Radimer, K. L. (1990). *Understanding hunger and developing indicators to assess it.* Unpublished doctoral dissertation, Division of International Nutrition, Cornell University, Ithaca, NY.

Ragin, C. C. (1987). *The comparative method: Moving beyond qualitative and quantitative strategies.* Berkeley: The University of California Press.

Ragin, C. C. (2000). *Fuzzy-set social science.* Chicago: University of Chicago Press.

Raudenbush, S. W. (2005). Learning from attempts to improve schooling: The contribution of methodological diversity. *Educational Researcher, 34*(5), 25–31.

Reichardt, C. S., & Cook, T. D. (1979). Beyond qualitative versus quantitative methods. In T. D. Cook and C. S. Reichardt (Eds.), *Qualitative and quantitative methods in evaluation research* (pp. 7–32). Thousand Oaks, CA: Sage.

Reichardt, C. S., & Rallis, S. F. (1994). Qualitative and quantitative inquiries are not incompatible: A call for a new partnership. In C. S. Reichardt and S. F. Rallis (Eds.), *The qualitative-quantitative debate: New perspectives. New Directions for Evaluation, 61.* San Francisco: Jossey-Bass.

Rist, R. C. (1980). Blitzkreig ethnography: On the transformation of a method into a movement. *Educational Researcher, 8*(2), 8–10.

Rogers, P. J., Hacsi, T. A., Petrosino, A., & Huebner, T. A. (Eds.). (2000). *Program theory in evaluation: Challenges and opportunities. New Directions for Evaluation, 87.* San Francisco: Jossey-Bass.

Rossman, G. B., & Wilson, B. L. (1985). Numbers and words: Combining quantitative and qualitative methods in a single large-scale evaluation study. *Evaluation Review, 9*(5), 627–643.

Ryan, K. R., DeStefano, L., and Greene, J. C. (2001). *External evaluation of the Reading Excellence Act Implementation in Illinois.* Proposal submitted to the Illinois State Board of Education by the University of Illinois, Urbana-Champaign.

Ryan, K. R., & Ryan, A. M. (2005). The psychological processes underlying stereotype threat and standardized math test performance. *Educational Psychologist, 40*(1), 53–63.

Salmon, W. C. (1998). *Causality and explanation.* New York: Oxford University Press.

Salomon, G. (1991). Transcending the qualitative-quantitative debate: The analytic and systemic approaches to educational research. *Educational Researcher, 20*(6), 10–18.

Sanchez-Ayendez, M. (1998). Middle-aged Puerto Rican women as primary caregivers to the elderly: A qualitative analysis of everyday dynamics. In M. Delgado (Ed.), *Latino elders and the twenty-first century: Issues and challenges* (pp. 75–97). Binghamton, NY: The Haworth Press.

Sandelowski, M. (2003). Tables or tableaux? The challenges of writing and reading mixed methods studies. In A. Tashakkori and C. Teddlie (Eds.), *Handbook of mixed methods in social and behavioral research* (pp. 321–350). Thousand Oaks, CA: Sage.

Schwandt, T. A. (1996). Farewell to criteriology. *Qualitative Inquiry, 2*(1), 58–72.

Schwandt, T. A. (2000). Three epistemological stances for qualitative inquiry: Interpretivism, hermeneutics, and social constructionism. In N. L. Denzin and Y. S. Lincoln (Eds.), *Handbook of qualitative research* (2nd ed.) (pp. 189–214). Thousand Oaks, CA: Sage.

Schwandt, T. A. (2001). *Dictionary of qualitative inquiry* (2nd ed.). Thousand Oaks, CA: Sage.

Schwandt, T. A. (2002). *Evaluation practice reconsidered.* New York: Peter Lang.

Schwandt, T. A. (2003). "Back to the rough ground!" Beyond theory to practice in evaluation. *Evaluation, 9*(3), 353–364.

Schwandt, T. A. (2004). Hermeneutics: A poetics of inquiry versus a methodology for research. In H. Piper and I. Stronach (Eds.), *Educational research: Difference and diversity* (pp. 31–44). Aldershot, UK: Ashgate Publishing.

Scriven, M. (1999). The nature of evaluation part I: Relation to psychology. *Practical Assessment, Research & Evaluation, 6*(11). Retrieved February 2, 2007, from http://PAREonline.net/getvn.asp?v=6&n=11.

Sechrest, L. (1992). Roots: Back to our first generations. *Evaluation Practice, 13*(1), 1–7.

Sieber, S. (1973). The integration of field work and survey methods. *American Journal of Sociology, 78,* 1335–1359.

Smith, A. G., & Louis, K. S. (Eds.). (1982). Multi-method policy research: Issues and applications [Special issue]. *American Behavioral Scientist, 26.*

Smith, J. K. (1983). Quantitative versus qualitative research: An attempt to clarify the issue. *Educational Researcher, 12*(3), 6–13.

Smith, J. K., (1985). The problem of criteria for judging interpretive inquiry. *Educational Evaluation and Policy Analysis, 6*(4), 379–391.

Smith, J. K. (1989). *The nature of social and educational inquiry: Empiricism versus interpretivism.* Norwood, NJ: Ablex Publishing.

Smith, J. K., & Heshusius, L. (1986). Closing down the conversation: The end of the qualitative-quantitative debate among educational inquirers. *Educational Researcher, 15*(1), 4–12.

Smith, M. L. (1986). The whole is greater: Combining qualitative and quantitative approaches in evaluation studies. In D. D. Williams (Ed.), *Naturalistic evaluation. New Directions for Program Evaluation, 30.* San Francisco: Jossey-Bass.

Smith, M. L. (1997). Mixing and matching: Methods and models. In J. C. Greene and V. J. Caracelli (Eds.), *Advances in mixed-method evaluation: The challenges and benefits of integrating diverse paradigms. New Directions for Evaluation, 74*. San Francisco: Jossey-Bass.

Steele, C., Perry, T., & Hilliard, A., III. (2004). *Young, gifted, and black: Promoting high achievement among African American students*. Boston: Beacon Press.

Sydenstricker-Neto, J. M. (2004). *Land-cover change and social organization in Brazilian Amazonia*. Unpublished doctoral dissertation, Department of Rural Sociology, Cornell University, Ithaca, NY.

Sydenstricker-Neto, J. M. (2006). Population and deforestation in Brazilian Amazonia: A mediating perspective and a mixed-method analysis. Paper submitted for publication.

Tashakkori, A., & Teddlie, C. (1998). *Mixed methodology: Combining qualitative and quantitative approaches*. Thousand Oaks, CA: Sage.

Tashakkori, A., & Teddlie, C. (2003a). *Handbook of mixed methods in social and behavioral research*. Thousand Oaks, CA: Sage.

Tashakkori, A., & Teddlie, C. (2003b). The past and future of mixed methods research: From data triangulation to mixed model designs. In A. Tashakkori and C. Teddlie (Eds.), *Handbook of mixed methods in social and behavioral research* (pp. 671–701). Thousand Oaks, CA: Sage.

Tashakkori, A., & Teddlie, C. (2006, April). Validity issues in mixed methods research: Calling for an integrative framework. Paper presented at the annual meeting of the American Educational Research Association, San Francisco.

Teddlie, C., & Tashakkori, A. (2003). Major issues and controversies in the use of mixed methods in the social and behavioral sciences. In A. Tashakkori and C. Teddlie (Eds.), *Handbook of mixed methods in social and behavioral research* (pp. 3–50). Thousand Oaks, CA: Sage.

Teddlie, C., & Tashakkori, A. (2006). A general typology of research designs featuring mixed methods. *Research in the Schools, 13*(1), 12–28.

Trend, M. G. (1979). On the reconciliation of qualitative and quantitative analyses: A case study. In T. D. Cook and C. S. Reichardt (Eds.), *Qualitative and quantitative methods in evaluation research* (pp. 68–86). Thousand Oaks, CA: Sage.

Van der Knaap, P. (2004). Theory-based evaluation and learning: Possibilities and challenges. *Evaluation, 10*(1), 16–34.

Van Maanen, J. (1995). Editor's introduction. In J. Van Maanen (Ed.), *Representation in ethnography*. Thousand Oaks, CA: Sage.

Warner, M. E. (2006). Putting child care in the regional economy: Empirical and conceptual challenges and economic development prospects. *Community Development: Journal of the Community Development Society, 37*(2), 7–22.

Warner, M. E., & Liu, Z. (2006). The importance of child care in economic development: A comparative analysis of regional economic linkage. *Economic Development Quarterly, 20*(1), 97–103.

Waysman, M., & Savaya, R. (1997). Mixed method evaluation: A case study. *Evaluation Practice, 18*(1), 227–237.

Webb, E. J., Campbell, D. T., Schwartz, R. D., & Sechrest, L. (1966). *Unobtrusive measures: Nonreactive research in the social sciences*. New York: Rand McNally.

Weisner, T. S. (Ed.). (2005). *Discovering successful pathways in children's development: Mixed methods in the study of childhood and family life*. Chicago: University of Chicago Press.

Weiss, C. H. (Ed.). (1972). *Evaluating action programs: Readings in social action and education*. Boston: Allyn & Bacon.

Weiss, C. H. (1998). *Evaluation* (2nd ed.). Upper Saddle River, NJ: Prentice-Hall.

Weiss, H. B., Kreider, H., Mayer, E., Hencke, R., & Vaughan, M. A. (2005). Working it out: The chronicle of a mixed-methods analysis. In T. S. Weisner (Ed.), *Discovering successful pathways in children's development: Mixed methods in the study of childhood and family life* (pp. 47–64). Chicago: University of Chicago Press.

Weiss, H. B., Mayer, E., Kreider, H., Vaughan, M., Dearing, E., Hencke, R., & Pinto, K. (2003). Making it work: Low-income working mothers' involvement in their children's education. *American Educational Research Journal, 40*(4), 879–901.

Yang, Y. (2005). Yin and Yang: *Quantitative and qualitative research investigating physical and psychological effects following a 6-month Taiji (T'ai Chi) and Qigong (Ch'i Kung) intervention with older adults.* Unpublished doctoral dissertation, Department of Kinesiology, University of Illinois, Urbana, IL.

Yin, R. K. (2006). Mixed methods research: Are the methods genuinely integrated or merely parallel? *Research in the Schools, 13*(1), 41–47.

찾아보기